婚姻與家庭治療

理論與實務藍圖

霍玉蓮 著

婚姻與家庭治療：理論與實務藍圖
作者／霍玉蓮
總編輯／馬鎮梅
責任編輯／沈怡菁
美術設計／劉碧雲
出版發行／突破出版社
香港沙田亞公角山路33號突破青年村
電話：2632 0000　傳真：2632 0388
電郵：breakthrough@breakthrough.org.hk
網址：http://www.breakthrough.org.hk
http://www.btproduct.com
承印／陽光（彩美）印刷有限公司
2004年10月初版1刷
2005年6月2版1刷
2023年3月2版7刷

Marital and Family Therapy: theoretical and clinical map from Chinese perspective
by Anita Fok Yuk-Lin
First Printing, First Edition, October 2004
First Printing, Second Edition, June 2005
Seventh Printing, Second Edition, March 2023

Printed in Hong Kong
ISBN 978-962-8791-63-7

本書採用環保油墨印刷

讀者可以下列方式聯絡作者：
輔導查詢電話：9270 4776
電郵地址：ylfok@yahoo.com.hk

生 活 與 輔 導

關懷、連繫、復和、

溝通、對話……

凝視心之脈動，

直到重新尋獲自己的心。

目 錄

李耀全序

被霍玉蓮邀請為她的新作寫序令我受寵若驚，深感不配！一直以來，她所著有關戀愛與婚姻的書籍，都是我在教學時所參考、在輔導時所推薦的好書。如今能為她的新作撰寫序言，的確是我的榮幸。

每次拿起玉蓮所寫的書，第一樣吸引我的就是在封底她喜氣洋洋的家庭照。從照片不難看出她兩個天真活潑的小女兒楚思和楚天一定是活在一個愛厚情深的家庭，也不難想像她一家天天享受無比天倫之樂。玉蓮所寫的不但文筆抒情細膩，並且思維豐富清晰，情理兼備。對我這個讀英文的「書院仔」，在寫作上常執筆忘字又詞不達意的人，她的寫作實在令我非常欽佩羨慕，但令我五體投地的卻是，她的著作就像她孩子的照片一樣充滿生命力，是信望愛的詮釋。她所寫的從來沒有紙上談兵的感覺，全部都是言行一致的。

單是上述的原因已是足夠的理由使我常拜讀霍玉蓮的著作。但她其實更是精通神學與心理輔導學，故此她一貫的寫作都建立在穩固的理論基礎之上。一直以來，是因為她深入淺出的文筆，令我們未有留意她這方面的博學才華。如今她終於把她在倫敦所修讀的婚姻輔導及家庭治療的知識，西學中用，又結合十多年豐富的輔導經驗和大學教學，寫成這本大作，並公諸於世。

因為要撰寫序言之故，我得到本書的初稿，令我能先睹為快。我發覺這本書果然與眾不同。它選擇性地介紹家庭治療之四大學派 —— 從最早期的治療法（梅利鮑恩和沙維雅）到現時普及採用的結構家庭治療法，再包括後現代敍事治療法，可說是精簡地解釋了家庭治療最重要和最新的理念，並且清楚說明了這些學派的貢獻。作者再進一步指出婚姻治療與家庭治療的互動發展，旨在整理一個較完整的婚姻治療的藍圖，同時又引入情緒治療法的技巧，加強婚姻治療的實務。對一些初學婚姻治療的學員，她又逐步提出指引，讓讀者能按部就班地進行學習。更令本書內容適切於華人輔導員、治療師及社工等，是玉蓮本土化的思考，把來自西方的輔導治療理念，應用在華人社會的土壤上。我個人認為本書是華人本土心理學的研究和華人本土婚姻與家庭治療的探討一個重要的里程碑。

剛好今年我在敝校開始了一個為專業輔導員、社工及教師等人士提供的新課程——「婚姻及家庭治療研究文憑」，是按美國婚姻與家庭治療協會的課程標準設計的。我們面對的問題，正正是如何提供以中文寫成又適合華人的教科書。現在我終於找到了！霍玉蓮所著的這本書將成為我所用的教科書之一。我深信它將會令讀者獲益良多。

李耀全博士

建道神學院教授／牧學博士課程主任

個人、婚姻與家庭治療師

2004年9月

陳麗雲序

經過十多年的推廣和培訓，家庭治療在香港已廣為心理輔導人員所認同，不少現職治療師都參與各樣不同長短深淺的深造課程。在大學內更是熱鬧，相關的本科生和研究生課程亦加入了家庭治療的內容，例如在社會工作、心理、護理、精神病學等學系。當治療師走進家庭作治療時，就如上演一幕幕互動劇場，有笑有淚，有喜有悲，真中有假，假中有真，理性與非理性掙扎，情感中的愛恨情仇交替，仿如人生的縮影，震撼和牽動着所有在場接受臨場指導的學員心理深處，這亦是家庭治療使人着迷的原因之一。

參與一節「精彩」的家庭治療後，很多時候我都會反思:「我們做了什麼？用了什麼方法和技巧？為什麼要這樣做？真的對當事人好嗎？會否有害處？」很坦白説，大多數時候我都沒有肯定的答案，甚至存有不少疑問。玉蓮在書中説得十分對，家庭治療源於西方，在華人社會應用，有很多文化適切的問題我們必須考慮。

「絆縛關係」(enmeshed relationship）是一個很值得我們深究反思的例子，成年子女與父母有此種關係便一定要替他們「剪臍帶」嗎？跟玉蓮一樣，我對此觀點有所保留，事實上人與人的關係錯綜複雜，親人之間更是，並非簡單化的對與錯、0 與 1 的問題。我們臨牀所見，「絆縛」中亦多有「界限」，「依賴」中亦多有「獨立」。對於這條無形的「臍帶」，選擇不限於「切」與「不切」；我們可否考慮改變這「臍帶」的彈性、包容和伸縮能力呢？「臍繫一生」是否可以被「正常化」呢？

「理論」是解釋「事實」的一個有系統嘗試，但我們一定要記着 :「理論不一定就是事實」。玉蓮在書中有感而發地多次提醒我們，不要走上狹窄的學派爭論之路，因為這絕對是沒有意義的，不同的「理論」只是闡釋「事實」的不同角度和部分而已。在不同的時空，它們之間互有長短。我十分喜歡我們中心同事何友輝教授的「關係療法」(Relational Therapy) 理論，它同時包容了「個人」與「系統」，和它們之間的多層次互動關係。而最重要的是它的彈性和包容性 —— 做個別輔導時可以同時治療系統關係，做家庭治療時亦兼容個別輔導。玉蓮在這本書中把心理治療的包容性再推進一步 —— 靈性層面，提升心理治療為一份心靈的職事。

要「生命影響生命」發生於輔導過程中，必然要觸及生命的最基礎問題 —— 生命的意義，當中亦必然會涉及文化及哲學範疇的討論。玉蓮指出了治療師的素質不單單是專業知識和技巧，更重要的是個人靈性健康的不斷成長。

總括而言，玉蓮此書是一部重要的華人婚姻及家庭治療著作，它不是一本西方學說的中文版，而是玉蓮根據多年臨牀和培訓工作經驗編寫而成的結晶。她整合了不同的家庭治療學派、家庭與婚姻治療方法、西方治療取向與本土文化適切性，心理治療與靈性工作相結合。我誠意推薦此書給所有輔導和心靈工作者。

陳麗雲教授

香港大學行為健康教研中心總監

2004年10月

朱志強序

很久沒有這種衝動要一口氣把整本書看完！作者對家庭治療尤其婚姻治療深入而獨特的理解、反思、洞見和處理，對於具爭議性議題的觀點及立場，都深深牽引着我。尤其她從不迴避一己在治療背後的世界觀、價值觀、信仰立場及後設的理論觀點，更把這些考慮緊扣着她的理論架構和實務手法。閱讀時，除了感受到作者是個有血有肉的「真人」之外，更讓人感到她那份謙遜的情懷、自我反省和批判的心態，以及誠摯懇切的對話態度。她不但擁有豐富的實務經驗，更把複雜的家庭治療理論，尤其是她心儀的幾位重要家庭治療師的學說，以及主流理論，透過洗練的實務手法，嘗試把它們整合。

當然，讀者不一定同意她對某些治療理論的觀點和判語，也不一定完全同意她對健康婚姻關係背後的價值預設，但你不能不因此而對自己所持守的或假設的價值立場有所反思，因為她把她所信的，有機地連繫到現代婚姻治療當中，並且與她的實務經驗互相結合和印證。她也很清晰無誤的把心理治療及家庭治療背後無可避免所涉及的價值預設和意識形態抖了出來。説到底，治療也好、輔導也好、社會工作介入也好，都不可能再迴避價值介入這個現實了！

這本書還有幾點特別值得欣賞。作者對文化方面的考慮確是孜孜為念！對家庭治療理論和心理學這類「舶來品」，是否應照單全收，她有很高的警覺性和獨到的領略，這方面我是激賞的！對潛藏於北美社會所衍生的各類治療理論以及心理學理論背後的種種文化價值預設和意識形態，究竟在何種程度上能對應近代華人社會的種種情況，一直以來都有不少學者有很多反省，這也正是本土化努力之所在。本書作者無疑在婚姻治療本土化的進程裏，開墾了一方肥沃的土地。

對於醉心實務的同工來説，作者除了在概念和理論上以梅利鮑恩為主整合了一套婚姻治療模式，更在第六、七和八章提出仔細的理論藍圖、實務技巧和指引，對從事婚姻工作尤其輔導的同工來説，當有如入寶山的感覺。對初學者來説，這部著作無疑比較重量級一些，但也正因如此，這部著作才耐看和可堪玩味。

最後要一提的是，作者使用的語文十分地道香港，少了讀台灣書尤其翻譯自美國治療書籍那種別扭，又沒有讀中國大陸書那種普通話化了的白話文感覺，卻多了一份既雅且俗的流暢和親切感。當中某些名詞，例如self-differentiation，作者將之譯為「獨立自主、以情相繫」則更是傳神，我實在想不出有更妥貼的譯法。

我們香港人有句説話：「寶物沉歸底」，雖然全書珠玉紛陳，若數我最喜歡的一章，便是最後的第九章。在這一章中，充滿了作者對治療工作的反省，對有志從事助人工作的同道，無論是社工、醫生、教師、治療師，都應該一讀！

作為大學社會工作系的教師和醉心於個人及家庭輔導工作的社工，我對這本書實在翹首以待！這本書並非完美無瑕，但瑕不掩瑜，我真的很高興見到有如此扎實又具創見、理論與實踐緊扣，而又不把某種療法或大師神祕化的書的誕生。我誠摯向每位同業推薦這本書。

朱志強博士

理工大學應用社會科學系助理教授

2004年10月

自序

生命的總體就是愛，而愛就是人與人之間真實而有意義的連繫。可惜，人卻不盡是可愛，夫妻、親子、家人的關係中以愛相害，以害相愛，糾纏成一個大漩渦。婚姻及家庭治療就是去回應和醫治人世間親情摯愛間悲歡離合的人生處境。

身處香港，一個東西文化自由的交匯處，我們有幸向西方學習，也從東方文化誠懇反思。這是一項艱鉅的工作。近年，在大學教書及在督導小組訓練時，屢次有學生問如何找一部全備、扼要而清楚的中文婚姻治療書，筆者有點啞然。西方的婚姻治療書籍很多，台灣翻譯的中文版本也逐漸增多，可是，由家庭治療發展以至探索婚姻治療理論和實踐，以中國文化的眼光去篩選西方精華的書籍，似乎仍然十分匱乏。一直以來，筆者思忖着要寫一本較有系統的婚姻治療書籍，但要等到六、七十歲退休以後，無論人格發展及實務智慧更趨成熟才作出整理和分享。

可是有感於近十年來，社工和輔導界已不及二十多年前那股為民請命、真誠熱血的單純，好些舶來品家庭治療，令不少熱誠的社工、輔導員暈頭轉向，甚至為了技術犧牲了人與人之間真摯的關係內涵。我這才不自量力，作愚公移山的痴獃傻勁。

猶記得二十多年前，憑着一股熱血，放棄自己心愛的文學，揀選大學裏的社會工作系，也不知是我選擇了社工系，還是社工系選擇了我，總之是出於濟世為懷，擴散愛心的單純宏願，堅決選讀社會工作。選科的日子，一位正在社會福利署工作、兼讀社工碩士課程的高年班師兄，澆了我一盆冷水，他對我説：「你選社工系，要仔細想清楚，社會工作其實是一個烏托邦，若你十七、十八歲時選讀社工，我會説你為人有理想，是一個理想主義者（idealist）；但若你活到四十歲，仍要選社工系，我會説你是一個白痴（idiot）！」

已過不惑之年的我，應該歸類入「白痴」的行列，多謝這位不相識的師兄的提點，愚頑的我仍舊選讀了社工系，雖然現在轉為私人執業，冥頑不靈的我仍然固執相信生命影響生命的助人工作。

這位師兄説得沒錯，我的確是一名「白痴」，這兩年，偷了自己許多私人的空間和時間，晨昏顛倒地寫這本複雜的治療書籍。書籍、筆記、文章，撒了一桌一地，不眠不休地全情寫作。

激昂處，一如進入深山，喜見冰山雪蓮；煩心處，咒詛自己，何不放棄？簡直是極度癲狂以至愚蠢的嚴肅搞作 ?!

這白痴的衝勁從何而來？

自從選讀社工，筆者不斷在尋覓如何生活和工作，才能賦予人類疾苦的心靈一點恆真的意義？畢業後，在志願機構工作，接觸青少年和家長，許多青少年來自破碎家庭，入讀私校，打人、殺人、吸毒、入黑社會……形形式式，當時採用什麼工作手法協助家庭呢？坦白説，是運用普通常識治療法（Common Sense Therapy），加上「打不死」的熱血和真誠，一如許多默默耕耘的社工，對於許多青年人竟也發揮了重大的影響力。時至今天，還有二十多年前的少年人長大了，來表達對筆者的感謝。事實上，不是他要感謝我，而是我要感謝他，藉着他們的故事，豐富了我的生命。

工作了一段日子，筆者追隨丈夫到英國進修神學，因為想深入了解自己所信的是誰，以及人生百態下的深切真諦。

神學很深奧，也很淺易。神學就是認識神是誰，認識了心靈的根源，我們的創造主，我們就懂得如何「活」下去。一邊讀神學，筆者一邊想生命的問題，一邊想生命影響生命的助人專業問題。

及後，有幸在倫敦進修結構家庭治療、策略家庭治療、米蘭家庭治療，又在塔菲爾斯塔學院進修以心理分析為理論基礎的婚姻治療。

初學家庭治療，真有摸不着頭腦的感覺，當中的思維概念抽象、濃縮而複雜。猶記得有一份功課是要去探訪一個家庭，在是次訪問中，作出一個Hypothesis，簡直莫名其妙。首先，何謂 Hypothesis ？即是要觀察什麼、寫什麼、斷定什麼？生硬而脱離生活經驗的抽象觀念使人迷惘、摸不着門路。在英國工作、學習進修之中，邊做邊摸索。由於我曾經經歷學習之苦，現今督導社工、教牧、輔導同工，我必定選用淺白語言和比喻，度身訂造，讓抽象生硬的思維概念較為容易吸收消化。希望這本介紹西方家庭治療學説的小書，也能做到深入淺出的效果。

回港後從事婚姻及離婚調解的工作。自知才疏學淺，不斷進修學習。過去十多二十年來，本地邀請過許多外國一流治療師來港主持短期及長期的訓練，只要虛心求學，香港實在是一片學習的沃土。

筆者每學一套治療理論和工作手法，察覺其迷人之處，卻又未感滿足。似乎每一套治療手法都有利有弊，有其背後的人生觀和世界觀，未能完全滿足筆者對人倫關係的盼望，對夫妻關係錯綜複雜愛恨交纏的恆真意義的探索。

拉雜一回顧，原來也有幸受教於許多師傅、前輩，他們的智慧和學養豐富了筆者輔導實務的觀摩。在系統治療理論方面，感謝 Maria Gormori，Jane Gerber 和 John Banmen，跟他們三位大師逐年參加密集訓練工作坊（由基礎課程、進階課程到實習課程，以至夫婦關係工作坊。）同時，感謝公教婚姻輔導會每年邀請張愈壽韶為同事主辦成長體驗及專業訓練工作坊，為我們各人打通經脈。其他的師傅還有古拿教授（Professor Guldner）、迪詩古拿（Dixie Guldner）、弗士拿教授（Andrew Fussner）、朗文保羅（Norman Paul）、米高維（Michael White）等等，多不勝數 [(1)]。筆者向他們學習家庭治療、性治療及遊戲治療。同時向候活艾榮教授（Professor Howard Irving）學習家事調解學問。

在個人輔導理論及潛意識領域方面，在英國曾接觸夢的解讀、完形治療、自我肯定訓練，在香港繼續從靈性的入手點進修夢的解讀、完形治療法、身心語法程式學、九型人格學問、肢體動感探討、戲劇治療、藝術治療、催眠課程等等。

感謝香港這片土壤，讓虛心肯學的人有一個很寬廣的學習天地。

請寬容筆者囉囉唆唆的說了一大堆，也懇請別誤會筆者在驕傲自大、自吹自擂，這樣做有一個重要的原因，就是想忠實地呈現筆者的學習背景，讓讀者明白本書的思想脈絡和孕育轉化從何而來，不單有系統思想的訓練痕迹，也有身、心、靈、潛意識的學習背景。

在中國文化中，習武之人，不單講求技巧形貌，更講求內功心法和神髓。一位武功境界臻出神入化之境的高人，心中有劍，手中無劍，一雙筷子、一根髮釵、一條草都可以發揮功力，剋敵制勝。習武者的素質、心腸、胸懷、機警反應、靈敏度、抗爭毅力和彈性，才是令他揮灑自如的條件。

有幸向西方各師傅、學者學習，筆者自是十分感激，可是筆者有感於近十多年的家庭治療發展有如民國初期的新文化運動，西方除了介紹了「德先生」（Technology）和「賽先生」（Science）之外，也藉着中國代理人銷售殘舊戰船和侵害人民精神健康的鴉片，十年、二十年後那遺害才會逐漸呈現。

忠心的治療師不單要勤力進修，而且不能照單全收，要加以明辨和心靈的覺察。君不見西方在後現代和窮途末路之中不斷向印度、中國學習道、佛和禪的精神，應用在精神健康的領域上？

東西文化彼此學習、互相欣賞，是這本書背後的信念及精神。筆者粗疏淺陋的整合和分享，來自一份「催逼」和呼喚，願作微小的貢獻。

作為一個職業婦女、雙職母親，我有工作、有家庭、有教會、有朋友，要陪伴女兒進行體檢、配眼鏡、簽手冊、談心事、做功課、到野外郊遊，又要看顧丈夫中年的心境，還有照顧年老雙親的需要，常有力有不逮之感。活在步伐急促的現代城市中，在勞累生活的梭巡之間，要寫一本嚴肅而認真的書籍，當然是自討苦吃！用兩年時間完成了這本書，於我，卻也是看見上主恩寵的一份神蹟！

人生沒有幾多個寒暑，但願所走的路都沒有白過。

本書面世，要感謝丈夫士齊和好友健慧的鼓勵，夢鳴及愛女楚思不辭勞苦的相助，還有鎮梅、怡菁、愛蘭的忠心事奉，竭力作工，尤其碧雲姊妹設計封面，一筆一劃用心勾劃中國刺繡的圖案，其付出的心思和藝術美感，叫人讚歎。也許，表徵着輔導本土化工作需要這份默默耕耘的心思和耐力，感謝他們每一位同工的貢獻。更加要感謝的是在患難中、在痛苦中信任筆者的家庭和夫婦，是他們的歡笑和眼淚，教曉了我親密關係的奧祕，以及人間苦盡甘來的盼望！

霍玉蓮

2004年10月

注釋：

(1) 筆者曾接受訓練的外國導師包括：Insoo Kimberg, John Sargent, Richard Tolman, Scott, Karen M. Donahey, Salvador Minuchin, Peggy Papp, Virginia Goldner, Peter Fraenkel, Ruth Mohr, Maura o'Keafer, Helen Francis, Paula Bottom, David Benner, Norma Lebon.

Marital

第1章

西方婚姻及家庭治療歷史綜覽

Family Therapy

1.1 西方婚姻治療及家庭治療歷史簡介

1.2 重述家庭治療誕生的故事

1.3 西方家庭治療歷史對華人的啟示

1.3.1　地理和經濟因素的影響
1.3.2　錯有錯着
1.3.3　不受傳統拘束
1.3.4　跨學科的研究成果
1.3.5　有情有義與山頭主義

1.4 家庭治療移植本土的反省

1.4.1　何謂中、西定分界？
1.4.2　翻譯與語言運用
1.4.3　為何輔導心理學要本土化？
1.4.4　輔導學本土化的敲門磚——中國人的思維方式
1.4.5　「知」和「情」

1.5 家庭治療理論的知識範型大移位

1.1 西方婚姻治療及家庭治療歷史簡介

直至 1950 年代以前，佛洛依德的精神心理分析理論一直雄霸歐美心理及精神治療界。及後，從實務治療的經驗中，一個又一個精神科醫生、社會工作者及輔導員開始質疑佛洛依德理論對醫治精神病的有效性。同期，基於人類學、社會學、生物學的種種研究，在貝塔朗菲（Von Bertalanffy）的倡導下，系統理論誕生了，家庭研究及家庭治療在理論思維上興起了一個大波瀾。

婚姻治療與家庭治療同是針對家庭中的人際關係，婚姻治療的對象更是家庭中最核心的夫婦成員。兩套理論在歷史發展、概念和方法上，均有不少重疊之處；至於婚姻治療有沒有其獨特不同的地方，本書將會詳細討論。然而，要了解婚姻治療的入門學習，則有必要瀏覽一下家庭治療的發展史。

家庭治療運動近五十年在歐美發展蓬勃，理論盛衰交替，理論背後的知識範型（paradigm）有如地殼震動一般，產生了幾次大移位：

- 由個人視野（individual perspective）轉向家庭系統視野（system perspective）；
- 由系統視野轉向質疑到底有沒有純粹客觀系統供人觀察介入：所謂「第一序人工頭腦學」（first order cybernetics）及「第二序人工頭腦學的產生」（second order cybernetics）；
- 進一步受建構主義及敘事治療法的衝擊。

1.2 重述家庭治療誕生的故事

詰屈聱牙的理論術語令人望而生畏，既然近代建構主義，主張語言可以建構現實，我們不妨用故事的語言畫龍點睛地重述家庭治療誕生的故事。

1950 年代，是第二次世界大戰後的年代，歐洲為戰爭付上了沉重的代價。社會殘破，百廢待舉，美國於此時期冒升成為世界霸權。核子時代初生，抗衡傳統文化的運動興起，造就了一片可以嘗試、研究、發問、實踐的土壤。美國的精神科醫生、社工、兒童福利關注者、神職人員等，紛紛對精神病者家庭、行為問題家庭進行治療、實驗和研究。

如果美國新聞界對家庭治療運動在 1950 年代、1960 年代間作出世紀回顧，將會列出以下大事：

1952 年

在英國出生的人類學家貝臣（Gregory Bateson）獲得研究基金，加入 Palo Alto 榮民醫院，研究動物通訊系統的類型與矛盾，企圖運用在人類的溝通上。1956 年，Jay Haley、John Weakland 和 William Ivy 加入研究，出版了劃時代的論文，介紹家庭溝通歷程上出現的「雙重綑鎖」(double-bind) 訊息，影響孩子患上精神分裂症。

1946-1956 年

梅利鮑恩（Murray Bowen）在 1946 年開始在梅寧哲臨牀中心（Menninger Clinic）工作。1954 年出任國際精神健康研究所的總監。直到 1956 年，鮑恩就他在梅寧哲臨牀中心及後來對精神分裂症的住院病人與子女作出研究，首先提出一套全備的家庭治療理論 (Goldenberg and Goldenberg, 1996; Gurman and Kniskern, 1991)。難怪大約四十年後，當梅利鮑恩逝世（1990 年 10 月），《家庭治療網絡》(*Family Therapy Networker*) 雜誌訪問與曼紐秦（Minuchin）共同創建結構派家庭治療，並對曼紐秦影響最大的老師蒙他福 (Braulio Montalvo)（曼紐秦在 1974 *Family and Family Therapy* 著作的致詞中尊他為對自己影響最大的老師）時，他對梅利鮑恩表示極大的敬意。

1957 年

家庭運動獲得全國性的重視（Guerin, 1976）。美國精神醫學會在紐約成立猶太家庭心理健康中心。同年，匈牙利裔美國移民 Ivan Boszormenyi-Nagi 在費城創立了 Eastern Pennslyvania 精神科研究院，匯聚研究學者及臨牀學家，使費城成為家庭治療的一個重鎮。

1957 年

同年，Theordore Lidz 與同儕在精神分裂患者的家庭中，觀察出婚姻長期不和的兩種類型。婚姻扭曲（marital schism）和婚姻傾斜（marital skew）（Goldenberg and Goldenberg，翁樹澍、王大維譯，1999，第四章，113 頁）這兩種扭曲的婚姻互動模式，嚴重影響孩子的成長和發展。

1959 年

當積臣（Don Jackson）在美國西岸 Palo Alto 創立了心智研究院（Mental Research Institute, MRI）。其後，Virginia Satir、Jay Haley、John Weakland、Paul Waltzawick、Arthur Bodin 以及 Richard Fisch 很快就加入了家庭治療及研究的隊伍。

1959 年

鮑恩在佐治城大學（George Town University）精神學系進一步研究和訓練家庭治療師。

1959-1966 年

沙維雅成為心智研究院的總監。

1965 年

艾加文（Nathan Ackerman）在美國東岸紐約創立了紐約家庭研究院（1971 年，Ackerman 逝世後，研究院改名為 Ackerman Institute for Family Therapy），在東岸進行家庭治療及研究，美國人稱他為「家庭治療的祖父」（Grandfather of Family Therapy）（Goldenberg and Goldenberg, 1996; Gurman and Kniskern, 1991）。

1965 年

曼紐秦（Minuchin）成為費城兒童輔導中心總監，匯聚蒙他福（Braulio Montalvo），Bernice Rosman，積希利（Jay Haley）等治療師共創結構派家庭治療法。

1966 年

沙維雅成為伊莎崙研究院（Esalen Institute）的總監。

於是美國東西兩岸各領風騷，1961 年艾加文和積臣（Ackerman and Jackson）聯合創辦第一本甚具影響力的家庭治療期刊《家庭歷程》（*Family Process*）。這本期刊自 1961 年至今，為不同派別的治療師提供了一個蘊釀、開拓、交流實務成果的園地，於是不同的治療師在東西兩岸沸沸揚揚的發展起來。有關家庭治療的詳細發展狀況，許多由美國人撰寫的書籍均可提供參考；但作為華人，我們不妨從東方的角度來看看這場家庭運動的發展對亞洲人有何啟示。

1.3 西方家庭治療歷史對華人的啟示

1.3.1 地理和經濟因素的影響

這場家庭治療運動在美國有十分豐碩的成果，這當然要感謝不少家庭治療先驅的努力和嘗試，但地理環境和經濟支持也是重要因素。在美國治療運動中有一位先驅 Christian Midelford，早在 1952 年已開始發表論文，描述他在治療精神病人時，將病人家屬也納入治療的會談中，報告治療成果。可惜，他身處偏遠的威斯康辛州北部，缺乏學術或訓練中心的支援，孤軍難以作戰，令他在整場運動中被人遺忘。似乎若要推動家庭治療，就要羣策羣力，去除山頭主義，才能發揮成果（Goldenberg and Goldenberg, 1996）。

1.3.2 錯有錯着

從來沒有一個運動是一板一眼、完全依足計劃和步驟產生的。有一個有趣的小故事，説明了多觀察、多反思、多交流，有時可能會帶來「錯有錯着」的

家庭治療師（1950 - 1970）在美國東西兩岸的發展狀況

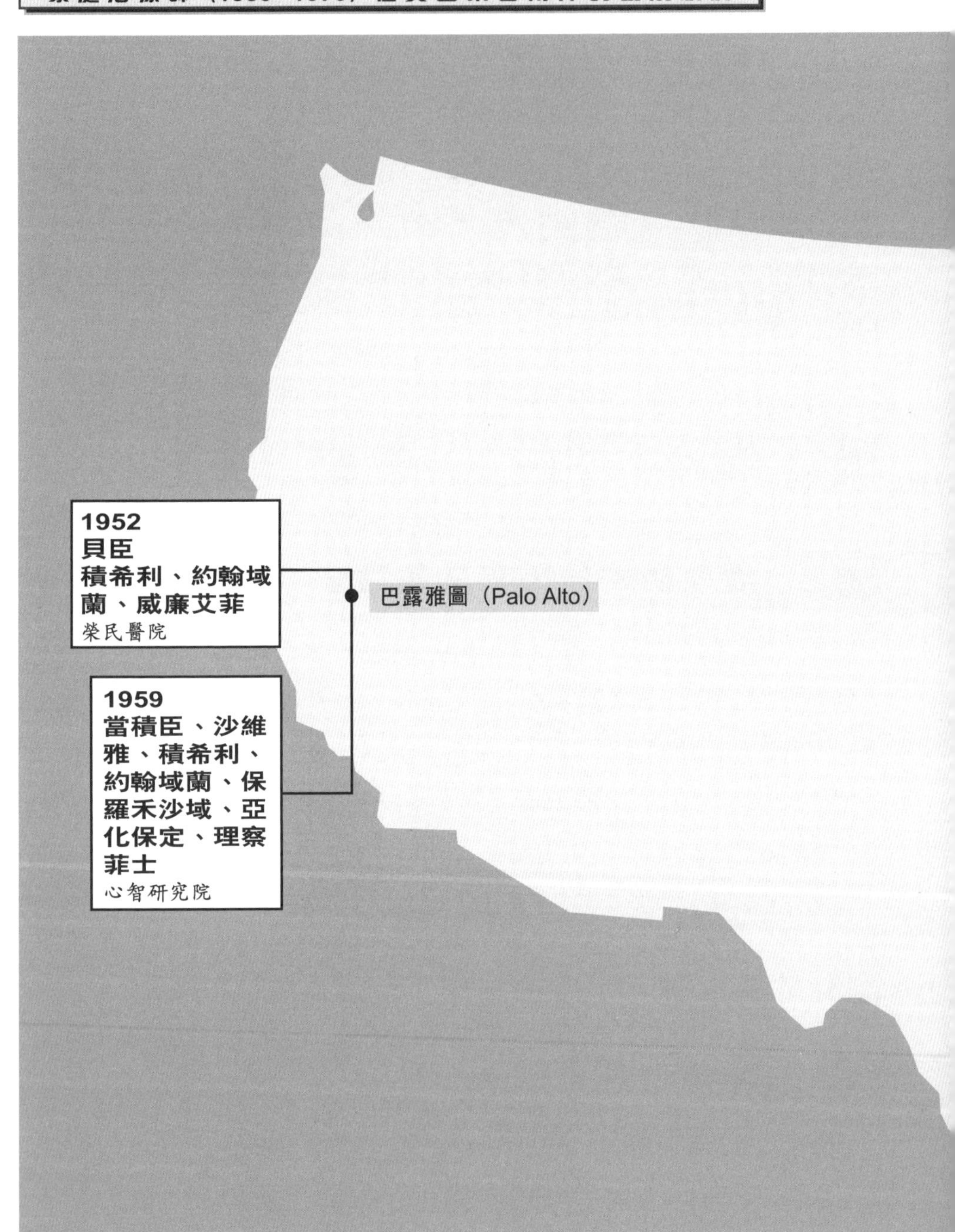

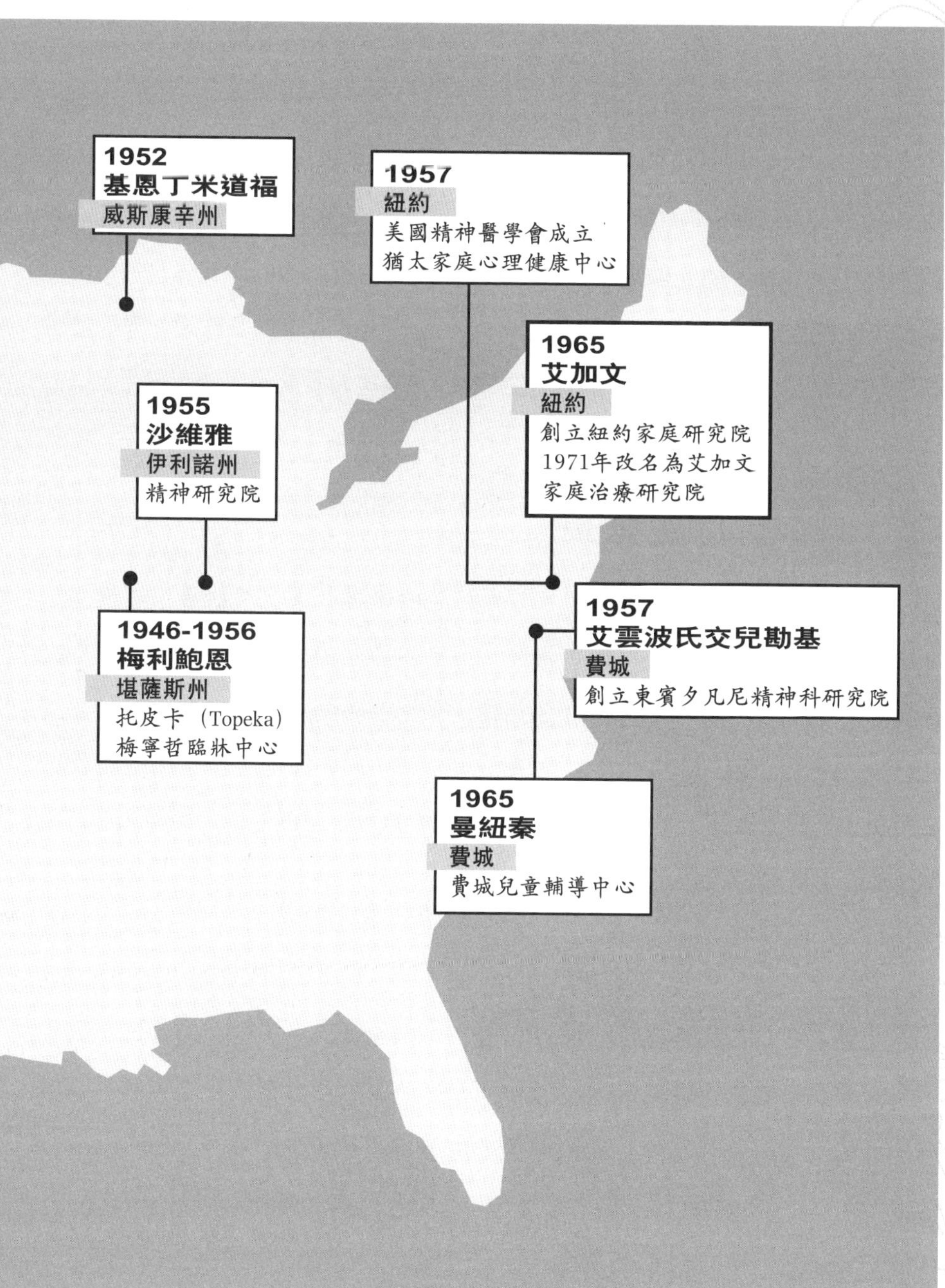
1952
基恩丁米道福
威斯康辛州
1957
紐約
美國精神醫學會成立
猶太家庭心理健康中心
1965
艾加文
紐約
創立紐約家庭研究院
1971年改名為艾加文
家庭治療研究院
1955
沙維雅
伊利諾州
精神研究院
1957
艾雲波氏交兒勘基
費城
創立東賓夕凡尼精神科研究院
1946-1956
梅利鮑恩
堪薩斯州
托皮卡（Topeka）
梅寧哲臨牀中心
1965
曼紐秦
費城
費城兒童輔導中心

效果。John Bell 是麻省克拉克大學的心理學家，也是家庭治療其中一個主要創建人，他有着功不可沒的真正貢獻，卻不大重視名聲。原來，他在 1951 年訪問倫敦著名的塔非斯克臨牀中心（Tavistock Clinic），偶然聽到 John Bowlby 博士精彩的演説，發表如何將團體治療運用在整個家庭之中，John Bell 誤會了 Bowlby 所説偶爾舉行的家庭會議是他治療兒童時以整個家庭為治療單元的基本手法。John Bell 回美後便專心研究，竟然錯有錯着，他的研究專論對家庭治療發展甚具影響。所以，一個運動在早期發展時不應該有太多框架，盡可能容許各種大膽假設、小心嘗試，只要專心誠意，「錯有錯着」也可修成正果。

1.3.3 不受傳統拘束

美國的家庭治療倡導者，大多曾受正統的精神心理分析訓練，繼而對心理分析學派產生失望，進而另覓蹊徑。但當中有兩位魅力大師活特加（Carl Whitakar）和沙維雅（Virginia Satir），卻並未接受過正統的精神分析訓練（Goldenberg and Goldenberg, 1996）。所謂「盲拳打死老師傅」，他們兩位以新穎、創意的技巧，帶動家庭成員進入嶄新的體驗歷程。二人出神入化的風格和魅力，至今仍是後人難以掌握和追隨的。

1.3.4 跨學科的研究成果

當你細心閱讀這場家庭治療發展的歷史故事，便會發現當中注入心理治療理論的人物有生物學家、人類學家、生態學家。人類學家貝臣（Gregory Bateson）於戰時曾在印度的戰略處工作，借用了許多數學和工程學的概念，應用在社會科學之上。後期的家庭治療人士批評這些系統理論太過機械化，不應全盤套用在人類組成的活潑家庭關係之上，有關這點，我們以後可以再作評論。可是，家庭治療的起步點是開放的、跨學派的，將科學主義、理性主義抬頭以來切割的不同學術領域，重新匯合起來。

畢浩明先生在《社會學的局限與界限》一書中，很精闢的指出自中世紀以後，科學主義抬頭，將研究人類行為的社會科學以及認識人類心靈和信仰的學科分家，然後，各種學科自立門戶，各自分家，把人類對自身的認識與對世界宇宙的探索理解，切割得支離破碎。這些高大、自大的門檻把不同的學科各自關閉起來，使人文科學、人類行為的研究切割成只講行為、不講心靈的缺氧物體，使人們對自身與家庭的理解原地踏步。近十年美國心理治療界開始醒覺，紛紛開始研究人類心靈與哲學和心靈的意義，美國學界在心理輔導以外興起哲學輔導[(1)]。華人社會素來重視「天、地、人」的和諧整合，當我們學習西方文化的時候，可以作為借鑑，卻無須重走人文科學與心靈、信仰、哲學分割研究的末路。

1.3.5 有情有義與山頭主義

早期的家庭治療大師，莫不是對人類幸福、對家庭未來懷有廣矜的慈懷，當中沙維雅女士是其中的表表者。她為家庭帶來熱望與溫情，每次觀看她的家庭治療示範錄影帶，她本人對人的關懷、尊重和信念，總能牽起觀者的肺腑共鳴。除她以外，梅利鮑恩對家庭治療的承擔，有點像中國的魯迅——不甘心做一個冷靜、抽離的醫生，希望尋求一套宇宙通則，去切實關懷及救助家庭。曼紐秦早期為貧民窟的破碎家庭服務，協助黑人少數民族和犯罪的邊緣青少年，那種憐憫弱小的精神，令人敬佩。及至最新流行的敘事治療法治療師米高維（Michael White），同樣同情弱小，扶助受壓迫的人，其情可嘉。

筆者曾經參加過各種不同的訓練工作坊，觀看過不同治療師的示範錄影帶，發現一個通則——所有有效的治療都來自治療師真摯的熱愛心腸。也有一些治療師只顧賣弄花巧技術，表面病徵好像解除了，但家庭的問題在治療師單一次諮詢後「換湯不換藥」，家庭痛苦反而加深，令人深心警惕。只有技巧，沒有心腸，可以造成更大創傷的治療惡果，可能好心腸的鄰家阿嬸幾句勸慰、一碗熱湯，已比目空一切的治療師玩雜耍來得更有療效。

歷來不少心理治療研究已經一再證明心理治療的主要療效來自治療師或輔導員的豐富知識、實務經驗、生命素質以及對受助者真摯無偽的相互感通的情懷（Demos and Zuwaylif, 1966; Egan, 1975; Orlinsky, Grawe and Parks, 1994; Demartini and Whitebeck, 1987; Beck, 1988）。中國文化着重自我省察和修養本身，這是我國文化的瑰寶；在中國武俠小說中，已給我們留下最寶貴的道理——武林中人，心術不正、胡亂背誦武林祕笈者，常常引致走火入魔，遺害人間。

美國早期家庭治療運動的確存在共同研究、彼此切磋的良好學習精神，筆者十分欣賞家庭治療師在開山劈石的早期，可以嘗試以各自不同的手法，與同一個家庭做獨立會談，然後再一起討論這個家庭關係動力（Goldenberg and Goldenberg, 1996）。這樣的治療手法開放而虛心，彼此融通。後期卻各自興起山頭主義及分裂現象。1974 年，在一次會議中，沙維雅被曼紐秦惡言抨擊，之後黯然離開了美國家庭治療的主流，美國家庭治療的主流也因此失掉了這位第一代惟一女性治療師的貢獻和聲音。

梅利鮑恩在年邁時慨歎家庭治療運動走錯了路，變成一座高舉自己的巴別塔（Family Therapy Networker, Mar / April, 1991: 26）。幾年前，Ackerman Institute of Family Therapy 的家庭治療師 Evan Imber Black 在與本港家庭治療師交流的聚會中，也興起相同的感歎，謂美國家庭治療運動錯走了派別相爭之路，浪費了許多資源和時間，她又評論最新的家庭治療重視以下素質：講求尊重人，謙虛精神，不求扮演專家，強調態度開放，彼此合作。什麼才是良好的家庭治療呢？我們要問：那些治療手法結果使家庭成員更多諒解、更多連繫？抑或更多疏離？治療手法促使家庭成員更大胸襟、更多彈性，抑或立場更加固執（例如：「既然我感受不到快樂，我就離婚 / 離家出走」）？治療手法是否協助家庭成員更加寬容彼此的分歧？抑或更加固守各自的需要，排拒他人？

近年 Barbara Dafeo Whitehead（Whitehead, 1997）審視心理治療的文化，有意無意地促成了個人主義的蓬勃，以及促進婚姻解體。對於有心發展家庭治療的人士，當引以為鑑。

1.4 家庭治療移植本土的反省

上文用「快速倒後鏡」重述了一次美國家庭治療發展的故事。以下不妨以華人的觀點思考一下家庭治療移植本土的反省。

1.4.1 何謂中、西定分界？

「家庭治療」，是一個外國進口的詞彙。大概是因緣際會，或者是輔導發展的自然歷程，近年，家庭治療在香港本土開始產生廣泛影響。一些平信徒及教會教牧神職人員開始意識到，一個小孩子的情緒問題，可能牽涉到整個家庭的結構問題、家人關係問題，甚至源自一些代代相傳未曾解開的情意結。

近年來，家庭治療訓練蓬勃，如雨後春筍。當大批社工、輔導員及教牧人員對家庭治療開始產生興趣的時候，作為一個婚姻輔導員，我感到有需要稍為駐足，對家庭輔導的信念、哲學和實踐，作一些本土的文化反省。

1.4.2 翻譯與語言運用

首先 Family Therapy 一詞該如何翻譯，本身已是很有意思的課題。美國流行心理治療已接近五十年。近二十年來，以家庭本位的模式去輔導個別家庭成員成長，也稱之為家庭治療。實際上，「治療」一詞有病理取向，而「輔導」一詞有倫理取向，二者取其一，似乎後者的翻譯更為符合中國文化以「家」為社會核心的人情倫理思想。

可惜，詞語運用歷來約定俗成，近年，台灣出版界大量出版西方的流行心理治療書籍，在翻譯和介紹外國思想觀念方面，的確很有貢獻，然而，基本上台灣將「家庭治療」及「婚姻治療」全部直譯為治療（therapy）。林孟平博士在《輔導與心理治療》一書，對輔導與心理治療的異同，也曾作出詳盡討論，但至今沒有一致的定論（林，1986）。筆者也曾多番掙扎，因筆者本人傾向「家庭輔導」的倫理語意，多於「家庭治療」的病理語意，但為了統一概念及方便溝通，只好勉強加入大隊，一律採用「家庭治療」及「婚姻治療」的說法。但筆者想強調，採取「治療」一詞，必須留心其「病態」含義，西方許多強調「非病態」取向的治療模式，如現實治療法、完形治療法、尋解治療法、敍事治療法，也一樣沿用「治療」一詞，可見，「治療」一詞已被廣泛認許為等同「專業」、輕視「病態」的含義。筆者反覆思量，嘗試以中醫醫學上「固本培元」、「順應脈理」等非病態思想去調節「治療」一詞中的「病態」和「權威診治」等含義。

翻譯本身是一門大學問，談及歐美家庭治療這個舶來品，譯名是第一步要仔細研究的功夫，若不能對整套理論概念有一深徹了解，而照字面翻譯往往叫讀者莫名其妙。例如梅利鮑恩的核心概念 Differentiation of Self，不少中文書籍翻譯成「自我分化」，不要說外行人，就是輔導員看後也感到摸不着頭腦。Differentiation of Self 核心意義是培育人能夠獨立自主，不受莫名其妙的情緒困擾，卻又能與人保持親密連繫。錯誤翻譯嚴重影響理論、信念的傳遞和接收，所以，我會嘗試將之翻譯為「獨立自主，以情相繫」，較能精確地傳遞整個概念的重要意義。

暫且撇下翻譯問題不談，也許值得我們思考的，是何謂本土化，為何家庭治療要本土化，當中又引申什麼輔導實務的含義呢？

（一） 源流

一個文化觸覺敏銳的人，很容易產生一種中國人和中國文化的身分認同。可是，有時當我們談到中國和西方的時候，我們可能會產生一些疑惑：何謂中國文化？中國、台灣、香港、海外華僑，誰是中國人？古代堯舜、儒、釋、道，現代實用精神、科幻迷信、經濟主義、資訊科技……哪些才算是中國文化？從這裏，我意識到一個源流的問題，身處今時今日的中國社會，我們其實是身處歷史文化源流之下，我想嘗試用簡單圖表表列出來（見頁 32）。現代香港社會融匯了中、西方文化傳統，當我們檢討一些心理輔導或家庭模式的時候，最重要是撇除成見，追溯某個派系理論繼承了什麼思想主義的文化傳統，再去蕪存菁，選取符合本土本地文化精神的理論實踐。

（二） 神髓和形貌

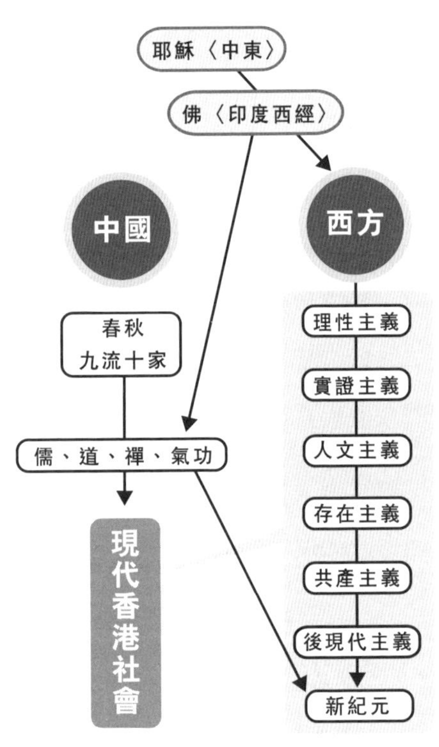

談到本土文化的反省時，我意識到一個重要的關鍵，就是我們所學習及承傳的，到底是神髓，還是形貌？中國古代文化着重禮義廉恥和仁義禮智，我們作為晚輩，受社會環境的沖刷，往往單模仿傳統的形貌，而喪掉箇中神髓。舉例看「禮」的傳遞，單着重「禮」的形貌會變成令人討厭的繁文縟節，然而「禮」的神髓，卻是謙和、寧靜、感恩的禮樂精神。又試以儒家屢屢強調的仁人君子的思想來剖析，單取仁人君子的形貌，可以是造作，變成貓哭老鼠、偽君子，但探究仁者的神髓卻是寬容、惻忍、坦蕩的胸襟。再以西方的懷疑和查問的科學精神為例，許多大專學生單單掌握到科學精神的形貌，會變成「包拗頸」的概念清談，但深究懷疑精神背後的神髓，實質是對大地存在的真理的熱情確認和執著追求。

當我們反省家庭治療這門專業，到底應如何接收、學習、演繹、傳授這個西方舶來品？我們是一窩蜂盲從向大師學習「三腳貓」的花拳繡腿和含糊的英文概念，還是概念理論底下更深刻的神髓？這是我們每個人要虛懷若谷地反躬自省的。

1.4.3 為何輔導心理學要本土化？

在治療實務本土化的意義研究和應用家庭輔導學的同時，我們輔導員為何要將實務本土化？楊國樞先生在《本土心理學的開展》一書中表達得很好。

在消極方面，本土化目的有三：

1. 覺醒 —— 不再以為西方心理輔導學等同人類心理學。
2. 斷奶 —— 避免盲目將西方概念全盤接收。
3. 戒惰 —— 戒絕缺乏反省力、分析力、創造力的研究和實踐態度。

在積極方面，目的更多：

1. 自強 —— 增強理論建構以及實務設計的自信。
2. 沉潛 —— 切實觀察了解研究華人心理行為，建立有關中國人心理行為的知識體系。例如：中國人「容易抱怨」、「克盡孝道」和「酷愛熱鬧」等心理行為是非常獨特的，也在一定程度上反映了中國文化。
3. 比對 —— 將各地華人心理行為作出研究比較。
4. 務實 —— 提出切實預防及解決之道。
5. 致遠 —— 為全人類心理學提供豐富的參考資料。

我十分欣賞楊國樞先生有情有理，以中國本色化的文詞去指向各項積極和消極的目標和方向，實在很值得我們參考。

在積極目標方面，我想另外再提兩個要點：

6. 歷史的斷裂和銜接 —— 在八國聯軍、國共內戰以後，中國產生分裂，亦產生文化斷層的現象，以致新文化運動在政治、經濟等壓力前提下無疾而終。而文化大革命的一場政治浩劫，更使人對「文化」二字談虎色變，望而卻步。在這樣的文化斷層的真空下，我們對外國輸入的西方模式仍然無法脫離不是媚外、就是排外的情緒 —— 要不照單全收，要不盲目抗拒，欠缺了一種不卑不亢的交流精神。
7. 在歷史文化融通中再定位 —— 輔導員是輔助人成長的專業。不過，輔導學到底是關乎人類行為的學問，人的心理在人格成長中佔何等位置？當一個人說恨另一個人的時候，那「恨你」是一個行為，還是一份感情？一個思維？一個信念？一種精神境界？抑或包括以上所有層面？中國人所說的七情六慾：喜、怒、憂、懼、愛、惡、慾，是說明人的情緒，還是人的際遇、劫難、渴望、希冀？還是生存的狀態？輔導學是一門文學、藝術，還是科學技能？這些都是我們要深思熟慮的課題。

1.4.4 輔導學本土化的敲門磚 —— 中國人的思維方式

筆者自幼酷愛文學，大學時期接受許多思考邏輯訓練，常常感到科學邏輯把人生切割得四分五裂，使我十分疑惑。我想分享幾首心愛的詩詞。

「結廬在人境，而無車馬喧，問君何能以，心遠地自偏，此中有真意，欲辨已忘言。」—— 陶淵明

「枯藤老樹昏鴉，小橋流水人家，古道西風瘦馬，夕陽西下，斷腸人，在天涯。」—— 馬致遠

「棄我去者昨日之日不可留，亂我心者今日之日多煩憂。……抽刀斷水水更流，舉杯銷愁愁更愁。人生在世不稱意，明朝散髮弄扁舟。」——李白

當你背誦上述的詩詞時，未知你有何感想？念文學的人都知道，中國文學推崇「言有盡而意無窮」，就算是以文字表達，也多是捕捉畫象的意境和人物的心境，多於精細表達實相。馬致遠一首「枯藤老樹昏鴉，小橋流水人家，古道西風瘦馬，夕陽西下，斷腸人，在天涯」字字實景，流露的卻是實景下的悠閒、恬靜、蒼茫的意味，完全不着重澄清、剖析、概念定義，所感通的意境和神髓已經遠遠超越了言語。也許讀者會說這只是一闕詞，然而，在西方，舞蹈、繪畫、音樂、話劇都已先後被採用作為輔導或治療的手法，難道中國詩詞就不可以？

然而，我想指出的並非以詩詞作為輔導的元素，而是中國某種思維、觀物和表達方式，也許與西方傳統的邏輯思維方式很不相似。

西方的邏輯思維着重將主體和客體清楚二分，中國人卻崇尚情景交融。且說禪師青原老僧的故事。他憶述自己成長的歷史說：「三十年前，見山是山，見水是水（那是主體和客體二分的狀態）。後來，親見知識，見山不是山，見水不是水（那是達到主客對立之消融，達致「無我」的境界）。如今，見山只是山，見水只是水（那是回到萬物本相，達到真我的境界）。」

驟耳聽來，十分玄虛，但仔細咀嚼，內中卻說明了一個深刻弔詭和辨證的道理。

呂紹綱在〈《周易》的哲學精神〉一文中（《哲學雜誌》季刊第十六期，1996 年 4 月號第 60 頁），提及四種思維方式：

1. 直覺思維：着重頓悟和靈感；
2. 形象思維：善用形象語言表達意念；
3. 渾論思維：着重含混、圓融、統一的非語言思維；
4. 抽象思維：着重概念推理和邏輯分析。

也許，各種思維方式都協助我們認知人生世相，可是，目前我們全盤單向地採取西方理論的抽象思維，其含義若何？很值得商榷。

1.4.5「知」和「情」

中國人的「知」和西方人的「知」似乎在性質和重點方面也有不同。西歐人士十分着重資料、資訊，所謂「知情權」(right of information)。在英國求職，求職人士有權去索取機構的年報、架構人事網絡等各項有關資料，以致求職者可以作出適當的選擇（informed choice)。西方人的「知」是一種客觀詳細資料；依據客觀詳細資料，作為事實根據，作出評價、分析，然後衡量、選擇。西方解釋離婚決定的交易理論（Exchange Theory）也是如出一轍，對離婚的各項得失搜集充足資料，評量估計，然後作出選擇。對客觀事實的掌握和擺弄，實在是西方人最擅長之道。

反觀中國人卻強調默契，心照不宣，心領神會。莊子道魚之樂的故事，意味深長。莊子一位朋友賞魚，感應魚的喜樂，那位朋友質詢說：「子非魚，焉知魚之樂？」莊子回答說：「子非余，焉知余不知魚之樂？」莊子的故事，總能引起我們會心的微笑。當中的「知」，是一種感知，是一個個體與另一個個體觀察交流所達到的超越客觀的知識。又莊子在〈知北遊篇〉，說「知」出外北遊，尋找大道，問「無為謂」怎樣思想，才會明白大道？怎樣處身，才安於大道？遵循什麼法則，才能獲得大道？「無為謂」不答話就走了，「狂屈」大笑，最後問道於黃帝，黃帝說：「不用心。」

故事中對大道的認知似乎着重令人投入直觀的體會，超乎了資料、資訊、根據和語言，甚至隱喻語言和文字本身成為了知識和感知傳遞的障礙。這樣看來，中西方對「知」的重點和入門有不同的強調，這是值得進一步深究的。

輔導學是關乎人的學問，除了人與人之間的知識、瞭解和體會，人與人之間的情意和個人的感情世界也十分重要。西方思想家笛卡兒提出名言「我思故我在」之後，大大影響了西方哲學思潮，使思想、感情、行為分家。心理學大師 Albert Ellis 的認知情意治療法（Rational-Emotive Theory），就是源用相同的認知論，將情感和認知的世界解剖劃分。跨代家庭治療大師梅利鮑恩提出極有見地的 Differentiation of Self，也被誤解為情感與思想清楚界分，讓思想不受情緒干擾；當筆者詳細研究梅利鮑恩的理論，抽取其菁華，Differentiation of Self 似乎是強調情感、思想和意志達到融和貫通和自主的境界，而不是強調二者界分和制衡。

在輔導時，把情感和思想強行解剖劃分，常常是筆者不能認同的疑惑，直至讀到楊鑫輝在〈中國傳統心理治療探討〉一文（《本土心理學研究》第10 期，1998）中引「黃帝內經素問、陰陽應象大論」，提到七情互治法，「怒傷肝，悲勝怒。……喜傷心，恐勝喜。……思傷脾，怒勝思。憂傷肺，喜勝憂。……恐傷腎，思勝恐。」才解開我這個疑團。其實情感是一種自我圓滿協調的體系，不同的情緒名稱，只是人情感素質不同方面的表徵，關鍵不是要否定、排除、改進，而是要順應、疏導、貫通、協調，從而產生豐富、穩定和諧，這是一個圓融的理想真諦。

中國的「情」字，從青從心，心青為之情，「情」在西方詞彙中很難找到直接對等的名詞。情，不同於 feeling，也不同於 emotions，似乎是一種人與天地、人與物、人與人的交感、互通、連繫的素質。也許，connectedness 部分傳譯了「情」的意思。中國人和香港本土的「知」和「情」，實在值得我們再深刻玩味。

1.5 家庭治療理論的知識範型大移位

「家庭治療」是始自 1950 年代在美國心理治療界興起的嶄新治療模式（Broderick and Schrade, 1991; Goldenberg and Goldenberg, 1983; Guerin, 1976）。西方傳統的個人治療模式，從佛洛依德的心理分析治療法，羅哲斯（Carl Rogers）的當事人中心治療法，以至於理性情緒治療法、行為治療法、現實治療法，都是把人的問題歸因在人的內在需要或成長發展的衝突矛盾（within the self）；而家庭治療法是借助家庭系統理論的研究成果，把人的問題歸因在人與人的互動關係之內產生的不平衡狀態（within the relationship），在對於人類問題成因的知識論上，是一次知識範型的大移位（paradigm shift）。亦即是說，在研究人類問題及家庭問題上的整個認知架構、思維方法、信念系統，都產生一個大震盪和大的轉移。

家庭治療法對於家庭問題及婚姻問題的理解，最低限度產生了四方面的知識範型大移位（paradigm shift）：

1. 從線性因果邏輯思維（linear casuality）移向因果循環思維（circular casuality）；
2. 從機械性、決定論的固定及機械觀點（mechanical, static view）移向發展性、動態和成長變化的觀點（dynamic, organic view）；

3. 看個人作為家庭成員單獨的抽離分子（isolated parts），移向看個人與個人之間的互動關係彼此緊扣成一個發展性、多角度的連續體（inter-related parts）；
4. 從清晰單一的現實移向注重情境、脈絡（context）的多重現實。

舉例説，一位女士因害怕兒子不能升讀良好中學而不斷加以強迫，甚至導致身心症，精神緊張。在傳統的思維範型中，心理分析治療師會審視這位女士是否與孩子患有戀母情意結，由於各種內心潛意識的慾望和矛盾，以自衛功能投射，轉移到兒子身上。又或者理性情緒治療師會追蹤這位女士對於孩子入學讀書的焦慮情緒背後的想法，是否不合乎理性，以致影響情緒表現。

凡此種種治療方式，都是假設母親是一個獨立抽離分子（isolated part），她的個人理性或非理性想法，內心潛意識矛盾都影響了她對待孩子的行為，既然成因是「A」（即不合理想法，或潛意識的情意結，或其他內心矛盾）造成「B」（即是孩子表現出過分強迫性焦慮行為），所以治療的手法就是消除引發「B」後果的「A」因素，就可以解決整個家庭問題。這就是上述所謂機械性，決定論的線性邏輯思維。然而，自從系統理論出現，心理治療手法將問題的焦點由個人的內心轉移向家庭系統的模式、規律、動態以及平衡之上。

從上述例子説明，受系統理論影響的家庭治療師會從母親過分緊張或孩子過分疏懶等個人焦點移向家庭整體，包括思考如下問題：

1. 母親如何與父親相處，父母相處的次系統如何影響母子的相處？
2. 這個家庭有何明文或不明文的家庭規矩，影響母親與父親對孩子的不同反應？

3. 孩子與母親交往有沒有什麼重複的互動模式惡化了二人的關係？
4. 母親成長的原生家庭系統有沒有未了結的情緒經驗影響母親對兒子的反應？
5. 家中各人的互動模式如何影響孩子的表現和反應？

於是，整個治療的想法是開放的、探索的、互動的、因果循環而又交往循環的，任何一個個體的活動和反應（包括治療師本人）都會影響其他個體及家庭整體的表現和反應。雖然不同治療學派因應系統理論的基礎，各自發展出不同的治療手法和治療重點，卻同時分享着許多共同概念和共同假設。直到1990年代後現代建構主義的認識論衝擊家庭治療想法，再帶入新的假設和新的治療元素。

對於這些複雜的抽象思維，要一口氣消化和理解並不容易，但願此章能給讀者一個扼要的簡介，在後面的部分，筆者會再於理論和實務應用上作出整合的評論。

注釋：

(1)〈美學界興起哲學輔導〉，《明報》「國際焦點」E12版，2000年3月6日。

Marital

第2章

家庭治療理論

Family Therapy

2.1 梅利鮑恩的家庭治療法

2.1.1 梅利鮑恩——被忽略了的先知
2.1.2 鮑恩的家庭系統理論
2.1.3 八個連鎖觀念

2.2 沙維雅的家庭治療法

2.2.1 沙維雅——魅力治療師
2.2.2 沙維雅的家庭系統理論
2.2.3 沙維雅家庭治療的重要觀念

2.3 結構家庭治療法

2.3.1 曼紐秦與同僚——貧民窟治療師
2.3.2 不是理論，是一套工作手法
2.3.3 結構家庭治療法的重要概念
2.3.4 往昔的詬病，今日的修正
2.3.5 小結

2.4 敍事治療法

2.4.1 米高維與大衛艾斯頓——
解放邊緣社羣的治療師
2.4.2 敍事治療法的重要概念

2.1 梅利鮑恩的家庭治療法

2.1.1 梅利鮑恩——被忽略了的先知

鮑恩（Murray Bowen, 1913-1990）在田納西州一個小鎮威法利（Waverly）出生，他的父親經營救護車及殯儀事業。鮑恩自幼幫忙救護車的工作。鮑恩十五歲那年，一件事情深印腦海：他輔助救護人員將一名不省人事的少女送進大學醫院，看見醫生、護士惶急的跑來跑去，在急症室進進出出忙了一整個下午，結果，少女不治逝世。

鮑恩感慨人類在惶急焦躁下的無能為力。鮑恩不想自己受訓之後，成為一個憐憫病人卻被逼抽離的手術科醫生，於是他立志要鑽研出一套理論、一個系統，甚至是一種世界觀，指引他如何有效地關懷他的病人。為了這個志向，他進入醫學院，專攻內科及精神科。第二次世界大戰之後，他在肯薩斯的梅寧哲臨牀中心工作，專心研究罹患精神分裂症的母子關係。鮑恩對傳統佛洛依德精神心理分析學說大表質疑，深入研究精神病患家屬母子共生關係形態（symbiosis）。1954 年，鮑恩進入了研究態度開明的國際精神健康研究所（NIMH）。鮑恩在他的研究中，發現罹患精神分裂症的母子會出現一種循環往復的情緒流動：當一方的精神好轉，另一方的精神就會出現惡化。這個發現突破了傳統精神分析的想法。及後鮑恩再進一步，將他的研究推及健康的家庭，發現了家庭關係中出現三角聯盟和整體的情緒糾纏，從此開始建構他的家庭系統理論。

鮑恩是一個沉思和內省的學者，我行我素，忠於自己的思想，被人誤解卻不喜歡為自己辯解。他的大弟子米高巨（Michael Kerr）認識到鮑恩能活出他所信的，而且不懼怕接觸劇烈的情緒，能與每個人深入接觸。他最令人震驚的舉動，是在一次國際家庭治療會議上，忽然放棄發表什麼大理論，改為分享自己從原生家庭成長、獨立自主而以情相繫的艱鉅旅程。鮑恩真摯分享的透明度令人佩服，亦令人驚訝，他的示範舉動，帶動治療師進行自我反省，而且在治療他人之前先進行自我成長的治療旅程，為治療界注入一股清新、人性而誠實的風氣。

1959 年，鮑恩受任到佐治大學精神科學系繼續研究及推行他的家庭治療理論，他的學生有杰連（Phil Guerin）、米高巨（Michael Kerr）、比蒂嘉達（Betty Carter）及蒙尼卡・麥高域（Monica McGoldrick），他們在婚姻治療及性議題、家庭生活階段議題方面均大有發展，先後成為知名的專業治療師。

1991 年美國《家庭治療網絡》（*Family Therapy Networker*）雜誌在報道一代家庭治療大師梅利鮑恩生平對家庭治療的貢獻時，稱鮑恩為「家庭治療界被忽略的先知」（Family Therapy's neglected prophet）。因為鮑恩尚未為自己的理論著書立說，便與世長辭，他的貢獻的確被人忽略。在香港出版的家庭治療書籍，雖然介紹了各種不同的治療模式，卻少有介紹鮑恩的跨代家族治療模式。美國人忽略了鮑恩，但願華人不會同樣忽略了這位家庭治療界的先知。

為何稱鮑恩為家庭治療界的先知？與曼紐秦共同創建結構派家庭治療的同儕治療師 Braulio Montalvo 作出這樣的評論：「對於想進一步了解和探討家庭的每一個人，鮑恩是催化智能的養料（intellectual beacon）。可以說基本上家庭治療界每一個重要概念都可以追溯自他而來，他教曉了我們每一個人。」（*Family Therapy Networker*, March / April, 1991, p.26）

鮑恩是家族系統理論的原創者，被美國家庭治療界公認為治療理論的重要先驅（Goldenberg and Goldenberg, 1996; Nichols and Schwartz, 1991）。

鮑恩有他個人獨到的見解，與其他家庭治療的先驅不同，他認為精神分析的概念太個人化，無法推廣應用到家庭互動模式之中。他轉而觀察人類關係的情緒法則，以及人倫之間相親和相近的矛盾動力（Goldenberg and Goldenberg, 1996; Wylie, 1990）。

2.1.2 鮑恩的家庭系統理論

鮑恩致力於找尋人類行為的基本法則（Friedman, 1991; Wylie, 1990）。鮑恩多次強調他所提出的家庭系統理論，是發掘人類或生命系統的自然法則，而不是從問題的病態角度出發作研究（Kerr and Bowen, 1988）。鮑恩、沙維雅及米高維的家庭治療理論都是成長取向而非病態取向或問題取向的。

鮑恩專心研究家庭情緒系統的自然法則，發展出八個重要的連鎖理論，下文將一一介紹。

2.1.3 八個連鎖觀念

（一） 自主而相繫（Differentiation of Self）

「自主而相繫」是鮑恩家庭理論的金牌概念，也是相當精深獨到的思想概念，直到今天，一直被廣泛應用。英語與中文有所不同，「學英文字彙不是學中文譯法，而是學英文本身的意會。」（張，2003，114-115 頁）所以不是從事家庭治療的翻譯員未必能意會整個治療的意涵和神髓。Differentiation of Self 一詞譯作「自我分化」，教人摸不着頭腦，更無法掌握鮑恩提倡「自主而相繫」的深奧意涵。

就筆者二十多年治療實務經驗的掌握，粗疏的領略，試以後頁圖表把此精深概念演繹如下：

獨立自主，以情相繫

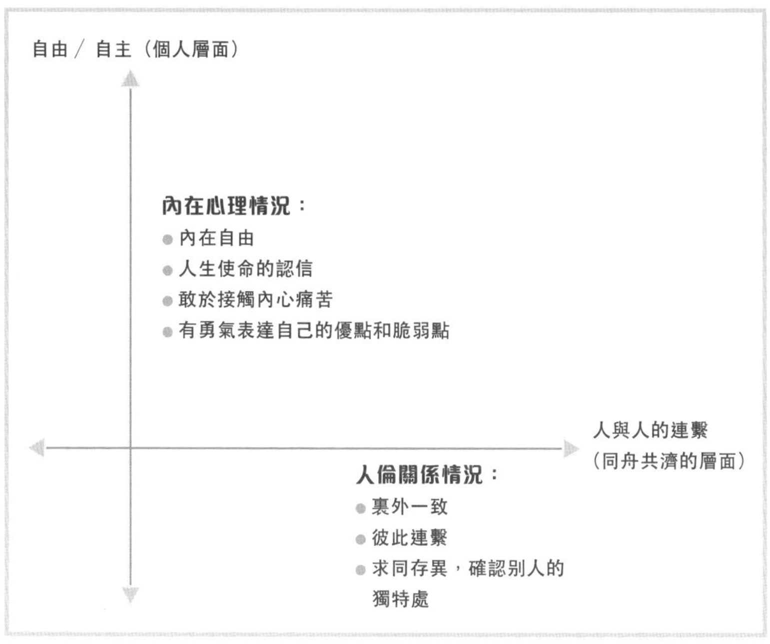

「自主而相繫」是鮑恩倡導人類人格發展的理想素質，其中包括自我個性發揮自主的向度，以及與他人相處的向度。筆者於 1995 年參加美國國際家庭治療會議，聽鮑恩的入室弟子米高巨（Michael Kerr）講課，他特別強調西方文化傾向個人主義，常常高舉自主的向度，而忽略了鮑恩同時着重的人倫連繫

的向度。一個人除了能獨立自主外，能夠與人羣，尤其親密的人穩定、自在地連繫，也是非常重要的。

鮑恩在醫院中觀察到家庭成員經常出現兩種拉力，一種是親人間彼此倚賴和黏纏（fusion），另一種則是家庭成員各人想把自己的個性分別開來，體現自己。一個人害怕未能得到別人的接納、認同，在情緒上遭受周圍環境以及別人的擁護或排斥所主宰，變成沒有主體、沒有個性的「假自我」（pseudo-self）；另一方面，一個人過分着重突顯自我，而失掉了人倫中彼此扶持、相依相繫的優美人格素質，也是一個「假自我」。這是後期女性主義者如 Hare-Mustin（1978）與 Lernec（1986）所強調的。惟有自主與相繫獲得平衡，情感和理智交感互通，流動自如，不諂媚、不屈服，也不自負、不孤高，這才造就成熟的理想人格（solid self），也就是所謂 100 分的「自主而相繫」的成熟境界。鮑恩又補充，普通人只能在個別情景達到這種光芒境界，但一般情況，人會受到各種境遇和內心壓力拉扯，而不能輕易達到。

當筆者仔細閱讀和體味鮑恩「自主而相繫」的理論，許多中國文化理想浮現腦海：「君子坦蕩蕩，小人長戚戚」、「君子無入而不自得」、「泰山崩於前而色不變」、「富貴不能淫，貧賤不能移，威武不能屈」、「惟仁者能好人，能惡人」等等高風亮節。也許東西哲者所追求的人格操守也有一道互通的宇宙天橋。這一點有賴精通中國文化修養和深諳西方心理思潮的學者以誠意以生命繼續探討。

1995 年，米高巨在美國國際家庭治療會議[(1)]上，提出以下幾點，強調與實務澄清，筆者認為很值得與大家分享：

1. 鮑恩家庭系統理論的重點在於探討人生宇宙共通法則（universal pattern），而不是強調診斷人生及家庭病態；
2. 每個人在不同境遇、不同情況，都會達到不同「自主而相繫」的成熟程度，不應用一個固定分數去為人的成熟程度定高低；
3. 每個人早期發展的人格成熟程度，可以經後天修養、栽培，而有所開拓和調整；
4. 在治療實務應用上，治療師首要是修養自己「自主而相繫」的成熟程度，才有能力面對受助者各種焦慮、陷溺、「自動反應」（automatic reaction）的情緒，平靜、關懷、尊重，且不論斷對方。

因此，早年修讀鮑恩家庭治療學派的學員統統要經歷自己與家人關係調整的成長培訓階段，才有資格擔任治療師。

（二） 三角抒張動力（Triangulation）

很多家庭治療翻譯書籍把 Triangles and Triangulation 翻譯為「三角關係」，其實未能充分表達這個概念所蘊含的深度意義。Triangles and Triangulation 並非單單指出三個個體的關係，筆者就 Triangulation 整個概念的內涵意義，把這概念翻譯為「三角抒張動力」。其實，這是鮑恩在梅寧哲臨牀中心研究精神病學時的精細觀察，他發現人與人的親密相處有一些普遍性的情緒牽連定律，而創出這個概念，及後被曼紐秦、Fogarty 和 Hale 等人發展應用（Guerin, Fogarty, Fay and Kautto, 1996）。

三角抒張動力（Triangulation）內含下述的情緒流動觀察：

1. 二人關係（dyad）是最不穩定的系統單元。
2. 二人關係內含張力很大，由於二人將焦點放在對方身上，容易產生既想親近又想疏離的矛盾，疏離的時候渴望親近、獲得認同、安全、溫暖，但親近以後又嫌侷促規限，而想抽離。常常在親近和抽離之間產生矛盾。
3. 由於二人關係內含張力太大，二人互動時自然將注意力轉移到第三者（人、物或興趣），用以紓解二人親疏矛盾的張力。於是出現三角抒張關係（Triangles）。
4. 這個因二人系統不穩定的張力而拉扯第三者介入的動力歷程，稱為三角抒張動力。

（三） 核心家庭情緒系統（Nuclear Family Emotional System）

根據鮑恩（1979）的觀察和歸納，人倫關係中有一種天然情緒定律，就是人與人相交，在一定情緒磁場（emotional field）下會產生自然的情緒反應，影響他外在的行為。人為了平衡內在的情緒張力，會產生自動情緒反應，稱為 automatic emotional reactivity，是一種自動和情緒反應行為。人的自動情緒反應愈大，愈不能主動地有意志、有選擇地做回自己和面對他人，更不能與他人產生真實的親密關係。在人的主觀經驗中，這種情緒反應是不能自制的，所以，人會下意識將矛頭指向對方。一個人因內在情緒壓力，產生盲動情緒反應，大吼大叫，在極怒的脾氣爆發中，十分後悔，指責對方：「都是你不好，因為你激怒我，令我無法控制自己，大發脾氣。」愈是把問題轉嫁他人，愈無法自主作一個獨立自由的人。

鮑恩（Kerr and Bowen, 1988）認為，當夫妻或家庭成員由於情緒黏纏，內心經驗高度的焦慮，害怕被排斥、被操控、被吞噬，因而產生各種情緒反應及行為糾纏，包括夫婦間長期激烈衝突，將問題轉移給孩子，以及夫婦其中一方罹患身心病或情緒病等。有關這一點，筆者將會在第二章詳加討論。

（四） 家庭投射歷程（Family Projection Process）

家庭投射歷程是指父母本人自主相繫的成熟程度，會直接或間接地投射到下一代身上，影響孩子的成長歷程。比方說，夫婦自主相繫的成熟程度弱，自然會在二人交往時出現微妙的糾纏、張力、衝突或拉扯，孩子便直接或間接受到影響。舉一個例子，一位女士與原生家庭父母沒有安全的連繫，造成對配偶過度期望；配偶與原生家庭也缺乏安全的連繫，於是迴避抽離。母親就下意識把全副精神投放在孩子身上，將自身不滿足、恐慌的情緒一併投射到她最着意的孩子身上。通常排行最大或最小的孩子，因情緒張力太大，與母親的關係會出現糾纏或刻意疏離，孩子因而不能發展高度自主相繫的成熟性格。相反，有時會由於心理過分緊張而罹患精神疾病。

（五） 情緒截斷（Emotional Cut-off）

鮑恩發現由於家庭關係的情緒張力太大，例如，一位母親死盯着孩子的一舉一動，下意識企圖把孩子改造得跟自己一模一樣，否則，便加以追討、責備、懲罰或討好、哀求。當事人無法承受這過重的情緒壓力，採取抽離，以致情緒截斷。情況輕微時，當事人把自己密封，所謂借了「聾耳陳」的耳朵，凡事聽不入耳，萬事皆不動心。情況嚴重的話，不但尋求心理距離，且尋求身體距離，會搬遷、離家出走，甚至割斷關係。

可是這種情緒截斷，一走了之，一刀兩斷，只是二人關係無法適應的結果，並非理想狀態；自主相繫的理想人格是二人有能力尋求復和連繫，以及各自保持恰當的自主和距離。

（六） 家庭排序（Sibling Position）

鮑恩觀察到個人在家庭的出生序十分影響他的成長經驗和個性發展。例如，上述家族投射歷程提到，出生序排行最大或最小的，比較容易成為父母親特別關注的對象，因而大量吸納父母過度的情緒焦慮。

個人在家庭排序中，很容易發展出不同的性格特徵（Toman, 1969; John Bradshaw, 2000; Sulloway, 1998）。雖然不能一概而論，但籠統來説，通常老大在家裏是最負責任的孩子，最認同父母，願意服從權威；排行中間的子女，容易被父母忽略，結果發展出更多社交技巧，較着意與人分享權力；老么的好勝與老大的不同，通常比較享受照顧，較少付出，實務能力較弱，但也會因人微言輕，較被動和欠缺主見。

然而，從中國文化的向度來觀察，除了觀察排序，還要觀察性別和家族。在較為重男輕女的家族，如潮州人、福建人等，女性即使並非排行最大，負的責任也是最多，享的權利也是最少。至於排行老么的女兒常常要負上照顧父母情緒的角色，聆聽上一代的恩怨情仇，成為父母情緒的輸出口。

（七）跨代家庭承傳（Intergenerational Transmission Process）

由於鮑恩上述觀察而建構的六個概念，我們較易明白一個代代相傳的情緒流動歷程，簡稱「跨代家族承傳」。簡單來說，一個人若能發展成熟的自主相繫人格，內在焦慮減少，能與人和平共處，不急於改變他人，也善於接納自己，找伴侶時，也傾向找成熟程度相約的伴侶，二人關係也比較和諧自然，合情合理。關係親疏合適，鬆緊自如，撫養的下一代也較少吸收焦慮的情緒投射，在父母示範和安全氣氛下，發展出較理想的自主相繫成熟人格。

相反，一個人在父母離異、決裂、爭吵的關係張力下長大，自然欠缺安全感，發展出較低水平的自主相繫程度，尋找伴侶時，也自然吸引成熟程度相近的配偶，於是，二人在焦慮、不安全的心理狀態下相處，容易出現衝突、糾纏，或用孩子紓解張力，孩子自然吸收較多上一代的焦慮情緒，在緊張氣氛和壓力下，發展出水平較差的自主相繫人格。縱然孩子成長後極力抵抗父母的影響，卻又像複印般把父母健康及不健康的行為依樣反映。如此看來，成熟或不成熟的人格素質便代代相傳。

（八） 社會性退化（Societal Regression）

緊接以上七個概念，我們不難理解鮑恩為何發展「社會性退化」這個概念，試想，當大部分人不肯或不懂得培養自我覺察能力，亦不能提升自己超越父母自主相繫的成熟程度，同時，社會的權勢、試探和罪惡勢力都不斷挑戰個人自主相繫的成熟程度，都市化、商業化、科技化的社會發展也不斷削弱個人自主相繫的成熟程度，於是，不難理解社會性退化的現象會出現。

鮑恩的弟子蒙尼卡·麥高域及比蒂嘉達就社會現象加上性別和種族議題的觀察，著作 *Ethnicity and Family Therapy*（McGoldrick, Pearce and Giordano, 1982）一書，更加豐富了社會性情緒演進的概念。

鮑恩已經去世，反觀今天美國社會，整個社會由立國時期自由民主的美國夢，直至今天，家庭離亂，孩子飄零。瑪莉派花博士（Marry Pipher）在其著作《救救奧菲莉亞》（*Reviving Ophelia*, 1994）及《彼此守望:重建家庭》（*The Shelter of Each Other: Rebuilding Our Families*, 1996）裏指出，美國家庭破碎離亂，形成新一代青少年整體混亂迷惘。這書一度成為紐約最暢銷書籍。

鮑恩不幸言中美國整體社會情緒退化性的演變，難怪鮑恩被譽為「被遺忘了的先知」。作為中國人，我們也應該有所借鏡，不要盲目走上社會性退化之路。

總的來説，鮑恩的治療理論是「非病態」的、「正向」的、尋找人類行為的「普遍定律」，為人類行為尋找一些成長和改變的理論依歸，方向積極。難怪在他逝世前，他看見當時美國社會五花八門的治療學派，只講求應用實務、解決現實問題，各為其主，互相排斥，彼此爭奪「武林盟主」寶座，鮑恩不禁深深感歎家庭治療變成一所各人高舉自己派別的巴別塔，十分傷感（*Family Therapy Networker*, March / April, 1991, p.26）。

在最後一次分享會議上，他説：「當你知道你所了解的是正確的，那很不錯，但你應該在你所站的立場上説『不』（意謂我也可能有所錯謬）。」（*Family Therapy Networker*, March / April, 1991, p.26）他這一番話不就是建構主義中強調不要太自信、不會自恃擁有絕對真理而謙和自省的精神嗎？

2.2 沙維雅的家庭治療法

2.2.1 沙維雅——魅力治療師

沙維雅（1916-1988）是一個充滿魅力和天分的治療師。她不是靠理論或研究作出治療，她的治療特色大部分來自她個人的信念，對人親愛、接納的態度，以及機警、靈活自創的治療風格。她被譽為「家庭治療法的哥倫布」，顯示了她在家庭治療發展上擔當着相當重要的角色。

沙維雅本來是一位教師，後來接受訓練，成為一位精神科社會工作者。一如其他家庭治療師，她發現受助的個人，一旦回到不健康的環境中，問題又會再復發。因而她放棄了個人治療法，轉而研究家庭動力對個人的影響，專心研究和發展家庭治療，對推動家庭治療法作出了重大貢獻（Thaxton and L'Abate, 1982; Goldenberg and Goldenberg, 1996）。

沙維雅是美國早期家庭運動的一個重要先驅，早年在心智治療中心（Mental Research Institute）工作，也是男性領袖羣中惟一一位出色的女性治療師，她在生硬、理性、推論、權威的男性系統中，為家庭治療注入許多溫情暖意，以及人性的接觸。可惜，在「武林爭霸戰」中，她被男性傾向的當權主流思想所排斥。

在 1974 年，在委內瑞拉一份雜誌《家庭歷程》（*Family Process*）的委員會會議上，曼紐秦忽然提問：「面對家庭治療的發展，沙維雅是否一名危險分子？」（Is Virginia Satir dangerous to Family Therapy ？）在激烈的辯論之中，曼紐秦認為家庭治療是一門科學，而不是一門藝術，所需要的是精確的技術而不單單是信念。曼紐秦主張理性、邏輯、秩序，沙維雅卻主張愛心的治療力量，以及家庭治療的復和功能。在這個武林大會中，沙維雅並未獲得認同，黯然離開這批男性治療師族羣，轉向東南亞發展（*Family Therapy Networker*, January / February, 1989, p.35）。沙維雅致力推廣公開示範的成長工作坊，她的親身示範，感染力甚強（Andreas Steve, 1991）。

1983 年，沙維雅曾到香港講學及主持訓練工作坊。她熱誠的魅力與治療的風采，吸引了一班社會工作者、輔導員和心理學家追隨她學習家庭治療，其後更在香港成立了沙維雅治療中心。該中心按年舉辦工作訓練和個人成長工作坊，並邀請沙維雅的門生 Maria Gormoi, Jane Gerber, John Berman 每年來港主持成長及訓練工作坊。自 1997 年起，香港沙維雅治療中心便起用本地人才主辦和推廣訓練及成長活動（區，1997）。

其實，科學與藝術是否要分家？理性邏輯與感性直覺是否互不相容？姑勿論沙維雅和曼紐秦誰對誰錯，沙維雅的女性觸覺和敏銳善感的治療智慧不容於美國男性主導的治療世界，以後現代的觀點來看，曼紐秦當時太相信他的想法是單獨、惟一的絕對現實，不能容許現實有多層次、多面向的可能，因而排除異己。

沙維雅的技巧超卓，信念鮮明，特別強調人本思想。她於 1964 年出版了《聯合家庭治療》（*Conjoint Family Therapy*），及後陸續著述了 *People Making*（1972）、*Helping Family to Change*（1975）、*Changing with Families*（1976）、*Satir: Step by Step*（1983）、*New Peoplemaking*（1988）、*The Satir Model*（1991）。沙維雅家庭治療的理論概念有時略欠縝密精確，然而，她的理論也有很多極具啟發性的地方。筆者十分同意 Waller 對沙維雅的評語，說她做的

比寫的更好，「她（沙維雅）的治療法……主要是受她個人對家庭動力敏銳的觸覺所策動的，多於受到嚴謹精確的理論概念所指引。」（Waller, 1996）

2.2 沙維雅的家庭系統理論

（一） 人本主義精神

沙維雅整套家庭治療手法着重人的尊嚴、自由、平等，有明顯的人本主義色彩。

（二） 對人的基本信念（區，1997；Satir and Baldwin, 1983）

1. 沙維雅相信人性是善的，人如果能夠正常地發展，人性的善便會發揮出來。
2. 人有自然傾向去發展潛質，只要有合適的機會和環境，人的潛質可以完善發展。
3. 人有足夠的內在能力和資源去解決困難，但成長的經驗可以使人忘記自己擁有的能力和資源，或使用失當。
4. 當某人在情緒或行為上出現「病徵」（symptoms），這表示他的成長遇上障礙，以致不能正常地發展。
5. 當人受到壓力或遇到困難的時候，都會用他所知道的最好方法去處理，雖然這些處理方式或會對自己和別人造成傷害。
6. 只要受到鼓勵和環境適合，任何人都可以重新學習新的處理方式。
7. 治療師的工作是給予鼓勵和營造合適的環境，讓受助者可以跨過成長中的障礙，繼續發展他的潛質。

（三） 對家庭的基本信念（區，1997；Satir et al., 1991; Satir and Baldwin, 1983）

1. 家庭是一個系統，由其成員組成。
2. 家庭成員之間的互動構成了家庭關係。
3. 家庭成員在互動中尋求滿足自己的需要和滿足其他成員的需要。
4. 家庭成員的互動受每個人本身的自尊影響。
5. 家庭成員的互動很自然地傾向維持一種均衡（equilibrium）的狀態，它的特點是開放性（openness）和彈性（flexibility）。
6. 假如部分家庭成員的需要受到忽略和歪曲，這些成員就會在情緒和行為上出現一些「病徵」，這些病徵所反映的不是人的問題，而是整個家庭系統出現的毛病。
7. 當家庭系統出現了毛病，家庭成員間的「均衡」往往便靠暴力手段去維持，進一步犧牲了某些成員的需要。
8. 家庭成員可能長期滯留在這種不健康的狀態，以病態作常態而不知道可有其他新的選擇。
9. 只要有合適的機會和引導，家庭的每一個成員都可以學習新的互動方式，重新建立和諧的均衡狀態。
10. 家庭治療師的工作就是營造合適的機會和給予引導，讓家庭成員可以有新的學習。

2.3 沙維雅家庭治療的重要觀念

（一） 問題不是問題，適應方法才是問題

沙維雅的家庭治療法，基本是憑治療的過程對受助家庭所產生的經驗，而達致治療效果（Goldenberg and Goldenberg, 1996）。沙維雅處理家庭問題，不着重該家庭所陳述的家庭事件，而着重家庭成員處理家庭事件的態度、理解和適應方法。因此，沙維雅家庭治療法有一句名言：「問題不是問題；適應方法才是問題。」（Problem is not the problem, coping is the problem.）

沙維雅發展了幾個主要理論：內在冰山理論、溝通模式理論、家庭規條的障礙和改變歷程理論。

（二） 人內在的冰山

沙維雅提出人的內在冰山理論（Satir et al., 1991），說明人類的行為不單是表面看見的冰山，人的改變或行為的模造，經歷行為底層多層面的意識變遷，直達人內心的渴求。如頁 60 圖：

人內在的冰山
(The Personal Iceberg of the Satir Model)

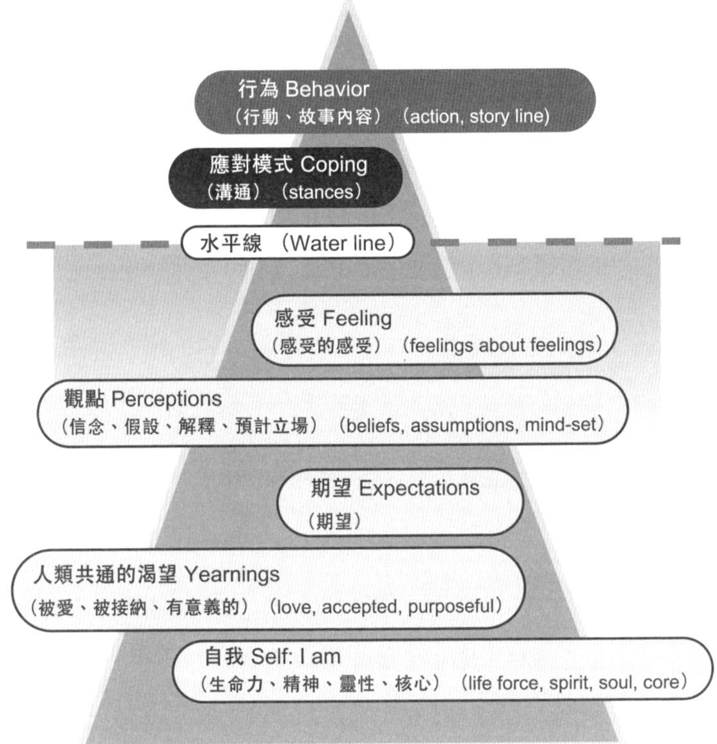

沙維雅認為一個家庭出現困難，基本上是家庭成員的自尊感太低（Satir et al., 1991, p.28）。自尊感低的人缺乏安全感，害怕被人拒絕，強烈渴求被愛，因而影響他對人的期望，對事件的看法、感受和信念，造成不良的適應難題的方式。同理，家庭規條和家庭首要三角關係：「父—母—子女」（Primary Triad: Father-Mother-Child）的正面和負面經驗，會影響一個人的信念、感受、對事的觀點和自尊感。

（三） 溝通理論

沙維雅最為人熟知的是裏外一致的溝通理論。沙維雅分析人類五種溝通形態，包括討好型、責備型、超理智型、打岔型以及裏外一致的溝通形態。這個溝通理論最優勝的地方，是指出人與人的溝通，要顧及自我、他人及情境三方面的需要。可是為何人類只有這五種溝通模式，除此以外還有沒有其他呢？有時候，人在不同時候會有不同的溝通模式，那究竟應如何定位和辨別？沙維雅卻未有深入探討。

1. 討好型

特點：	對自己沒有信心，覺得自己不可愛，事事遷就、迎合對方，以求被接受、被愛，失卻自己的存在。
與人交往的形式：	以別人為中心，忽視自己和情境的存在。
積極角度：	若個人不是委屈地，不是特意討好別人，而樂意考慮對方，容易為對方着想，有犧牲精神，與人和洽。

自己 別人 情境

2. 責備型

特點：	輕視對方，自以為是，以自己為中心。又恐怕自己不被愛，不敢流露弱點，所以事事虛張聲勢，令自己高高在上。
與人交往的形式：	自我中心，忽視別人和情境的存在。
積極角度：	勇於表達自己的感受，提出積極批評。

自己 別人 情境

3. 超理智型

特點：	以大套理論來支持自己的説法，喜以理由去説服對方，常以參考資料作談話內容，但自己內心卻感到自卑、愚蠢、煩悶。
與人交往的形式：	重視情境，忽視自己和別人。
積極角度：	喜愛學習新的知識、理論、有新思想和上進心。

4. 打岔型

特點：	不接觸外在環境，亦不進入內心世界，對四周的人和事皆不感興趣，脱離現實。
與人交往的形式：	游離於外在世界，三方面皆沒有接觸。
積極角度：	有時適當的運用會增加生活情趣、幽默及具有孩子的童真。

以上四種形態，令我們與自己和別人沒有真正的接觸，只有加重了彼此的失望、破壞性和不了解，自尊心更形低落。在此之外，沙維雅提出一種能提高個人和他人自尊的溝通方式——裏外一致。

5. 裏外一致型

特點：	喜、怒、哀、樂完全配合身體、表情和語氣，沒有隱藏內在感受。容易被人了解、相信和接納。
積極角度：	明朗而真實，開放而喜悦，生活得自由愉快，人與人之間能有真正接觸。

沙維雅認為這一種溝通形態能令人：

「自由的看、聽，來代替應該如何看、如何聽；

自由的表達一個人的感覺、想法，來替代應該如何說；

自由的感覺，來代替應該如何感覺；

自由的問別人想要什麼，來代替等待對方的允許；

自由的根據自己想法去冒險，來代替總是選擇舊路，不敢離開碼頭。」

沙維雅並強調如果能夠生活在以上「五種自由」當中，這樣的力量會使你擁有一個健康的身體，一份對環境的賞心悦目，一顆喜悦的靈魂，並活在一種更有意義的生活中。認識這五種形態，最終目的是幫助人與人之間在感受上有密切的交流，更容易互相了解。夫婦之間，若有一致性的溝通，關係會更為親密。

改變我們慣用的溝通形式，是一種冒險，正如一個圓形的輪，改變其中一項時，就會牽動其他三部分。

如圖：

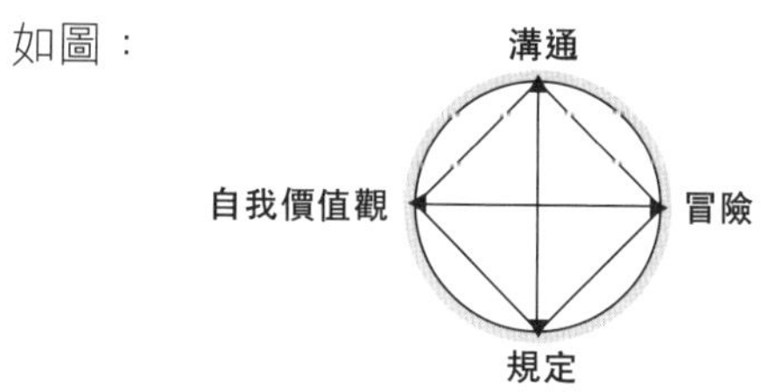

雖然舊有的平衡受到干擾，但一個新的、更美好的平衡將會出現。

（四） 家庭規條

每個家庭都有一些規條來規範各人的行為和界定角色，例如分配家務、起居飲食的習慣等。有些規條是明確而公開的，但有些是很隱晦的，例如：「小孩子不可以駁嘴」、「流淚是弱者的行為」，家人都確認這些規條的存在，但因為沒有很清楚的界定，以致大家的理解和期望都不一樣，容易造成各種矛盾和衝突。

家庭規條的存在是無可避免的，而且也有積極的作用。首先，家規界定家中各人可被接納的行為和感受，維護各人恰當的自我表達和對他人的期望。其次，家規界定了家庭的權力架構，規定了各人可以做什麼，可以說什麼，誰要聽誰的話。最後，家規界定了家庭和外界的關係，例如：「禮尚往來」、「各家自掃門前雪，不管他人瓦上霜」等等，約束了家人與外界的關係。

總的來說，家庭規條潛移默化地影響和塑造一個人的信念和生活行為。倘若這些規條傾向非人性化、絕對化，例如「男孩子絕不可流淚」、「女孩子永遠不要當領導」；又或者自相矛盾，例如：「做人一定要守規矩」、「做人最要緊是開心」，每當這兩規條在某些處境上衝突，當事人就會感到自責、焦慮和難以取捨。

當家庭規條太僵化、非人性化、自相矛盾，甚至不合時宜，便會引起家庭成員許多忠誠的矛盾，又或心理不安，影響各人對自己的看法，對家人的想法，以及自己與家人和社會的關係。

沙維雅鼓勵治療師接見家庭時，特別留意家中明文或不明文的家規。評估這些家規是否合情合理、有彈性，能否促進個人成長和建立良好自尊，這些家規又如何得以維持、對所有家人產生什麼效果等等，了解以後，再作出恰當的修正。

（五） 改變歷程理論

沙維雅模式觀察人類改變經歷的六個歷程（Satir et al., 1991）：

第一階段	**維持原狀** 一般人在一般情況都喜歡維持原狀不變。
第二階段	**原狀受挑戰** 痛苦、危機、新經驗等外來元素挑戰原狀。
第三階段	**混亂狀態** 由於改變產生，人經歷新鮮、不熟習、不安等情況，產生惶恐、混亂。
第四階段	**結合新元素** 接納和結合新的學習元素，因而產生新的安全、舒泰、新的盼望。
第五階段	**實踐新學習** 由實踐確立新的狀態。
第六階段	**強化及鞏固新的狀態** 產生和諧、整全、熟習和新的平衡。

改變歷程理論對實務工作有指示和預測的作用。

（六） 總結

沙維雅家庭治療法以經驗和歷程取向作出治療，很人程度倚重治療師的個人靈活性、現場感觸和生命素質，後人頗難仿效。至於理論方面，雖有不少洞見，卻稍嫌鬆散。沙維雅家庭治療法的大前提是，每一個人都可以成長，促進個人成長是治療的主要目標。可是家庭成員的複雜互動因素卻欠缺理論陳明，而家庭動力和個人自尊的關係也有不少理論罅隙。沙維雅的現場實務技巧比她的理論尤為優勝，與鮑恩重視理論而缺少發展實務技巧，實有互補不足之處。

沙維雅治療法迷人的地方在於她對人有強烈信念，強調人與人之間的互相諒解、尊重和關愛，以靈活、敏鋭和多創意的技巧協助求助家庭改寫人生劇本，拉近彼此距離。因此，她在西方治療界被譽為「愛心治療師」(Simon, 1984, p.21-68)。

沙維雅的最大貢獻是為家庭治療界帶來了恢復人性溫暖的生機，由此贏得我們對她的敬愛和尊重。

2.3 結構家庭治療法

2.3.1 曼紐秦與同僚——貧民窟治療師

曼紐秦（Minuchin）來自猶太家庭，操拉丁口音，在阿根廷長大。他是家中長子，自認是一個固執的人，受固執的父親所感染。他自幼常受父親的體罰，被打得遍體瘀藍，視作等閒（Minuchin, 1993, p.10, 14）。他的父母分工清晰，父親是一家之主，母親性情倚賴，常委屈自己，遷就他人，以此維持和諧的夫婦關係。所以男權至上、尊卑有序、互相倚靠是曼紐秦成長的重要家庭經驗（Minuchin, 1993, p.13, 17）。

從曼紐秦的成長背景看，不難理解及後其家庭治療手法的重點：強調權力分配，男尊女卑，差序格局，結構齊整，以此作為理想的家庭模式。

曼紐秦在父母的栽培和期望下成為一位醫生，專攻兒科，1946 年畢業，1950 年計劃往美國芝加哥攻讀精神科，結果中途在紐約滯留，研讀兒童精神科；同年年中進修精神分析學，1960 年開始注意家庭關係。

結構式家庭治療法是曼紐秦、蒙他福、積希利和一羣同僚在 1960 年代提倡的（Minuchin, Montalvo, Guerney, Rosmen and Schumer, 1967）。曼紐秦出生於阿根廷，受訓為小兒科醫生，對流離失所的孩童特別關懷。1954 年，曼紐秦在紐約的貧民窟工作，發覺當時流行的心理分析治療法對貧民窟的邊緣少年毫無幫助，及後受當積臣（Don Jackson）影響，開始注意到貧窮的生活經驗和破碎的家庭結構如何影響邊緣青少年。曼紐秦和他的同僚着手以簡短、直接、行動導向的治療手法，促使家庭組織結構產生改變。

曼紐秦和同僚面對貧民窟的孩子，大多是非裔美籍或波多黎各少年。許多非裔少年的父母或祖父母，都是隻身從非洲運送來美國當黑奴，每一個都孤苦伶仃，身世坎坷，難以追溯家庭歷史、家庭習俗，更遑論家庭組織。當我們嘗試了解結構家庭治療法的源起，也必須掌握曼紐秦等治療對象的社會文化、歷史脈絡。再加上這些孩子來自弱勢社羣，資源不足，在弱肉強食的環境下長大，「沒有人理會說話的內容，只是懾服於聲線和權力。」(Minuchin et al.,1967) 由此，大家更容易理解因何曼紐秦在治療過程中，常常以聲線、權威去懾服受助者，試圖改變其家庭成員的交往方式。

有時候，筆者會天馬行空地設想，倘若當初在貧民窟工作的不是曼紐秦而是米高維，他一定不會設定什麼才是良好的家庭組織，反而會追蹤這些被欺凌的社羣自遠祖開始受美國人征服和欺負的故事，再重構鮮為人知的故事，那麼，治療成果又會有何不同？

2.3.2 不是理論，是一套工作手法

結構家庭治療法是美國早期發展出來的治療手法，嚴格來說，結構家庭治療法「是一套導向改變的工具，而不是一套有關家庭發展或家庭病態的理論」(Aponte and DiCesare, 2000, p.45)。

筆者十分認同上述評論，而且把筆者多年學習及從事家庭及婚姻治療以來的疑問盡掃一空。筆者在英國、美國及香港本土也有機會學習家庭治療，也曾在香港大學目睹曼紐秦現場示範家庭治療。許多時候，曼紐秦在輔導室激發起一些交往模式的改變，便握手離去，甚少處理因轉變而引發的情緒，也不會提升案主對問題的洞察、理解和自我覺察力，常常把家庭成員置放於改變的迷惘

和焦慮之中。

有一次筆者在香港大學向曼紐秦提問：「請問你在輔導室產生的改變引向何方？」當時，曼紐秦沒有直接回答，只是給我說了一個比喻：「現時你們六個人共坐一張長凳，倘若，我從長凳的一端作出擠壓，不斷擠壓，會有什麼事情發生呢？」「坐在長凳另一端的人要站起來，或跌倒在地。」「對，這就是改變。」當時筆者感到曼紐秦並沒有回答我的問題；之後自己再多作研究、閱讀和反思，Aponte and DiCesare 的評論才使我胸中釋然。結構家庭治療法並非一套理論，而是一套工作手法；結構家庭治療法所引用的概念，只是對家庭狀態平實的描述，而不是對家庭發展方向、家庭問題本質的理論建構，固然不會細心想到改變的後果，以及改變導向何方。

2.3.3 結構家庭治療法的重要概念

結構家庭治療法的基本概念，也可算是一種有關家庭結構和家庭組織的基本概念知識，是所有家庭治療師共用的詞彙，並非結構家庭治療法獨有的概念（Goldenberg and Goldenberg, 1999, p.270）。反而，結構家庭治療法的介入手法才是這學派的獨特之處。

有關家庭結構的基要概念簡述如下：

（一） 家庭結構（Family Structure）

家庭像一個無形的有機體，要求家庭成員組成某些關係及互動模式，去達成家庭特有的功能（Colapinto, 1991; Minuchin, 1974）。家庭在環境的轉變中，內在組織需要彈性地尋求適應策略，以求維持家庭的穩定性，否則，將會出現家庭功能障礙或家庭功能失調。

（二） 系統和次系統（System and Sub-system）

家庭本身是一個大系統，大系統之內，有許多細小的組成單元，稱之為次系統，例如夫婦次系統（couple sub-system）、兄弟姊妹次系統（sibling sub-system）、親子次系統（parent-child sub-system）等等。通常一個系統由多個次系統組織而成，而一個次系統可包括多個成員。

（三） 空間和界限（Space and Boundary）

家庭本身有它的「界限」，使它與其他系統，例如社會系統、學校系統、工作系統等劃分出來，不單家庭與外界系統劃分界限，家庭內的次系統之間，以及個別成員之間也劃分界限，以維持個別單元和個別成員的獨立性，同時保持彼此間的連繫和歸屬感。

在個別次系統和個別成員試圖為自己劃分界限時，會爭取「空間」去摸索和調適個別單元和個別成員的需要和決策權利，個別成員或個別單元的享受不受個別成員或系統干涉的時間和距離，可稱為「空間」。成員間空間太大，會引致疏離，削弱連繫和歸屬感；成員間空間太小，會引致過分黏纏及彼此窒息。

家庭系統內各組成部分所需要的空間和界限要不斷彼此調適，以防僵化（rigid）或彈性不足（inflexible）。良好的家庭界限是半滲透性的

(semi-permeable)，容許吸收新的思維，和接受新的挑戰，同時有能力拒絕和排擠傷害家庭發展的不良元素。

(四) 角色與責任 (Role and Responsibility)

家庭中每一位成員為了互相配合，每一位成員會自然就各自的身分承擔不同的角色和責任。例如：作為丈夫的承擔起保護太太、庇蔭家庭的責任；作為父親的要負起教養子女，提供起居生活所需的責任；作為兒子的要負起孝順父母、繼承傳統等責任。家中某成員未能承擔其角色和責任，就會牽連其他成員責任超重或責任真空的情況。例如：一位丈夫全情投入一段婚外情，丟棄了維護妻子和教養子女的責任，有時會引致大兒子承擔其責任，負起雙重角色的矛盾。

(五) 權力架構 (Power Structure)

家庭由多個成員和次系統組成。成員間的運作和家庭事務的決策方式，就表明了一個家庭的權力架構。「權」代表「權威」，亦即誰有決策權和領導權；「責」則代表責任，即代表由誰去執行決策。家庭有沒有清楚和稱職的權力架構，會影響家庭的運作功能。

(六) 家庭結構的病態 (Pathological Family Structure)

家庭結構可以出現病態(梁，1997，頁 184-186)，常見的有：

1. 糾纏（enmeshment）及疏離（disengagement）

家庭成員界限不清，過分僵化或過分鬆弛，造成家庭成員間的次系統、角色及分工混亂。例如：爸爸常常往大陸做生意，媽媽把全副精神、情感和期望寄託在獨生兒子身上，造成親子系統過度糾纏，夫妻系統過度疏離。

2. 聯陣對壘（coalition）

結構家庭治療近代學者認為單單着重家庭結構去調整這些關係親密的成員，會形成一個聯陣，一面倒去打擊陣營以外的成員。例如：一個家庭有重男輕女的思想，父親和祖母就會與男孩聯陣，跟家中的女孩對壘。

3. 三角纏（triangulation）

家庭成員中出現衝突，衝突雙方不肯直接處理，拐個彎借第三者去攻擊對方。例如：婆婆不滿意媳婦的行為，藉着與兒子訴苦，指桑罵槐地攻擊媳婦。

4. 倒三角（perverse triangle）

結構家庭治療學派認為，核心家庭要有清楚的權力層級，亦即差序格局。父母系統優於子女系統，父母應當領導和管轄子女的福祉；倘若父母不和，或父母疏離，反過來由幼小的支配長輩，這情況稱之為「倒三角」。

2.3.4 往昔的詬病，今日的修正

結構家庭治療法誕生至今歷三個世紀，早期曼紐秦主張的一些治療觀念和治療作風，經後期學者不少批評和修正，很值得參考（Luepnitz, 1988; Aponte and DiCesare, 2000）。

曼紐秦在處理家庭權力分佈時，很着重家庭成員的差序格局(hierarchy)，亦即是論資排輩，或男性優於女性等傳統文化風尚。大概受功能主義社會學家 Talcott Parson 影響（Parson and Bales, 1955），曼紐秦也強調性別分工：男性負責工具性角色，即作出管理和決策權；而女性則負責情感撫育的角色，即照顧家人和情感需要。這個男權主導作為家庭「應然」的差序格局，很受後起女性主義者的批評和詬病。同理，女性溫婉依戀的情感需要表現在家庭關係上，有時會被誤斷為過分糾纏的病態。在中國文化中，親子關係尤其密切，有時候，一位媽媽（尤其「寡母婆守仔」的處境）會為已婚的兒子張羅衣服，或者噓寒問暖，這是否屬於糾纏的病態結構？很值得從文化脈絡中仔細商榷。

早期的結構家庭治療法，十分強調治療師的投入活動，治療師的判斷，治療師的想法，治療師個人認為什麼才是「良好」的行為模式，「良好」的結構組織，會強勢地介入加諸家庭身上。「傳統以來，結構家庭治療師在早年不樂意仔細檢視一下，治療師本人給家庭互動帶來了什麼影響。」（Aponte and DiCesare, 2000, p.46）傳統結構家庭治療師強勢、專家式、主導導向的家庭治療作風，受到不少批評，今天已開始作出修正。

此外，傳統結構家庭治療師着重視察家庭結構，追蹤組成家庭結構的互動模式，治療師會主動、大膽地介入家庭動力，改動浮現的互動模式，「給予家庭何謂更好的即時嶄新體驗」。（...the immediate experience of different and better outcomes）（Aponte and DiCesare, 2000, p.46）

近代結構家庭治療學者認為，單單着重家庭結構去調整家庭功能是不足夠的（"The initial emphasis on the addressing family structure is not enough."

Aponte and DiCesare, 2000, p.47)。近代學者開始吸納其他家庭治療學派的貢獻，也開始探討家庭成員的原生家庭經驗，探討青少年對父母的相依經驗，依戀的安全感、情緒的調整如何有助治療青少年負面行為（Keiley, 2002），以及其他社會文化、宗教體系、道德意識對家庭產生的衝擊和影響。(Aponte and DiCesare, p.46-47)

2.3.5 小結

結構家庭治療法可說是由曼紐秦、蒙他福和積希利等人自現場實務經驗中總結出來的實務智慧。嚴格來說，結構家庭治療法並非一套家庭治療理論，而是一套實用的臨牀工作手法。

結構家庭治療法可以說有兩方面的貢獻，把家庭治療帶給貧民窟的孩子是一大貢獻，曼紐秦對弱勢階層的少年的同情和關懷是值得敬佩的。另一方面，結構家庭治療法專治家庭結構對家庭失效的影響，也提供了簡潔清楚的參考角度。一如其他家庭治療法，結構家庭治療法也有其盲點和不足之處，近代學者提出不少修正，讓追隨曼紐秦或傳統結構家庭治療師的後學者可以參考。筆者在下一章會再作論述。

2.4 敘事治療法

2.4.1 米高維與大衛艾斯頓——解放邊緣社羣的治療師

敘事治療學派是 1990 年代才在澳洲冒起的新興治療學派，始創人是米高維（Michael White）及大衛艾斯頓（David Epston）。他們是現今最年輕且尚在人間的大師級治療師。

米高維本來是一位機器圖樣繪圖員，及後，他發現自己對機器毫無興趣，反而喜歡做一些幫助人的工作，於是在 1967 年轉而重新受訓成為社會工作者。米高維有這樣的背景，難怪他對早期系統理論有關人工頭腦學，以及借助機械回饋的動力知識統統抱持懷疑和拒絕的態度。

在 1970 年代末，米高維留意到貝臣（Gregory Bateson）的工作。貝臣（Bateson, 1972）將人工頭腦學的法則應用到人類溝通歷程方面，米高維注意到貝臣描述人類如何理解自己及家庭的藍圖，卻捨棄了有關人類行為模式的系統法則。此外，米高維深受後結構主義法國學者傅柯（Foucault）影響，重新建構人與社會文化的關係。他與妻子卓梅爾（Cheryl White）一起在澳洲艾德里（Adelaide）都域中心（Dulwich Centre）開始臨牀實務、訓練及出版工作。

米高維的同僚大衛艾斯頓，是一位出生於紐西蘭的家庭治療師。他一向對文學有濃厚興趣，常常用故事、比喻作為治療手法，他又主張用書信形式去表達治療訊息，讓受助人印象深刻，亦主張社羣自組小組，成為受助案主的支持系統。他與米高維在開創敘事治療法方面有很大的貢獻。

從澳洲土壤興起的一套嶄新治療觀念，在過去十年大大席捲美國治療學界。《家庭治療網絡》雜誌稱敘事治療學派為心理治療發展的第三波

(Psychotherapy's Third Wave ? The Province of Narrative, *Family Therapy Networker*, Nov / Dec., 1994)。

受到米高維敘事治療旋風的影響，在美國其他省份及加拿大都有敘事治療中心開創和發展。吉兒．佛瑞德門（Jill Freedman）和金恩．康姆斯（Gene Combs）在芝加哥伊利洛州，開辦敘事治療訓練中心，著作了《敘事治療》(Freedman and Combs, 1996）一書，對敘事治療工作手法有清晰的指引。傑弗瑞．紀默曼（Jeffrey Zimmerman）和維多利亞．迪克森（Victoria Dicherson）在西岸開辦敘事治療訓練中心，用作婚姻治療及青少年工作。此外，史提芬．麥迪根（Stephen Madigan）在加拿大溫哥華嘗試以敘事治療法治療厭食症病患者，甚有貢獻。

米高維近年也曾來港演説及主持訓練工作坊。他屢屢強調他的治療學派完全脫離結構性的治療思想，絕不探究一個人內在有什麼「心理問題」，這些都是語言、文化、心理學權威給人的框架和包袱。他是要幫助人重述人生故事，把一種問題聚焦的人生故事，重述為一種豐厚多色彩、有自主能力（personal agency）的人生故事。

米高維和大衛艾斯頓的治療貢獻，在於把心理治療又提升到社會政治文化和語言建構的認知層面。米高維的人觀及世界觀很大程度受到法國後結構主義學者傅柯所影響。米高維的治療概念和治療目標是異軍突起的，他的治療目標不在於個人或者家庭脈絡，他連根拔起地反詰「問題」本身的語言建構了問題，人活在「問題」的牢籠中才是問題，他亦可以把人的存在推闊推高，縱向至於人生歷史脈絡，橫向至社會文化的論述脈絡，協助人重述一個豐厚（thick）自由的人生故事，是敘事治療派的治療目標。

2.4.2 敘事治療法的重要概念

（一） 外置問題

米高維嘗試用外置問題（externalization）的方法進行治療，他會運用一連串問句方法，去確認加諸案主身上的主導論述，相信這些主導論述代表着社會上權力、文化、媒介對人的監察和壓制的權力機制。例如，一位領取綜援的人士被政府官員的論述描寫為「懶人」，所以「綜援養懶人」這個論述，令到遭逢人生困厄的市民自慚形穢，抬不起頭來，認為自己又懶又無用，很有「問題」。米高維會嘗試用外置問題的手法將人與「飽含問題」（problem-saturated story）的想法分別開來，以抗衡把人「物化」的強權意識形態。再以愧於領取綜援的個案為例，米高維會問案主：

1. 「綜援養懶人」的想法帶給你什麼經驗？
2. 這個想法如何影響你的生活？
3. 這個想法如何影響你與妻子、兒女的溝通？
4. 這個想法如何影響你對自己的了解？
5. 你的家有了這個「不速之客」（「綜援養懶人」的想法），如何持續影響你一家人的不和？以及與朋友的疏遠？
6. 這是不是你喜歡選擇的生活狀況？你還可以有些什麼選擇？

（二） 獨特結果

米高維也着重開發案主的潛能，發掘案主埋藏了的正面人生故事，找出獨特的結果（unique outcomes）。再以上述個案舉例，米高維會問案主：

1. 你曾說並非所有時候都愁眉苦臉的，能否給我描述一下你回憶到歡喜快樂的情景是怎麼樣的呢？
2. 在那些情景，你心底有何想法？
3. 在那些情景，你對自己有何認識？
4. 在那些情景，你的配偶或家人對你有何評語？
5. 這樣看來，你真是一個有毅力、有衝勁、不屈不撓的人；若你接待這個想法到你家裏作客，你的夫妻關係會跟現時的情況有何不同呢？

簡單來說，米高維協助案主解構（deconstruction）「飽含問題」的描述，重構（reconstruction）為與人連繫、自主和釋放的故事，把人生故事重述的歷程為案主帶來人生新的視野和新的體驗，對於米高維來說，「人本身並不是問題，問題來自論述、權力、文化。」（Madigan et al., 1998, p.15）

也許筆者對敘事治療學派認識仍舊膚淺，閱讀米高維的著作及參加訓練工作坊，發現他的受助對象多是被欺凌的人物，如精神病患者、暴力虐待者、少年人、孤獨老人、抑鬱者，而較少治療夫婦二人愛恨情仇的衝突。

但無論如何，米高維的治療思想提醒治療師不去主動建構別人困苦的囚籠，例：「你之所以有問題是由於你不懂服侍丈夫」（傳統觀念）；又或者「你之所以有問題是由於你對對方沒有感覺，卻不敢離婚」（現代觀念），都是社會文化主流對人的箝制。反而，聆聽對方的人生故事，從對方的人生歷史中重尋另一個同樣真實而豐厚的故事才是一條謙虛的出路。

筆者曾經協助一位離婚男士，他當初由於不願意離婚，在離婚後變得沮喪消沉，失卻人生意義；筆者以敘事治療方法協助這位男士重尋人生各個環節，重述一個豐富而真實的故事。該男士不單脱離了抑鬱，而且至今一直朝氣勃勃地面對人生。此外，筆者亦曾經嘗試以敍事治療法協助一位虐妻者面對自己坎坷失敗的人生，最後他放棄了內心的仇恨，學習非暴力精神，與前妻共同負上親職任務。

敍事治療法宏觀而開放的胸襟是可嘉的，其中一些技巧，例如將問題外置，也十分有意思。然而，澳洲人的抽象思維駕空、拐彎而複雜，故此，他們創出來的問句似乎不一定適合自省能力和語文能力較弱的本地小市民，須要作出適當的本土化調節，才能適用。

注釋：

(1) "Bowen Theory" presentation by Michael Kerr at American Association for Marriage and Family Therapy, Nov., 2-5, 1995, 53rd Annual Conference: Anchoring Families, Building Families at Baltimore, Maryland.

第3章

婚姻治療與家庭治療的互動發展

Family Therapy

3.1 婚姻系統的特徵

3.1.1 婚姻關係是一個二人系統
3.1.2 婚姻關係是家庭系統裏的軸心系統
3.1.3 婚姻系統的張力
3.1.4 婚姻是惟一的自選系統

3.2 家庭系統理論運用於婚姻治療的重要概念

3.2.1 互動模式
3.2.2 互動模式的惡性循環
3.2.3 脈絡或情境

歸納二十多年來的婚姻治療實務經驗，筆者察覺婚姻系統有一些獨特特徵，值得了解。雖然夫婦次系統屬於整個系統的其中一環，但夫婦次系統基本上是整個家庭的軸心系統，對於現代核心家庭“DINK”一族（Double Income with No Kids，即「不養育小孩的二人家庭」）來說，夫婦系統是核心家庭的惟一一個系統，對於婚姻治療師來說，當中別具意涵。

3.1 婚姻系統的特徵

就筆者實務經驗的觀察，夫婦系統有以下一些特點需要治療師的關注。

3.1.1 婚姻關係是一個二人系統

婚姻關係是一個二人系統，二人系統是所有系統中人數最少的單元，也是系統互動最密集、最頻繁，張力最大、最不穩定的系統。鮑恩對二人系統的張力有出色的見解。

3.1.2 婚姻關係是家庭系統裏的軸心系統

現代核心無兒“DINK”一族家庭，夫婦系統就是整個家庭的惟一系統。封建時代，例如巴金《家春秋》描述的中國四代同堂大家庭，雖然有許多腐朽和詬病，但不同的人倫關係在複雜的交往互動中不斷尋找新角色、自我價值和情緒宣泄。現代核心家庭即使養兒育女，都只是一至兩名兒女為主。中國大陸推行獨子生育政策，家庭中除了夫婦二人之外，只有一個成員。無論其他成員多寡，夫婦二人系統一般是現代社會的軸心系統，亦即是說整個家庭的主要決策和家庭方向都受二人互動和價值取向所影響。

所以，從系統理論來看，兒女出現問題很大程度反映夫婦二人關係出現了問題。不少時候，家庭求助是由於兒女行為或情緒出現問題，經過一段家庭治療之後，往往發現夫婦系統出現疏離、矛盾或種種未化解的衝突，將問題轉移到孩子身上（用曼紐秦的語言稱之為 Detouring，用鮑恩的語言稱之為 Triangulation）。

許多家庭治療師、尤其是結構派的家庭治療師，用家庭治療手法解除了孩子在家庭壓力下出現的病徵，如剕手、說謊、離家出走等等現象，解脫了母子關係過分親密的糾纏，以為解除了孩子的行為徵狀，就完成了治療目標，可是夫婦系統的矛盾張力由於一下子失去了孩子的轉移作用，反而呈現更多其他問題。

3.1.3 婚姻系統的張力

夫婦二人系統對比其他家庭系統有幾個重要特質，與其他親密二人關係有所不同，這些特質促使這個二人系統張力更大，更加脆弱。

夫婦系統相比於親子的二人系統，是二人對等的系統，基本上沒有確定的上下層序關係。在古代儒家倫理思想體系之中，有所謂君臣、父子、夫婦、兄弟等五倫關係；在男權中心的社會，女性普遍默認了一個對男性從屬的地位（hierarchical silent consent）。然而，女權運動興起，女性主義抬頭，打破了夫婦二人系統的從屬地位，成為二人平等的系統。可是，所謂二人平等系統，意味着二人競爭力最強的系統，二人之間的矛盾更形劇烈。

夫婦系統相比於兄弟姊妹的平輩對等系統，又是最親密的系統。二人交換私隱，認可最深入的相處關係，性關係就是彼此間最真摯、最信任和最脆弱的互動行為，並默許二人同建終生幸福的期望。所以，在家庭系統中，夫婦二人系統是惟一一個對等而又最密切的系統，且具有共建人生幸福的隱含密約（implicit covenant）。

這個隱含密約的二人系統，同時蘊含了許多二人認同及社會認同的隱含期望（implicit expectations）和隱含責任（implicit obligations）。

舉一些常見的例子：在急病中，配偶是病人的首要關顧人和當然信託者，負責簽紙決定做手術或其他重大決定；在債務上，若某君逃債失蹤，配偶也需要分擔當事人的某些債務責任；相反來說，某君如意外身故，未留下遺囑，一般情況，配偶也是此君家產的第一受益人。

由於上述種種屬於夫婦二人系統的特質，夫婦二人系統自然也是自我保護及對外排斥的；這種排外性與其他親密二人系統比較，是一個重要的特徵。這個內涵的特徵，造就了夫婦二人系統的溫馨安全，也同時產生了夫婦二人系統的許多責任和代價。

3.1.4 婚姻是惟一的自選系統

夫婦二人系統是惟一一個自選的家庭系統。父母不可以選擇孩子，孩子也不可以選擇父母，惟有夫婦是自由戀愛，自選進入關係的。自選的系統一方面意味着個人有較高的動力和投入感去參與這個系統的變化，具有正面渴望，另一方面自選的系統也同時意味着二人可以隨時自由進出這個關係，於是形成這個二人系統極大的不穩定性，容易在壓力下崩解。

總括來說，夫婦二人系統在整體家庭系統中是最小的軸心單元系統，同時具有對等、親密、附帶隱含密約、排外和自選等特質，故此，這個二人系統張力最強大，承受壓力時也特別脆弱。相比於家庭治療，這些重要特徵構成婚姻治療的獨特挑戰。

3.2 家庭系統理論運用於婚姻治療的重要概念

現在讓我勾劃一下，一些重要的系統理論元素如何應用在婚姻治療上。

3.2.1 互動模式

婚姻問題並非單純指向個人疏懶、態度不良、缺乏愛心、潛藏情意結、非理性情緒表現等等，更重要的是兩夫婦的互動模式如何使夫婦問題持續。舉例說：妻子常常抱怨丈夫懶於執拾，做事苟且，害她終日辛苦家務，常常期望丈夫改善。但從丈夫的角度看，他可能抱怨妻子太熱心家務，要求整潔的程度太高，令他神經緊張，終日受責，失去一個可以鬆弛怠惰一下的家，妻子應該改善。於是乎，雙方面的抱怨同樣準確合理。

如此一來，到底誰應該改善？傳統個人觀點取向的治療師就會暈頭轉向，或者順應自己的喜好或性別傾向，偏幫了其中一方。將問題的觀點放置在互動模式之上，婚姻治療師可以去探索夫婦如何溝通、相處，以致重複出現一個間懶、另一個負荷過重的相處模式（over-functioner Vs under-functioner），從而改變調節一些新的互動模式，取代舊的互動模式。僵化的互動模式是促使婚姻形成問題，減低二人合作能力的關鍵。

3.2.2 互動模式的惡性循環

對於夫婦關係，有兩種基本的互動模式：對等的（symmetrical）和互補的（complementary）。兩種互動模式在良好彈性的交往下，會滋潤和強化關係，可是在僵化的互動下，會產生彼此惡性排斥及惡性循環。

婚姻治療師的任務就是準確地觀察及評估夫妻二人屬何種互動模式，當中有沒有產生僵化交往的惡性循環。

3.2.3 脈絡或情境

脈絡或情境（context）是婚姻治療師如何去理解個人在關係中感到不滿意的重要概念。

讓我們再次深入審視上述的例子。一名妻子抱怨丈夫懶於執拾，令她的家務負荷過重，同樣情況，當我們把整個不滿放進他們二人的關係脈絡（relational context）上看就會一目了然。何謂關係脈絡？就是二人交往的背景或情境。讓我用一個比喻加以説明，大家就容易理解。相同的交往模式，把它張貼在不同的情境下，彼此對於交往的不滿就會大大不同。

把「丈夫懶執拾，妻子愛整潔」這個互動行為放在結婚初期，妻子滿懷希望建立一個幸福家庭，丈夫也自然自願地給妻子許多親密接觸，如小禮物、接吻、擁抱等，所以丈夫妻子能夠適應彼此整潔標準的差異，在家居執拾的問題上並未產生不滿。

把相同行為放在另一個情境去看，妻子剛懷孕生子，一日二十四小時要學習照顧嬰孩，精神困倦，加上嬰孩年幼，更添許多瑣碎事務。在這樣的情境下，丈夫依然懶執拾，愛偷閒，彼此的互動就會惡化，形成嚴重不滿。

所以，應用系統理論的婚姻治療師不單會觀察夫婦二人的交往模式，更會追蹤交往模式背後的情境或關係脈絡，去理解何以問題在此時此刻成為問題。

有助婚姻治療師去協助夫婦了解和處理婚姻問題的，除了關係脈絡，還有家庭周期脈絡、原生家庭脈絡、關係發展脈絡、社會文化脈絡等等。

婚姻系統在整個家庭系統裏是獨特的，跨學派的家庭系統理論也為婚姻治療指引出一些重要的治療概念。以下章節我嘗試就婚姻系統的特徵、臨牀實務觀察及各學派理論的研究，歸納出我在輔導室常用的實務理論藍圖，與大家分享。

Marital

第4章

不同家庭治療法對婚姻治療的貢獻

4.1 鮑恩對婚姻治療的啟示

婚姻治療主要是針對二人系統產生的互動困難。梅利鮑恩在這方面有深刻的觀察。

鮑恩在研究精神病患小童的家庭時，發現很多母親都與孩子有着相互依纏的關係（symbiotic attachment），但他試圖了解的是母子互相依纏關係中重複出現的親疏循環。後人誤解鮑恩的治療取向仍然是傳統的心理分析學派，其實，他嘗試自心理學派的了解超越到二人互動的重複循環，正在建構系統理論的重要互動模式（Guerin et al., 1996, p.6）。

4.1.1 從二人系統到情緒流動

筆者在第二章已經詳細縷述鮑恩建構有關核心家庭情緒系統的概念。二人系統固然有箇中的情緒定律，而二人的相處亦會彼此刺激，從而產生自動情緒反應。二人關係愈密切，情緒反應便愈激烈。婚姻治療師若能理解及掌握二人的情緒流動，對觀察和介入夫婦二人系統有關鍵的幫助。

4.1.2 二人關係張力的五個普遍定律

鮑恩發現了人倫關係的情緒普遍規律（universal principle of emotional process），從他八個連鎖理論概念中（參頁 46-54），筆者嘗試整理和歸納出一些對婚姻治療有幫助的實務概念。

（一） 關係張力劇化

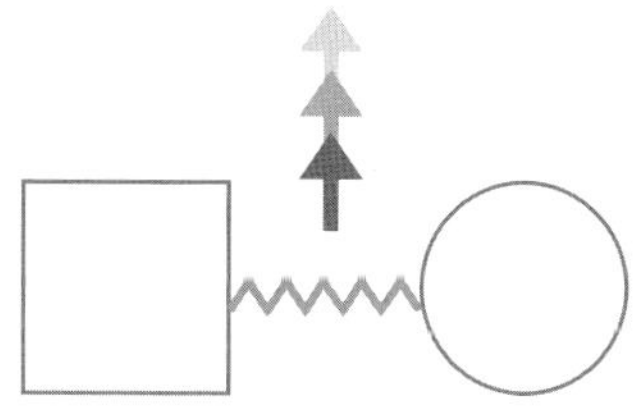

當二人關係張力很大，彼此無法應付，就會產生情緒焦慮和關係過熱。一般情況，人會下意識迴避一下，可是，夫婦相處時間長久，避無可避。倘若二人關係模式屬對等模式，便很容易產生關係張力，使矛盾升級。譬如說，夫婦雙方都屬於認真、熱切、拍子快速、急於進取的人，屬對等模式(symmetrical)，矛盾一旦無法解決，會產生關係過熱。起初各執一詞，由理論到辯論，由辯論到爭持，由爭持到口角，由口角轉為動武。「初起口角，繼而動武」，正正是描述這種關係張力矛盾劇化的狀態。

（二） 張力轉移第三者

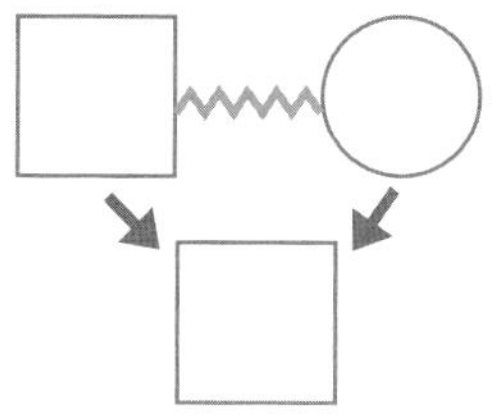

當二人張力很大，通常迴避張力的方法，就是將話題、注意力轉移到第三者身上。轉移話題是人類普遍處理二人張力常用的有效方法，可是，當二人關係密切而固定，矛盾重複出現，就很容易找一個固定的第三者去承受和吸收二人的情緒張力。在家庭中，許多時候，子女就是紓解張力的對象。子女長期吸收、承受無法言宣的情緒張力，就會出現行為問題、身心症狀或情緒問題。

在夫婦關係上，除了子女以外，其他常見的第三者有電腦、報章雜誌、親人妯娌、知己朋友、婚外情人等。其實，只要夫婦二人借助紓壓的第三者不斷轉換和彈性變化，並不會出現問題；但一旦第三者成為固定惟一可紓解張力的對象，就會出現負面三角關係，意思即是，由於這個固定的三角關係，夫婦二人之間存在很大隔膜，有更多積累的誤會、排斥和矛盾。

（三） 夫婦其中一方吸收所有張力，表現出病症：情緒病 / 身心病

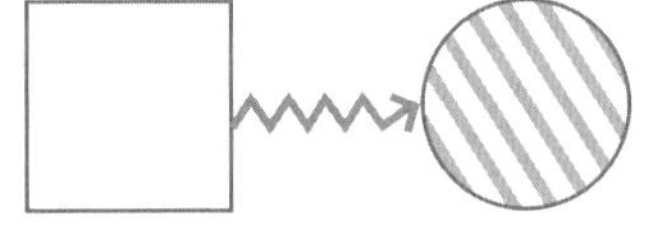

倘若夫婦二人關係出現張力矛盾，又沒有出現第三者的轉移現象，夫婦二人關係屬於互補模式，一方熱切、急進、自信、主觀、堅持，另一方則緩慢、柔和、包容、忍讓、膽怯、退縮。在二人關係張力之中，退忍的一方很容易吸引和生吞了所有情緒矛盾，久而久之，便會形成身心病症、抑鬱症或各種情緒病。

（四） 二人關係彼此抽離

當二人親密關係出現太大的張力，產生無法疏解的矛盾，又或者個人空間受到干擾或侵犯，產生心理不安，便下意識彼此疏離。各自照顧各自的生活興趣，稍作抽離，是調節二人關係張力的良好方法。可是，二人關係張力長期無法化解，彼此逃避，長期疏離，產生名存實亡、貌合神離的夫婦關係的話，那時候，婚姻便亮起紅燈。

調節二人親密關係的親疏距離，是永恆的藝術。就二人系統中如何調節二人親疏遠近的模式，科加迪（Forgarty T.）進一步發展出二人你追我逐的追逐理論（Pursuer-distancer Theory）。及後，許多婚姻治療師把這個追逐理論加以發揮，應用在婚姻治療的實務工作上（Guerin et al., 1987; Lerner, 1989; Fok, 1997; Worden and Worden, 1998）。

（五） 情緒截斷的解痛抽離

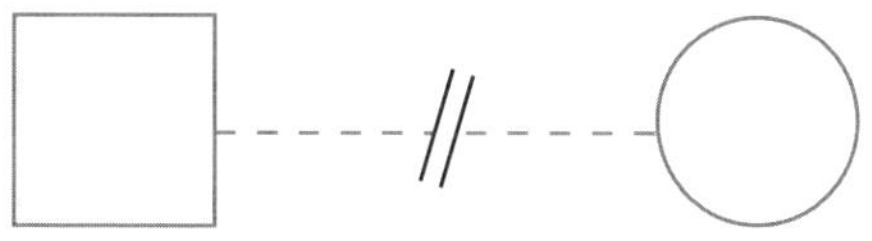

一般情況下，二人關係在上述四種互動型態中已經可以解決過高的情緒張力，然而，有些情況，由於長期累積的情緒痛楚，或情緒絕望，為了解決這長遠牢固的矛盾痛楚，其中一方便會產生與對方一刀兩斷的願望。在夫婦系統長期窒息、閉塞或一方氣勢過強，又或者在關係中出現重大的絕望主題：被出賣、被蔑視、被欺騙等，忍受不滿的一方會產生強烈的衝動，想要遠離對方，互不相見以期減輕心理痛楚。然而身體的距離不等如心理創傷獲得醫治，情緒截斷（emotional cut-off）可以有效地阻止情緒負面發展，卻不能促進個人關係的成長。

4.1.3 兩性親密關係的「你追我走」互動模式

承襲鮑恩治療法的兩個門生科加迪（Forgarty, 1977）和杰連（Guerin, 1987）在二人情緒流動模式中，繼續在實務觀察中開創了「你追我走」的互動模式（Dance of pursuer-distancer）。

自實務觀察中，科加迪和杰連對二人親密關係有如下的假設：

1. 人類天性渴望親切感、歸屬感、被愛、被需要和被照顧。
2. 同時，人類天性也渴望自主、獨立，維護個性，保留自主節奏和自我空間，去做自己喜歡做的事。
3. 自主相繫成熟程度較弱的人，會有走極端的傾向，一個極端是迴避親密，築起圍牆，沉溺個人世界。另一個極端是渴求親密，與他人連結一起，不分彼此，時刻與共，甚至若失去了對方，便不能活下去。
4. 二人親密關係就是基於上述人性的矛盾需要，和自主相繫的成熟程度和安全感，作出不斷的親疏調節。

為了調整親密關係中的親疏距離，人類有兩種處理親疏關係的基本取向：情感追求者（pursuer）和情感抽離者（distancer）。兩種取向的表現特徵在右頁圖表列出。

情感追求者及情感抽離者的表現特徵

	情感追求者	情感抽離者
表達情感的方式	自然流露情感	隱藏、隔斷和迴避情感表達
溝通方式	多言、直言，愛表達	含蓄、沉默，不愛表達
個人界限	易投入，易付出，易接觸，易相處	進取性強，難以近身相處
活動	喜悅、渴求二人相聚的時間	喜歡個人時間
節奏	快拍子	慢拍子
處理不愉快的往事	重複又重複翻舊賬	將不愉快事件收藏，不願提及，但內心耿耿於懷
表達批評的方式	直接批評	間接及委婉暗示批評

（Guerin, 1987, p.45-46）

人在不同方面、不同時候會有情感追求和情感抽離的不同表現。譬如說，太太常常是傾訴心事的追求者，丈夫在這方面則傾向迴避；在性生活方面，丈夫是追求者，太太則迴避。情感追求者和情感抽離者並沒有孰優孰劣，雙方同樣在親密關係和壓力中感到焦慮，追逐情感或抽離情感都不過是應付內心焦慮的方法。治療師要協助夫婦二人處理「你追我走」的互動模式，一方面要了解「追逐—抽離」的二人互動模式，並且協助雙方冷靜下來，正視並處理內在的焦慮。

杰連及同僚在實務觀察中發現以下「你追我走」的互動模式。

追逐－抽離的互動舞步

	情感追求者	情感抽離者
第一步	向抽離者移近	移離追求者，專注其他工作或事物
第二步	看見對方抽離，惟恐失掉對方，更熱烈追近	惟恐被對方攫住，更熱烈抽離
第三步	徒勞無功，氣餒而晦氣，反叛抽離	見形勢不妙，回頭嘗試偵察追求者動靜，及稍稍移近
第四步	惱羞成怒，攻擊對方	忍無可忍，反擊自衛
第五步	憤怒、失望、難過，與對方保持距離	憤怒、失望、難過，與對方保持距離

（Guerin, 1987, p.47）

華頓（Worden and Worden, 1998）進一步發展「你追我走」互動模式的理念，從實務經驗中，再細分以下三種追逐抽離模式。

（一） 單向追逐模式

夫婦一方「甲」是熱烈情感追求者，「乙」是固定的情感抽離者，無論在金錢、性生活、子女事宜，都是如此。這是單向追逐模式。

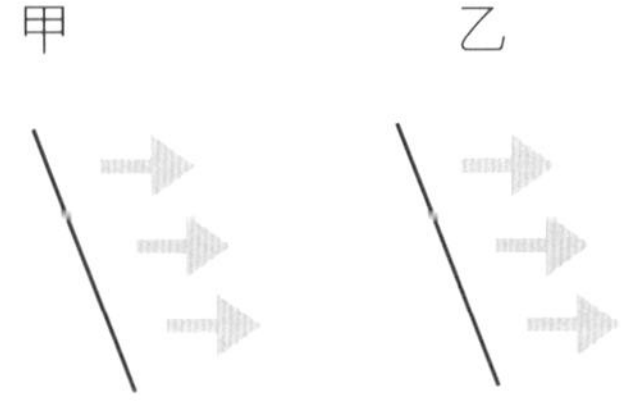

（二） 互補的追逐模式

夫婦雙方保持一定的情感距離，可是，在不同事件上，夫婦會自動互換追逐角色。譬如說，太太為妯娌關係追逐丈夫，而丈夫抽離；丈夫在金錢事情上追逐太太，而太太抽離。

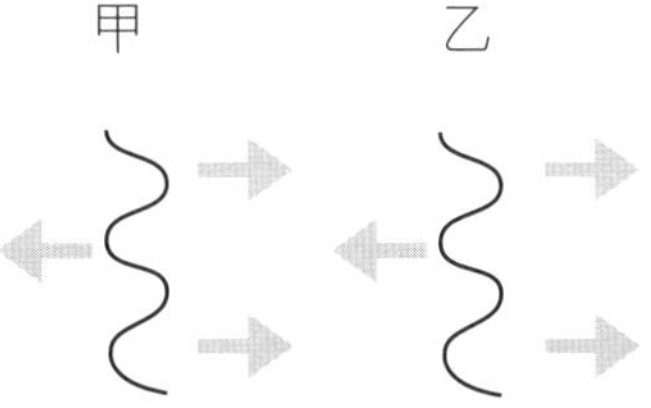

（三） 對等追逐模式

夫婦雙方對事情的反應、渴求和失望都來得快速而強烈。譬如說：夫婦二人在處理金錢、財務問題上，彼此抽離，各顧各人的事，但在性生活上卻熱烈追求，糾纏不清。二人相處，大起大落，一時陰霾密佈，風雨雷電，一時又綺麗纏綿。

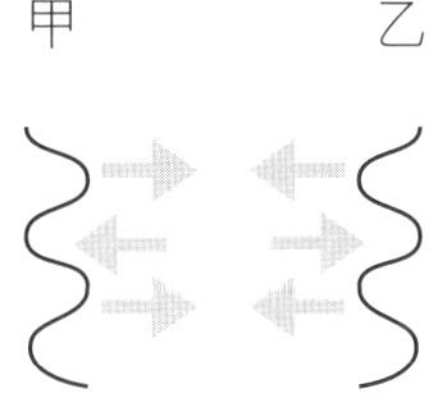

親密關係中「你追我走」的互動模式，十分有洞見。對婚姻治療的實務指引，甚有幫助。

4.1.4 家庭排序對夫婦衝突的啟示

Walter Toman（1961）對一個人在家庭中的排序如何影響他的成長經驗和個性塑造，在第二章鮑恩家庭治療法已有提及。在這裏，筆者想特別強調這一點對婚姻治療有何啟示之處。

（一） 排序大小

兩個在原生家庭排序最大的人結婚，很容易產生領導權角力的衝突。一般而言，家庭排序最大的老大擅作主張，習慣領導，和享有決策權。所以，兩個老大結婚，很容易在家庭大小事情的安排上，產生權力角力。縱使夫婦中其中一人並非排行最大，但在同性性別中排行最大，情況也相近。排序最大與獨生子女，兩種情況都容易引起干涉和反叛干涉的衝突現象。

相反，兩個在原生家庭排序最小的，同樣會出現另類衝突。排序最小的人傾向被動，人微言輕，缺乏主見，受人保護，希望獲得注意，凡事不太勞心勞力，順應兄姊要求，便能無愁無慮地生活下去。所以，一般來說，排序最小的，傾向倚賴、多情，但缺乏主見、膽怯，實務能力較弱。於是兩個排序最小的人相處，會產生家庭失去領導，彼此膽怯，互相埋怨，猶豫不決，只會說不會做，彼此等待對方承擔責任的膠着狀態。

（二） 排序與性別衝突

傳統社會強調和期望男性主導、女性受保護的男權思想，現代社會仍然保留。所以，倘若女性在原生家庭排行最大，而男性在原生家庭排行最小，就會產生排序與性別的雙重矛盾。女性具備領導才幹而不願作領導，不斷暗示及期望沒有領導專長的排行最小的男性作領導；結果可能導致進退兩難的情況：男性不作領導，女性會產生失望；男性嘗試領導，女性也同樣會為不佩服他的領導能力而失望。這也是一種處於糾纏「雙輸」的膠着狀態。

（三） 性別衝突

假若夫婦雙方同時習慣於個別的同性相處關係，便會產生很大的性別期望差異，以及性別能力偏差的衝突。譬如說，一位太太生長於全家都是姊妹、以女性為主的家庭，及後小學和中學都在女校念書；而丈夫卻生長於全家都是兄弟、以男性為主的家庭，及後小學和中學都在男校念書。這樣的個案，彼此的期望差異甚大，溝通模式和情感表達接收方式大相逕庭，二人相處會十分辛苦，矛盾和衝突也會較大。

4.1.5 跨代情緒流傳

此外，鮑恩的其他概念如跨代情緒流傳、家庭排序等對婚姻治療有深度的啟示（參第 52-53 頁），婚姻治療師 David Freeman（Freeman, 1922）和 Donald Williamson（Williamson, 1991）等將這個概念詳細而深刻地應用在婚姻治療實務工作上。

鮑恩這個跨代情緒流傳的概念精深而繁複，篇幅所限，不能贅述。扼要來說，鮑恩對跨代情緒流傳的省察讓我們了解到人類親密關係不單只影響這一代，而且有歷史承傳的面向。管你喜歡或不喜歡，上一代的行為和情緒流動形態，自我人格素質都會在意識和下意識中一代一代承傳感染。增加覺察力和自我提升，才是面對人類困境和家庭問題的徹底良方。中國儒家思想中「修身、齊家、治國、平天下」，與這個宏觀的家庭情緒理論，以及另一個宏觀概念「社羣退化」(societal regression) 互相輝映。應用在婚姻治療上，個人未能與父母產生或重建真摯、平等而親密的關係，很難與配偶產生真摯、平等而親密的關係。這個治療取向對人類面對自我歷史和自我成長都產生真摯深刻而透徹的幫助，可是治療所花費的時間和心力卻很長，對現代經濟急速的城市人可能是一種奢侈。往後，筆者在實務應用上會再詳細討論一些折衷的智慧。

4.2 沙維雅對婚姻治療的啟示

沙維雅的內在冰山理論和裏外一致溝通理論（參第二章），在婚姻治療方面可以派上用場，並且，她有不少實務技巧，如「自我環」、「自我影響輪」、「身體雕塑」等等都十分精彩，筆者經常採用。但沙維雅的實務技巧着重此時此刻的體驗，最好以現場示範或工作坊去學習，筆者只能在此簡單介紹一、兩個可應用於婚姻治療的實務技巧給讀者參考。

4.2.1 促進二人關係的實務技巧

(一) 當日心境簡報

沙維雅提倡一個簡易的夫婦溝通方法，許多人直譯為「天氣報告」(temperature reading)，筆者認為這個名稱未能準確傳達當中的意思和神髓。筆者建議把這個練習翻譯為「當日心境簡報」較為恰當。這個簡短的溝通練習，可以讓夫婦在臨睡前，或小休時段的十五至二十分鐘，作出簡易又有內容的溝通。夫婦二人可輪流按下表的次序自由、精簡的交談：

欣賞	例：我欣賞你今天出門時沒有催促我。
新資訊	例：我在上星期找了一些旅遊資料，希望有空時與你商量如何度過暑假。
疑問	例：你最近常常沉默寡言，是否有什麼不稱心的事情？
抱怨及建議	例：我抱怨你晚上回家時開着電視機，害我睡不安寧，可否請你看電視時把音量調低？
願望	例：我希望今年爸爸七十大壽，一家人快快樂樂地過。

倘若將當日心境簡報運用恰當，可以促進雙方多層次的交流，而且讓夫婦雙方多留心彼此正面的表現，減少負面情緒，提高雙方的覺察力。

（二） 交往摩天輪

所有衝突，其實都是愛恨的沉積。我們着緊對方，所以我們有期望亦有失望。只是，在電光火石之間，我們利箭橫飛，殺傷了許多心底説不出的好意和關懷。

沙維雅提倡的交往摩天輪（chain of interaction），對我們了解衝突和溝通衝突甚有幫助（參頁 102）。

交往摩天輪——沙維雅模式

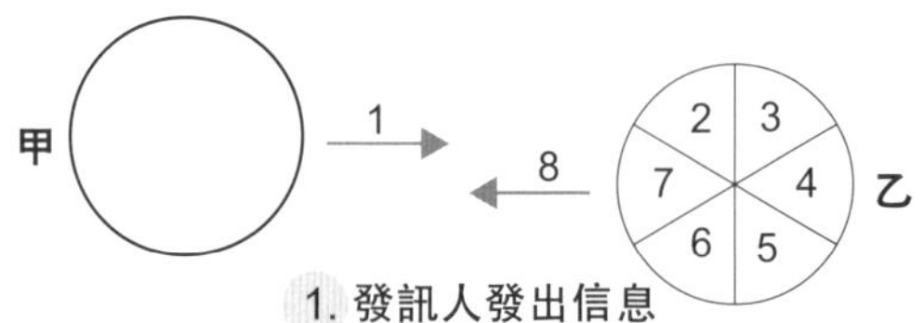

1. 發訊人發出信息

2. 收訊人以觸覺（如眼、耳、皮膚等）接收

● 我看見和聽見什麼……

● 選取

3. 演繹：通常與過往經驗和學習相關

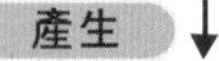

4. 對演繹的感受

促成

5. 對感受的感受

再促成求生本能的規律和激發

6. 自衛本能

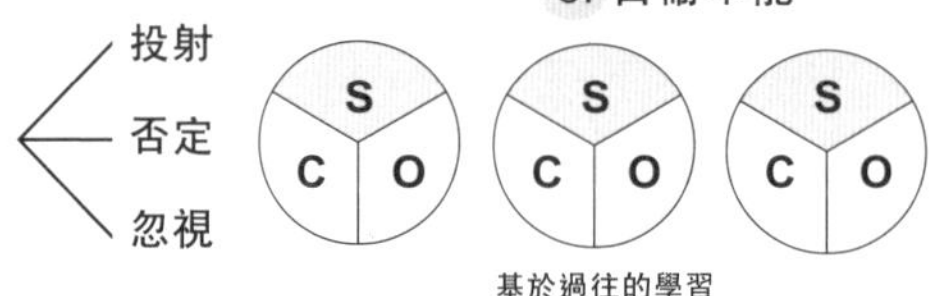

自我　O: 他人　C: 場景

7. 回應的底層規律

有關：角色、感受等。

如：說別人期望的話，看應當看的，感受該當感受的。

有待他人批准，選擇安全的行徑。

8. 外在行為反應：乙對甲的反應

甲本人亦同樣經歷二至八各階段的步驟。

（霍，2001，220-221 頁）

4.2.2 鮑恩與沙維雅理論的整合

除了上述有用的實務技巧以外，筆者在婚姻治療工作的實務經驗中，發現鮑恩和沙維雅的治療法有可以互通和整合的地方。

（一） 如何降低夫婦間的情緒過敏反應

根據鮑恩的家庭系統理論，夫婦相處經常受到自主相繫成熟程度低的當事人的情緒過敏反應影響，產生互動和心理障礙。

何謂情緒過敏反應？就是一個人在成長經驗中曾經歷不良的負面情緒，而這些負面情緒積壓起來，未能疏解，當與配偶相處時，遇到相類似的情景、主題或情緒氣氛，當事人便會立即「自動」作出過劇反應。

舉例說，一名女士自幼經歷父母的忽略及冷漠對待，她每逢遇到丈夫沉默不言，或專注電腦，缺乏眼神接觸，這名女士會潛意識再一次經歷被忽略、被遺忘的感覺，自動產生劇烈情緒激動，叫丈夫手足無措。

筆者發現情緒過敏反應經常在夫婦間出現，絕不是好言相勸就可以解決。讓我仔細分析情緒過敏反應的深層心理流動，便可揭露一些永恆的普遍訊息和心理歷程。

（二） 情緒過敏反應的深層心理歷程

情緒過敏反應=「自動」發出的激動行為

↑

心理焦慮

↑

缺乏安全感

↑

過往的負面經驗
未了事 / 未獲滿足的渴望

例：「我可愛嗎？」、「我受歡迎嗎？」、「別人接納我嗎？」

上述的心理歷程豈不與沙維雅的冰山理論有相近之處嗎？ 1950 年代，當家庭治療首先冒起時，為了鞏固地位，對傳統心理分析和人類內在心理歷程，全部持反對和排斥的態度。時至今天，有不少心理治療師和家庭治療師嘗試整合個人心理與家庭系統心理，去面對和確認個人以及系統同時要被顧及，但卻未有良好的整合途徑。筆者覺得鮑恩的情緒過敏反應觀念，以及沙維雅的冰山理論觀念，既有個人系統的面向，也包括二人互動的面向，以及跨代成長系統經驗的面向，是個人與系統整合的良好跳板。兼且，人內在的不安全感與近年學者熱切鑽研的相依理論（Attachment Theory）大有互相貫通和整合的餘地。

（三） 焦慮反應與沙維雅溝通理論整合

讓我們細心想一想，一個人感到焦慮的時候，大概有以下幾種互動反應：

1. 束縛焦慮（Anxiety Binding）
2. 迴避焦慮（Anxiety Avoiding）

3. 輕視焦慮（Anxiety Dismissing）
4. 焦慮升級（Anxiety Escalating）

當筆者仔細研究，發現這四種反應與沙維雅提倡的四種溝通模式互相呼應：

1. 束縛焦慮＝討好型（Placating）
2. 迴避焦慮＝打岔型（Irrelevant）
3. 輕視焦慮＝超理智型（Super-reasonable）
4. 焦慮升級＝指責型（Blaming）

作為婚姻治療師，面對夫婦過激和過敏的情緒反應，很容易也會不自覺以上述焦慮反應作出迴避、輕視、束縛或反擊。處理受助者情緒的激動反應，必須情理兼備，以和善穩定的態度去接觸受助者的內在焦慮，並作出探討，這樣，才能產生治療師與受助者的自然的治療聯盟（therapeutic alliance）。

（四） 自主相繫人格理想與裏外一致人格理想的整合

從這裏，我們很自然會回到鮑恩和沙維雅的治療目標，鮑恩和沙維雅的治療目標，都是人性健康取向：非病態的，邁向理想人格的。鮑恩的人格理想是自主相繫，沙維雅的人格理想是裏外一致，二者有異曲同工之妙。

一個人受不良經驗和負面情緒影響，內在不安全，而產生焦慮反應，結果形成情緒過敏的行為反應。亦即是低自主相繫的人格成熟程度（Undifferentiation）。這個不成熟狀況與沙維雅四個未能裏外一致的溝通模式也有互相貫串的地方。

	鮑恩治療理論		沙維雅治療理論
	低自主相繫的人格程度 (Undifferentiation)		不能裏外一致 (incongruence)
情緒過敏反應 (隱性的)	投降	→	討好
	否認	→	超理性
	迴避、冷漠	→	打岔
(顯性的)	怪責對方	↘	
	操控對方	→	指責
	改造對方	↗	

有關處理上述行為反應的實務技巧，將於稍後篇章再詳細論述。

自主相繫的人格自然也是裏外一致，同時顧及自我、他人及情景的需要。從來沒有一個人可以全時間、各方面都能達到自主相繫及裏外一致，故此，治療師更應謙遜自省，協助受助夫婦互相體諒，彼此饒恕。

4.3 結構家庭學派對婚姻治療的啟示

曼紐秦與伙伴在紐約專門治療非裔美籍和波多黎各的邊緣少年。曼紐秦在早期著書立說，系統地羅列結構家庭治療學派的主要概念和實務技巧，使他的學派容易掌握。在他的著述中，清楚羅列家庭中的系統、次系統、界限、角色、聯盟和權力架構等概念，這些主要觀念已經在第二章詳細敍述。這些概念是基於系統理論去認識家庭結構上的主要概念，在概念勾劃和澄清上很有貢獻，曼紐秦在著作的序言中，坦白承認這書的創作很大程度受積希利（Jay Haley）及蒙他福（Montalvo）的影響。

4.3.1 傳統結構家庭學派的重點

然而在實務應用上，曼紐秦主要的治療對象是波多黎各裔或黑人青少年罪犯，他們來自貧民窟的破碎家庭，大部分沒有父親或缺乏清晰的父親形象，也缺乏家庭組織，更沒有什麼家規、界限、責任分工等清楚權力劃分。曼紐秦的家庭治療模式正是針對這類家庭背景的孩子而生，加上曼紐秦猶太家庭的背景，自然強調家庭結構的重組作為治療目標。

曼紐秦對貧民窟孩童的古道熱腸很值得敬佩，但他的治療方法常常止於重組家庭組織，挑戰家庭角色、界限與權責分工，激發互動重組；至於夫婦二人系統中複雜的情緒互動、內在需要，以及超乎結構之外的衝突困難，結構家庭治療學派則很少關注。

有時候，結構派治療師對一個出現行為、情緒問題的孩子，他的處理方法是挑戰其母子關係過分糾纏的現象，拆散了母子的黏纏，初步解除了孩子的病徵，就結束個案。孩子是鬆脫了，重獲新生了，但夫婦關係又如何突破呢？家庭的表面病徵解除了，夫妻的關係更形緊張，形成其他婚姻系統的問題，結構治療學派未能提供結構以外更深刻的答案。

譬如，早年積希利（Haley, 1987, p.244-261）做了一個很有趣的個案。一個八歲孩子對狗產生莫名的心理懼怕；他的父親是郵差，積希利等治療師猜想孩子的病徵與父親作為郵差，常常遇上惡犬這種民間傳說有關。後來追查出孩子的母親與父親關係疏離，於是，母親與兒子發展出過分親密的糾纏關係。積希利用了一個介入手法，要經驗豐富的父親當教練，教導孩子如何馴服一頭害羞的小狗，如此一來，既分隔了母子過分親密的關係，亦促進了父子的親密交往，兒子的病不藥而愈。兒子表面的病徵消除了，可是，當兒子與父親快樂的逗弄小狗時，母親卻出現了抑鬱情緒，因為母親在治療師的介入手法中，被孤立出來，夫婦間的疏離關係亦未獲得適當正視（Guerin, 1996, p.5）。

筆者在香港觀察好些結構家庭治療師的臨場示範，往往出現這個情況；表面病徵是解除了，然而夫妻的深層情緒困難和關係張力未曾解決，問題又再以另一種形式表現出來。

4.3.2 現代的修正

Harry J. Aponte and Edward J. DiCesare 於 2000 年在 Dattilio and Bevilacqua 編輯一本各門各派如何作婚姻治療的書籍中，代表結構家庭治療派表達結構學派對婚姻治療的做法。

Aponte and DiCesare（2000, p.45）首先坦白承認結構家庭治療學派是刺激家庭轉變的「工具」，而非一套「理論」。傳統結構家庭治療學派在實務工作中，留意各種家庭的結構，是描繪性的，而不是闡釋性的，所以不是一套理論。結構學派既然只是一套工具，它着重促使案主在輔導室現場產生快促、明確的經驗轉化，治療師常常用「現場重演」（enactment）和其他戲劇化的手法逼使夫婦和家庭成員之間進行互動模式轉變。譬如，一對夫婦一方過分理性，一方過分感性，治療師便會聯同其中一方挑戰另一方，逼使他在輔導室現場產生轉變。至於當場轉變後，其心理、情緒及往後有何變遷，傳統結構家庭治療師在會談後握手就完成任務，不會跟進，譬如，倘若父母無法控制過度活躍症的孩子，治療師在輔導室現場促使父母行使父母的權力，使孩子就範就已經功德圓滿。至於孩子在權力下就範的感受、父母行使權力後有否內心矛盾、夫婦間會否形成另類衝突，這些都不是治療師的關注範疇。

Aponte and DiCesare（2000, p.46）謙虛地承認傳統結構治療學派這些限制，在今時今日作出幾個重要修正。

第一，現代結構家庭治療學派除了沿用行為取向和策略技巧，也滲入其他學派的智慧，如追溯家庭關係歷史源頭，以及其他社會文化、種族、經濟系統等對家庭關係的影響。

第二，現代結構家庭治療師會深入檢討自己在家庭改變中有何角色，看清楚治療師強調投入地運用自我，去激發家庭改變，這個做法有何正面或負面的影響。

第三，治療師開始反省單單從家庭功能去斷定何謂理想家庭結構是不足夠的，由治療師扮演專家身分去指導家庭成員何謂「好」的家庭，是十分主觀和偏狹的，治療師需要細心察看受助者底層的道德觀、價值觀、宗教信念，明白受助者的行為取向，並由家庭成員自行去定義問題和決定如何改變。

Aponte and DiCesare 觀察到，近代修正的結構家庭治療學派已經與傳統結構家庭治療學派相去甚遠，很欣賞結構治療學派修正派的自我檢討精神，讀者不難體會到單憑傳統結構家庭治療學派對婚姻治療的貢獻顯然十分有限。

4.4 敍事治療學派對婚姻治療的啟示

敍事治療學派的創始人米高維十分認同社會上的邊緣社羣及弱勢社羣，閱讀米高維的著作及參加他的訓練工作坊，會發現他的受助對象多半是被欺壓的人物，如精神病患者、受暴力虐待者、小童及少年人、孤獨老人、抑鬱者、被性別主義綑綁的婦女等。

米高維和大衛艾斯頓的學生在美國、加拿大各地發展敘事治療學派，芝加哥的吉兒・佛瑞德門（Jill Freedman）和金恩・康姆斯（Gene Combs）夫婦把敘事治療法應用在婚姻治療的工作上（Freedman, Combs, 2000）。

筆者認為敘事治療學派最大的貢獻，在於提出一種開放而謙遜的世界觀，和對治療師那種傳統的專家心態的挑戰。敘事治療學派確信案主和案主家人才是自己所遭遇的困難的專家，治療師只是一個友愛的同行者，持開放和「未知」（not-knowing）的態度去陪同案主發掘他們自己早已擁有的豐富、有力量、閃亮的故事。治療師要抱持一種高度透明（transparency）的專家情操，讓案主垂詢及了解治療師的立場取向、想法、限制和困惑，與案主共同創造（co-creation）嶄新的人生故事。

敘事治療師不重視治療技巧，而重視治療師本人的心態。敘事治療師鼓勵自我反省（Freedman and Combs, 1999, p.80）：

1. 我所詢問的是多層次描述，還是一個現實？
2. 我傾聽時，是否能了解這個人體驗的現實是如何經由社會建構出來的？
3. 在這裏誰的語言擁有特權？我是否嘗試接納並了解這個人的語言描述？如果我認為自己的語言較優秀或自認為典型，我為什麼這樣做？在治療對話中，不同的語言差別會產生什麼影響？
4. 有哪些故事支持這個人的問題？是否有主流故事壓迫或限制這個人的生活？我聽到哪些邊緣化的故事？有沒有線索顯示尚有未談到的邊緣化故事？我該如何誘導這個人加入這些邊緣故事的「知識的反抗」呢？
5. 我是否把焦點放在意義，而不是「事實」？
6. 我是否從各種廣泛的事情評估這個人，也誘導他評估各種廣泛的事情（例如治療如何進行、較喜歡的人生方向)?

7. 我是否以自己的個人經驗提出意見?我的背景、價值觀和意圖是否透明,好讓案主能評估我的見解是否出於個人成見?

8. 我是否落入區分病態或正常思考的陷阱?我們是否根據這個人經驗中造成問題的部分,同心協力地定義問題?我是否遠避「專家的」假設或理論?

4.4.1 臨牀實務應用

筆者發現在處理夫婦困難時,將鮑恩的理論與敘事治療法結合應用是很有助益的。敘事治療學派很着重協助個人重新發現自己在羣體中、在關係中、在社會論述中的位置和自主權,正好配合鮑恩派治療師脱離三角張力糾纏的做法,着重個人聚焦問句(self-focus questioning),在這個問話歷程中,促進配偶成為當事人自述故事的見證人。當案主有能力自述故事的時候,治療師也可以同時自然地促進配偶對伴侶的同感心。筆者在臨牀實務經驗中,常常發現夫妻衝突的問題本身並不是問題,彼此如何解讀問題背後蘊藏的意義才是問題。如何催化嶄新的意義解讀,從而疏解彼此的心結,是婚姻治療師一個重要任務(筆者將會在第五章再作詳細闡釋)。

此外,米高維的治療理論提醒治療師不去扮演專家,而且治療師常常有意無意地建構了囚禁案主的牢籠,例:「你丈夫之所以有婚外情,看來是你倆婚姻關係出現問題,你不太懂得服侍丈夫的結果。」(女人應該服侍男人的傳統論述);又或者説:「你現時心情抑鬱,似乎是由於你對丈夫已經沒有感情,為了子女勉強維持着家庭關係,不敢離婚,我想你的抑鬱病是不會好的了。」(以感覺先行的現代論述);又或者説:「你有沒有留意你的説話囉囉嗦嗦,怪不得你丈夫受了太大壓力，一時激動會打你。」（性別主義的論述）；又或者說：「你和媽媽情緒糾纏，看來還未剪斷臍帶，怪不得你的婚姻出現這麼多問題。」（專家診斷問題的論述姿態）。凡此種種，都是治療師很容易以專家的驕傲駕馭心態、傳統性別主義、男尊女卑、差序格局、各種既定框框，把難擔的擔子壓在案主身上。治療師必須細心省察自己的語言是否代表着某些自我優越的權力架構，有意無意加強了文化主流論述對人的箝制。

在這裏，筆者必須加以澄清，真誠和嚴格自省並不代表人世間沒有絕對真理，米高維也一再強調他的倫理觀並非所有倫理都一樣好（“not” everything goes）。敘事治療師佛瑞德門和康姆斯澄清他們的倫理立場：「這些觀念並不會使我們認為所有故事都是平等的，而是使我們不從單一權威式的觀點來詳細檢查倫理立場，並考慮特殊地方文化中，特殊做法的影響。我們可以把這種倫理觀看成『涵蓋邊緣』的取向，肯定任何主流文化中，身處邊緣者的經驗，以及任何文化階層中的底層，並採取強力的倫理態度，讓這些人的聲音有機會被聽見、被了解，並得到反應。」（易，2000，頁 372）

基督教學者李耀全博士從基督教信仰觀點評論敘事治療學派也有類同的看法：

「筆者堅持，就是意識到文化言論對受導者及治療人員的影響，也不必排除猶太基督教後設陳述在治療過程的重要性。基督徒治療人員可幫助受導者從信仰羣體所共有的世界觀，重新論述自己的經歷。基督被釘十架及基督教羣體的後設陳述，並不是知識或權力的關係，這説及的乃順服及犧牲，並非控制和強權。重構故事和外顯問題，是受導者自由意志的選擇，甘願接受自己信仰羣體的信仰立場是另一個選擇。基督徒治療人員可與受導者一起創作新的論

述。」（李，2002，頁 108）

筆者察覺敘事治療學派與經典人本主義治療學派思想十分接近：尊重受助者、治療師與案主處於平等位置、誠心聆聽案主的人生故事、與案主共創另一個豐盛而閃亮的人生故事，這些都是治療師必須具備誠意而謙遜的出路。

筆者在臨牀實務經驗中，發現敘事治療學派對施虐者和被虐者，以及離婚後適應人生意義、失落的沮喪經歷，呼喊人生何價時，敘事治療學派對協助案主重建人生活力很有幫助。

可是，敘事治療法是由澳洲人開創的，米高維的思維路線和語言抽象、駕空、拐彎而複雜，而且主要靠語言去重構新的認知體系，忽略了非語言、直觀、身體經驗各種體驗性治療手法，對於自省能力不足、語言能力薄弱、抽象思維未有充分發展的人士，迂迴複雜的問句並不合適，應用時需要作出適當的本土文化整理。

同時，敘事治療學派着重冷靜、民主參與、重建問題的認知，較少着重人性中複雜多變的情仇愛恨和非理性的劇烈情緒反應，也不強調夫妻間情緒緊扣的互動模式（Freedman and Combs, 2000, p.346），若把沙維雅模式情緒交流的體驗向度和鮑恩有關情緒流動的理論藍圖結合使用，效果會更好。

為方便了解各家庭治療學派對婚姻治療的貢獻，後頁（頁 114-115）列出各學派的治療目標、對問題的理解、主要概念和臨牀技巧的比較圖表，以供讀者參考。

4.5 家庭治療學派對婚姻治療貢獻的整合

	鮑恩	沙維雅
治療目標	協助各家庭成員達致高境界的生存狀態：獨立自主，以情相繫（Differentiation）及各家庭成員間建立親疏合宜的連繫	協助各家庭成員建立良好自尊，以及裏外一致的溝通模式
對問題的理解	自主相繫能力低(Undifferentiation)，盲動反應，失去自由；與別人的關係切割抽離，或糾纏不清，失掉人間摯誠連繫	問題不是問題，適應才是問題(Problem is not the problem, coping is the problem)
主要的概念	情緒流動法則 二人系統 三角抒張動力 跨代情緒流傳 家庭排序 互動模式	內在冰山理論 改變模式 溝通型態 互動模式 家庭規則
臨牀技術	家庭圖 拆解僵化三角關係 自我聚焦問句 生活教練：協助家人重建連繫	家庭圖、身體及家庭重塑 「當日心境簡報」溝通方法 自我環 交往摩天輪 個性組合舞會 六種相依型態 內在冰山歷程問句

結構學派	米蘭學派	事治療學派
改變家庭結構，好讓家庭成員失效的交往模式產生改變	協助家庭成員改變雙重綑鎖及失效的交往模式	協助受助人脫離社會文化及政治權力賦與人的框框，脫離「問題」的奴隸，成為自主自由的人
問題不是問題，家庭權責界限不清，交往功能失效才是問題	問題不是問題，問題的理解才是問題	問題不是問題，人生故事的僵化敘述才是問題
界限 互動模式 角色責任	因果循環 成立治療設想（hypothesis） 保持中立 第二序知識論	建構 解構 重述故事
現場對話（enactment） 家庭結構重組	循環問句 成立治療設想	解構式問句 發展故事的問句 意義性問句 重建身分問句 故事重構 將問題外置（externalization）

Marital

第5章

婚姻與家庭治療的理論及實務整合

Family Therapy

5.1 婚姻治療與家庭治療此消彼長的四個發展階段

5.1.1 當積臣對婚姻治療的影響
5.1.2 沙維雅對婚姻治療的影響
5.1.3 梅利鮑恩對婚姻治療的貢獻
5.1.4 積希利對婚姻治療的影響
5.1.5 小結

5.2 情緒取向婚姻治療學派的啟示

5.2.1 情緒取向婚姻治療學派
5.2.2 EFT的治療目標
5.2.3 EFT的治療步驟

5.3 婚姻與家庭治療的知識論整合

5.3.1 不同知識論對婚姻及家庭治療意念的實務應用
5.3.2 各家庭治療學派的理念整合
5.3.3 心理治療的限制
5.3.4 前現代層層環擁的世界觀

5.1 婚姻治療與家庭治療此消彼長的四個發展階段

在西方，婚姻治療發展比家庭治療更早出現，事實上，婚姻輔導與兒童輔導是家庭治療興起的先驅。家庭治療自 1950 年代產生（Broderick and Schrades, 1991；Goldenberg and Goldenberg, 1996；Guerin, 1976），而專業婚姻輔導員卻在 1929 年開始，在紐約成立第一間婚姻輔導中心，及至 1941 年，成立了美國婚姻輔導協會（The American Association of Marriage Counsellor, AAMC）。直至 1970 年，這個協會與家庭治療取向的成員結合，改名為「美國婚姻及家庭輔導員協會」（American Association of Marriage and Family Counsellors），於 1978 年再度易名為「美國婚姻及家庭治療協會」（American Association For Marriage and Family Therapy）（Goldenberg and Goldenberg, 1996）。

雖然婚姻治療比家庭治療發展年期更早，卻不像家庭治療般各門各派各種模式爭相出現，蓬勃發展，這是何故？直到近年，葛文和法蘭高（Gurman and Fraenkel）在《家庭歷程》（*Family Process*, 2002）期刊中大膽回顧及中肯剖析婚姻治療在美國心理治療歷史上的發展，才披露當中的來龍去脈，原來內裏大有文章。美國學者能勇敢誠實地面對婚姻治療的發展史，不但給予我們知識，也對於我們學習婚姻及家庭治療者有所啟示和警惕。

葛文和法蘭高進行了大量資料搜集，剖析了美國婚姻治療發展有四個階段：第一階段（1930-1963 年）婚姻輔導前理論時期（理論尚未形成）；第二階段（1931-1966 年，並 1985 年後）婚姻治療心理分析學派發展、消沉及再發展時期；第三階段（1963-1985 年）家庭治療與婚姻治療結合時期；第四階段（1986 年後）婚姻治療整合、修正、分流發展時期。

葛文和法蘭高指出早年婚姻輔導未能蓬勃發展，於 1978 年被政治和行政因素壓逼而夭折（“Marriage Counselling" died a political-administrative death, 1978, p.205）。這是什麼意思呢？葛文和法蘭高（2002, p.205-207）描述早年婚姻輔導手法比較稚嫩，有如家庭生活教育的方式，輔導時期短促、聚焦，而且説教味濃，婚姻輔導員徒有技術，而欠缺理論。當時心理分析學派已經開展夫婦二人聯合會面的輔導手法，於是，婚姻輔導員嘗試往心理分析學派尋找出路，很可惜，當時家庭治療學説在美國剛剛冒起，許多心理分析訓練出身的治療師，發覺到心理分析學派的限制與錯漏，便離棄這門學說。正當心理分析學派如夕陽西沉之時，婚姻輔導員依附它找出路，一如「搭錯了車」，隨着被摒棄的心理分析學説浮浮沉沉，沉寂下來。

葛文和法蘭高進一步描述 1931-1966 年婚姻輔導如何倚靠心理分析理論而停滯不前，心理分析學說基本上認為問題存在「個人」的內心，及潛意識未了結的創傷之中，所以，即使治療師採用夫婦二人共同會面的輔導手法，焦點仍然放在兩個「個人」之上，欠缺系統互動，和多層次現實的理解，於是，影響治療師的「中立」地位。有時候，同一位治療師會分別同時會見兩夫婦，處理個人困擾；有時候，又會嘗試由兩位不同的治療師見同一對夫婦。筆者也曾到英國進修婚姻治療，心理分析學派後期也提倡由一男一女兩位治療師共同治療一對夫婦。從種種試驗來看，其實多少治療師見一對夫婦，並非問題的癥結所在，反而是觀照夫婦婚姻問題背後抱存的視野和觀點，正是當時心理分析學派不斷掙扎，而未找到出路之處。

葛文和法蘭高分析第三個發展階段，是家庭治療嘗試結合的發展階段，這也是我們最有興趣了解的歷史。從葛文和法蘭高的觀點來看，對婚姻治療有具體貢獻或影響力的，主要有四位家庭治療師：當積臣（Don Jackson）、沙維雅（Virginia Satir）、梅利鮑恩（Murray Bowen）、積希利（Jay Haley）。在上一章，筆者曾詳盡勾劃沙維雅和鮑恩的學說和貢獻。不謀而合，葛文和法蘭高兩位學者也指出這幾位家庭治療師對婚姻治療有重大的貢獻。下面讓我先精簡陳述葛文和法蘭高的想法，再作進一步討論。

5.1.1 當積臣對婚姻治療的影響

當積臣是美國精神研究所（Mental Research Institute）的創始人，專門研究精神分裂病人的治療方法，他對溝通理論有許多獨到見解。其中一些重要概念如「雙重綑鎖」("Double Bind", Bateson et al., 1961)，關係上的「對等」和「互補」("symmetry" and "complementarity", Lederer and Jackson, 1968)，「家庭恆定」(“Family Homeostasis”, Jackson, 1957）和「家庭規條」("Family Rules", Jackson, 1965a)，讀者若曾接受有系統的家庭治療訓練，都會熟諳這些概念的含義，在這裏，筆者暫不詳加解釋。

當積臣對婚姻治療一個最重要的概念是「婚姻關係中的互換定律」(“Marital Quid Pro Quo”, Jackson, 1965a)，成為他對婚姻治療的主要基石。許多人誤會當積臣的「互換定律」是夫婦間討價還價有意識的利益交易，其實當積臣的「互換定律」是一個比喻，説明夫婦在夫婦關係的交往中，下意識地在互動間找出自己的身分位置(“how the couple has agreed to define themselves within this relationship”, Jackson, 1965b, p.12)。

在婚姻關係的互換定律中，當積臣建議治療師首先協助夫婦覺察他們潛意識的規律、需要和動機，然後學習新的行為，蘊釀更健康有效、新的互換模式。

當積遜本人有深厚的心理分析訓練，雖然他敏鋭地發現夫婦的互換定律，開拓了夫婦互動的重要概念和溝通理論，卻仍舊十分敏感夫婦在婚姻治療中的自我觀點和自我價值。可惜，當積遜四十八歲英年早逝，否則，葛文和法蘭高認為他是最有潛能將系統理論和個人理論作出結合的宗師。

5.1.2 沙維雅對婚姻治療的影響

葛文和法蘭高確認沙維雅在家庭治療的獨特位置，她是歷史上惟一一位國際知名女性家庭治療大師。沙維雅提倡的重要家庭治療概念，包括誠摯的溝通理論（congruent communication）和良好自尊（self-esteem；其他重要概念已於第二章詳述）。她十分着重家庭系統中個人的價值（Nichols, 1987）。

沙維雅對婚姻治療有幾個重要的貢獻：

1. 沙維雅很早期就論説夫婦擇偶的心理動力（Satir, 1964, p.67）。
2. 沙維雅常常論述失效的家庭規條，如何障礙個人的成長及與別人產生親密關係（Satir, 1965, p.122）。她的理論正是近年大受注意的相依理論（Attachment Theory）的前身。
3. 沙維雅發展的誠摯溝通理論中，很着重表彰正面動機，鼓勵自我情緒表達，直接負責的溝通（I-statement）認可配偶和接納分歧，對婚姻治療的歷程來説，正中要旨。

葛文和法蘭高十分惋惜沙維雅的才華和貢獻未能獲得發揮，他們忠於歷史地提及於 1974 年，一位「系統理論的清教徒領袖」(a leader of "system purist", 1989，資料溯源即是曼紐秦）批評沙維雅的人文主義熱忱，沙維雅得不到理解和欣賞，被當時男性主導的家庭系統工程技師摒於主流之外（"Marginalized by the newer waves of male family systems engineers", Pittman, 1989, p.215）。

熟諳家庭治療發展的人，都知道家庭治療有時過分着重系統理論的機械精神，和過分尊崇結構主義，產生了偏差，備受學者非議，自會明白葛文和法蘭高這兩位有經驗、有資歷的新晉學者言下的沉痛和隱約的褒貶。

歷史長河，自有公論。筆者十分同意葛文和法蘭高對沙維雅的評論和讚譽。沙維雅在她的治療手法中，執著一些重要的精神，「直接、誠摯的溝通、自我披露、人倫關係的親近和安全本身比問題及解難更為重要，相信肯委身的夫婦有能力復和，而不是推測他們會抗拒改變；治療者的角色是一位有鼓勵性、滋養人的治療者，而不是抽離的腦袋分析家，或者着意挑戰、激將法的問題解決者。」(Gurman and Fraenkel, 2002, p.216）沙維雅於 1988 年逝世，她「卻比同時期的任何家庭治療先鋒者留下更多源遠流長的重要遺產。」(Gurman and Fraenkel, 2002, p.216)

細讀葛文和法蘭高對沙維雅的讚譽，其實隱約反映了他們對時下流行的家庭治療學派一些取向和精神的針砭，實在十分值得我們仔細思量。

5.1.3 梅利鮑恩對婚姻治療的貢獻

葛文和法蘭高公正地指出鮑恩是一位走在前頭的理論家，是跨代家庭治療的鼻祖。他對婚姻治療有重大而深遠的影響，他的追隨者及後在婚姻治療方面大為發揮，各有成就（Aylmer, 1986; Gerson, Hoffman, Souls and Ulrici, 1993; Guerin, Fay, Burden and Kautto, 1987; Papero, 1995, 2000; Roberto-Forman, 2002）。

鮑恩對婚姻治療的貢獻良多，上一章已有概論，現精簡扼要闡述葛文和法蘭高的觀察：

1. 鮑恩屢屢強調夫婦系統是家庭系統最主要的動力源頭，是家庭治療的主要治療對象。
2. 鮑恩追蹤所有心理精神病徵的源頭，來自關係上的困擾。二人關係困擾又來自原生家庭關係的困擾。
3. 鮑恩論述夫婦擇偶的狀況，總是下意識尋找相近「獨立相繫」程度（level of differentiation）的人作伴侶。
4. 鮑恩研究各種夫婦疏解衝突的模式，源於各自內心的焦慮，所以聚焦自我（self-focus），減低焦慮（reduce anxieties）都是重要的治療手法。

葛文和法蘭高評論鮑恩家庭系統理論在家庭治療史上有獨特的位置。鮑恩對家庭治療要求高程度的訓練，但這個學派的訓練中心為數不多，可是鮑恩家庭治療理論的概念和語言卻影響深遠，無遠弗屆。他們認為鮑恩之所以在家庭治療史上佔獨到地位，有三個原因。

首先，鮑恩強調他的理論完全與心理分析理論無關。可是，鮑恩家庭系統理論卻深入研究個體如何在跨代歷史中成長、受牽連，產生變化。於是乎，他的理論正好來自心理分析學派的門外，卻為個體和冒起的家庭系統觀點架起一道理論橋樑。葛文和法蘭高作出精銳的評論，説「鮑恩的理論發展了家庭系統的寬博觀點，同時為人類心靈裏的內在小孩提供可以存活的救生衣。」（'Provided a conceptual lifeline to the "inner man"', Gurman and Fraenkel, 2002, p.218）

其次，在高舉技術為本、病徵為重點的家庭治療主流中，鮑恩挽回了受助家庭成員以及治療師自己的生命素質（submerged and downplayed "personhood", p.218）。1972 年，在全國性家庭研究會議中，鮑恩放棄原本預備的研究講稿，坦誠地分享自己與原生家庭復和、成長的旅程，為家庭治療界添加了人性和血肉。及後，不少家庭治療師也趨向若要幫助別人，就要先誠實地面對自己的生命素質，和自己原生家庭的家庭關係。

最後，鮑恩的家庭系統理論涵蓋寬廣深遠，這個理論照顧此時此刻，也照顧歷史；照顧人的內在世界，也照顧人倫相互關係；照顧理性，也照顧情感。鮑恩家庭理論是惟一來自家庭治療主流的理論，卻同時是敢於論述個人個體、夫婦二人系統和原生家庭關係的理論。在當時家庭理論尚未奠基穩固，任何對個體的關心，都會被視為異類，在早期家庭治療實踐中，少了任何一個家庭成員出席，家庭治療師都會拒絕進行治療。在這樣的背景中，鮑恩夠膽三闖禁地，顯示出他個人實踐了獨立自主，雖萬人而吾往矣的勇氣（He himself is highly differentiated）。

筆者不但深深認同上述精銳透徹的評論，而且又佩服、又欣慰；在地球不同的角落，各自觀察，共鳴卻跨越海洋而響起。

5.1.4 積希利對婚姻治療的影響

葛文和法蘭高認為積希利（Jay Haley）在婚姻治療的實務上有很大影響。在 1963 年，積希利寫了一篇有關「婚姻治療」的文章，說明他對家庭治療及婚姻治療的想法。在文章中，積希利對人文主義及心理分析治療學派作出全面的挑戰和批評。積希利對婚姻治療的核心思想可以歸納為兩個概念：權力及控制。夫婦間的所有問題都來自二人在權力和控制的不均衡。婚姻問題或個人心理病徵其實是一個訊號，說明彼此在權力和控制上出了亂子。然而，這些問題事實上是有保護關係的功能，故此，夫婦若要面對治療或面對改變，就會下意識抵抗改變（resistance to change）。因此，治療師進行治療時不能開宗明義的啟迪夫婦，也無須讓夫婦洞察他們的問題，反而是間接的激將法、反面的挑戰等等才會平衡他們潛意識的抗拒，才能產生治療效果。這就是積希利提倡的策略家庭治療法。

策略家庭治療法基於上述對人和對夫婦關係的假設，有如下的特徵：（Gurman and Fraenkel, 2002, p.219）

1. 治療師避免與夫婦討論往事，也不探討過往歷史對夫婦現存行為的影響。
2. 治療師避免直接探討和了解夫婦對彼此的期望和需要，也不鼓勵直接表達情感，絕不問有關感受的問句。
3. 策略家庭治療的治療手法是有計劃的、有步驟的、實用的、針對現在的。目的是用各種標奇立異的方法去干擾現存權力的行為模式，夫婦行為改變了，也可能對自己的問題毫無洞察力。洞察並不重要，行為改變才最重要。

葛文和法蘭高評論積希利上述的治療手法大幅度影響了整整一代美國婚姻及家庭治療師。個人的人性、願望和情感從家庭中泯滅了，家庭關係變成純粹一個「家庭系統」,「問題」擔當着維持系統不變的功能,為何積希利會在治療手法上大走極端呢?他的治療手法與鮑恩及沙維雅的治療手法和信念背道而馳。在積希利的思想影響了美國治療界三十年後,一位治療師 Framo（1996, p. 295）有如下的評論:「我想希利是在竭力防範心理分析的思想,害怕它損害嶄新冒起的家庭治療。」

葛文和法蘭高作為美國的學者和治療師,親身目睹和經歷治療界風起雲湧的變化,大有資格作出這樣痛心的評論:「家庭治療由此不單結合了、汲取了婚姻輔導及心理分析學派婚姻治療,更把二者鯨吞和消滅。」（"It had engulfed, consumed, and devoured both.", Gurman and Fraenkel, 2002, p.220）

5.1.5 小結

這一場歷史勾劃中,葛文和法蘭高對各派家庭治療學説的精神體系針砭顯然易見,其沉痛嘲諷之情溢於言表,更表露出家庭治療學派興起時的政治鬥爭。有一點是值得注意的,葛文和法蘭高清楚、敢言及客觀地評論美國早期各治療師和各大學派對婚姻治療發展的貢獻,公允地評價各人和各學派的重點,卻完全沒有提及結構派家庭治療對婚姻治療發展的貢獻,到底説明了什麼?很值得華人讀者細心思量。

任何治療大師或治療學派都擁有其明言或隱存的世界觀,其世界觀又直接或間接地影響了其治療手法。哪個學派相信權力和控制的,結果的確用權力吞噬異己;哪個學派相信獨立自主的,結果能獨排眾議,維持自己微小的聲音;哪個學派相信愛心和滋養的,縱然被人推倒,愛心的精神遺產仍然久存世上。

好深刻的一場歷史教訓，清醒的後世學者在入門的時候，該當慎重考慮從哪一門而入了。

5.2 情緒取向婚姻治療學派的啟示

在 1990 年代，不少治療師秉承家庭系統理論、心理動力分析理論和認知行為理論，嘗試整合出一套婚姻治療學（Dattilio and Bevilacqua, 2000, ch.10-15）。筆者特別挑選了杰連貝和蘇珊．強森（Greenberg and Susan Johnson）的情緒取向婚姻治療學派，作出介紹。

5.2.1 情緒取向婚姻治療學派

為何筆者挑選情緒取向婚姻治療學派作出介紹？因為筆者認為情緒取向婚姻治療學派（以下簡稱 EFT）有如下出色之處：

1. EFT 與家庭治療系統理論的思維觀點脗合，EFT 強調對夫婦互動模式正向和負向循環的觀察，打破負向循環，強化正向循環。
2. EFT 在夫婦互動模式中特別強調情緒在夫婦互動中的核心位置，這是筆者在臨牀實務經驗中十分認同的。情緒流露在男權主導的西方社會常被貶抑為負面表現，但事實上，人的動力和改變往往關鍵在一個「情」字，中國文詞中說「情迷心竅」、「情深款款」、「情義兩全」、「誤入情網」，正好說明情的力量，對於重情、長情、用情的中國文化十分有意義。
3. EFT 借助相依理論（Attachment Theory）的理論基礎應用在婚姻治療的實務工作，筆者認為是甚有見地的。二人親密關係的關鍵在於尋找一位同行的伴侶，滿足人性中相依相伴的渴求。人生幼年重要的相依經驗自然影響夫婦成人時期相依的模式和期望。筆者相信相依理論將會成為婚姻治療其中一個重心的理論基礎。

4. EFT 建基的相依理論與梅利鮑恩對夫婦系統情緒流動法則的觀察相輔相成，幼年的相依經驗正好細緻地解釋跨代情緒流動的一些來龍去脈，不安全的相依形態與未能獨立相繫（undifferentiated）的成年人焦慮的盲動反應（automatic reaction）不謀而合。
5. EFT 與後現代的治療立場十分脗合，強調治療師與案主治療關係保持尊重、關懷及平等，否定專家心態，注重治療師與受助者共創同行（Johnson, 2000, p.164），聆聽案主描述他們體會的現實，理解案主情緒表現底下對關係的理解。

5.2.2 EFT 的治療目標

EFT 的主要目標是促進夫婦間情感相依、安全連結的關係旅程。EFT 的治療過程也好比一段排除障礙、重修舊好的旅程（Johnson, 2000, p.26-27）：

1. 雙方從防衛和自我保護，變成開放心靈，願意為了關係去嘗試新的經驗。
2. 從被動無助地被負面情緒牽制，變成主動創造自己的婚姻舞步。
3. 從專注於對方的缺點，變成發掘自身的恐懼和渴望。
4. 從絕望地指責對方變成能夠覺察反省，兩個人是如何在不知不覺下共同造成一個處境，使彼此無法關心和正面回應對方的需要。
5. 最重要的是，從情感疏遠隔離變成情感連繫（connectedness）。

5.2.3 EFT 的治療步驟

為了達致治療目標，EFT 將個案改變的歷程分為九個步驟：

步驟一：評估，和個案建立關係並描繪出主要爭端的衝突點。

步驟二：界定負面的互動模式。

步驟三：找出隱藏在「互動立場」之下未察覺的深層情緒。

步驟四：從深層情緒和相依需求的角度重新界定問題。

步驟五：浮現一直被否認的個人需求和特質，增進案主對雙方的了解，並把這些新資訊應用到互動關係中。

步驟六：增進案主對配偶的經驗、新互動模式的了解及接納。

步驟七：鼓勵案主表達其需求和渴望，並建立情感的連繫。

步驟八：應用新的互動模式去解決舊有的婚姻問題。

步驟九：鞏固新的互動模式和相依行為。

筆者嘗試從個案舉例說明讓讀者較易理解。一對夫婦經常冷戰、熱戰，十分困累，治療師通過有效的問話方式，理解他們的互動及惡性循環。每逢丈夫粗心大意或悶聲不響的時候，妻子就會着緊地給予意見，並且不斷追問事情的來龍去脈。丈夫每次聽見妻子焦慮的追問就倍感煩惱，於是索性關閉耳朵，木頭人一樣毫無反應。妻子每逢看見丈夫木頭人一樣的表現，就倍覺心煩，更加窮追猛打，攻擊和追問。治療師會向他們反映上述觀察到的負面互動模式，再以同理心深入探討夫妻二人深層未覺察的情緒。

師：太太，當先生默不作聲時，你不斷追問，內心有何感受？

妻：我覺得他不理睬我，嫌棄我，好像我是多餘似的。

師：太太，那麼你在他的沉默之中感到不安全，解釋他的沉默為對你的拒絕和嫌棄。

妻：是，他從前不是這樣對我的，我擔心我們的關係變了。

師：哦，你在憂心，你憂心關係變成怎樣了？

妻：擔心他不再愛我，不再重視我了。

師：哦，原來你有這樣的擔心，難怪心情這麼焦慮。這個不被理睬的經驗你向來熟悉的嗎？

妻：嗯，很熟悉，我爸爸事事沉默無聲，而且很少在家，媽媽一抱怨，他就走出家門。媽媽常說爸爸不要我們了，媽媽有時候也寧願死掉算了，也不要受人嫌棄。(太太低聲啜泣)

師：哦，是這樣難過的經驗！難怪「沉默」教你這麼惶恐和難受，你似乎在重複經驗媽媽害怕失去丈夫的感覺，而你也害怕失掉了你的丈夫。

妻：(微微點頭)

師：先生，你聽見及了解太太的經驗嗎？

夫：她的恐懼是不必要的。

師：不管太太的恐懼是否必要，請你現在看一看妻子，能否接觸及體會她難過的情緒？她很重視你在她心目中的位置，需要一點安全的肯定。(此時此刻)(太太不斷點頭)

夫：我想肯定她的，我就是知道她容易擔憂，所以我才不將我的煩惱告訴她，免她擔憂。

師：哦，原來你的沉默代表你對太太的保護。

夫：對，我就是不想她煩惱，一個人煩惱已經夠糟，不需要兩個人一起煩惱，況且，我習慣煩惱時自己靜下來，自己解決。

師：「靜下來」對你有些什麼幫助呢？

夫：我要靜下來，免得自己受不了，亂發脾氣，我不喜歡家無寧日。

師：明白了，你喜歡安寧，所以用沉默的方法，保護自己以及家庭的安寧。

夫：對。

師：安寧對你來說代表些什麼，有這麼重要嗎？

夫：每逢看見家裏嘈吵衝突，我就無能為力，我會覺得自己沒用。我很渴望一家人開開心心，和和平平。

師：這個渴望在從前曾否得到滿足呢？

夫：從來都得不到，所以我更悲觀，更退縮。因此太太一大聲，我就無能為力，想找個洞躲起來。

師：太太，你聽見了嗎？先生的沉默代表他的惶恐，恐怕衝突中無能為力，他想保護家庭氣氛和安寧。……

當治療師協助雙方解讀負面互動模式下的惶恐、焦慮，雙方便在治療師營造的安全情景下理解對方的深層需要，激發互相諒解和接納。治療師再促進夫婦二人的正面表達，讓雙方經驗被接納和安全的連繫，先前焦慮、自動和急躁的惡性循環便被新的經驗取替了。

有時候，在配偶面前做一些深層的跨代情緒治療，會使雙方有更深的認識和體諒。一個人能赤裸地承認和剖白自己的脆弱，獲得對方的接納和諒解，這就是親密關係的本質。彼此脆弱赤裸相見，也就是布伯（Martin Buber）所謂「我與你」（I-Thou）相遇的意義。

所以，筆者體會到 EFT 的治療歷程有如編織毛衣的高針和低針步法，凡打毛衣，必須有此基礎步，其他什麼圖案、花紋、領口、衣袖、形狀、大小，就附以其他治療理論一起編織上去。EFT 是婚姻治療歷程中協助二人披露的基本功。

基於前述，二人系統的張力最大，親疏互動拉鋸最複雜，加上跨代的情緒流傳，個人不免承擔了一些成長的未了事，而出現情緒過敏反應。筆者察覺

EFT 其實是婚姻治療的基本針法，有效協助案主在不同時段冷靜下來，觀照自己內心的情感變化和焦慮反應，因而，更有勇氣接觸自我的真相，以及與對方相遇。

可是，筆者體會到單靠情緒取向治療法是不足夠的，因為不同的家庭發展階段、不同的情境脈絡以及個別人士的成長層次，對婚姻關係質素期望的層次有所不同。在不同時候，要穿插整合其他治療方法，治療過程方告圓滿。

5.3 婚姻與家庭治療的知識論整合

筆者不畏才疏學淺，嘗試精簡勾劃不同家庭治療學派的定位，以及對婚姻治療的貢獻，雖說精簡，仍不免長篇大論。在家庭治療理論發展以來背後承受着多層次知識論基石的移位，為了概括總結一些基本觀察，將其實務應用的意念列於右頁圖表，給大家提供進一步的反思和參考。

5.3.1 不同知識論對婚姻及家庭治療意念的實務應用

不同知識論對婚姻及家庭治療意念的實務應用

	個人治療取向	系統理論取向	第二序人工頭腦學	後現代建構主義取向
問題的定義	人內在的矛盾	家庭互動關係失調	家庭互動關係失調	語言建構問題
誰去定義婚姻家庭問題	治療師（站在專家的地位）	治療師（站在專家的地位）	治療師與受助家庭互動產生	治療師與家庭共創
治療關係	專家—病人的上下層級關係	專家—病人的上下層級關係	治療師與家人互相影響的平等關係	受助家庭是專家 治療師作為探索者，共創互動的關係
治療取向手法	清除個人病症 消除發病成因	改變互動模式	改變互動模式 改變對問題的想法	重構有「問題」的故事 重新賦予新意義
治療與情境的關係	問題與情境脈絡無關	問題在情境脈絡之內	問題時刻在互動情境脈絡中重賦意義	問題是人失去自我主體，被脈絡情境賦予極權意義所吞噬
思維方式	線性邏輯	系統循環互動	系統循環互動	重視歷程的建構力量
世界觀	線性邏輯因果論	循環因果論	循環因果論	多重現實論

5.3.2 各家庭治療學派的理念整合

美國經歷自 1950 年代以來，東西岸各式學者研究、實驗，創出不同家庭治療學派，歷程中添加了意大利和澳洲治療師的心得和衝擊，一連翻了幾個筋斗，實在是五花八門，十分精彩。但是對於初學者來說，如何迅速掌握這五十多年各派成果，又如何進一步學習鑽研？這是筆者在大學教學時常被學生問及的問題，也是筆者在英、美，香港周遊學習之後積存一箱一箱文章、筆記、書籍所興起的疑問。長年苦思不果，忽然有一天，一幅圖畫自然浮現出來，有如一把小傘，把各家各派，清楚接合伸張（見頁 135 圖）。畫出圖畫，再多思想，喜悅得手舞足蹈，未知這幅圖畫是對是錯，亦可能有拙劣不是之處，可是，依圖畫來看，各家各派的分歧都可納入人自我內心多層次流動，以及外在多層次脈絡的軌跡，無出其右。無論各家各派的治療重點如何，都有許多共同之處。

敍事家庭治療的身分問句、經驗問句和立場意向性問句，相類似鮑恩的自我聚焦問句，也類近沙維雅的冰山歷程問句。敍事治療法的「獨特結果」（unique outcome），本質上跟尋解治療法的「例外問句」（exception questioning）十分相似；據聞，尋解問句的重修重點問句也是化自米蘭學派循環問句（circular questioning）的精髓，而循環問句也是各家各派必習的基本功夫。

至於問題與脈絡的關係，是各派幅員多寡的分別。家庭結構學派針對家庭結構脈絡對人產生的關係和影響；鮑恩和沙維雅學派針對內心渴求、情緒互動、溝通形態，即自我內在脈絡、二人關係脈絡，以及家庭歷史脈絡對心理產生的關係和影響；敍事治療學派也重視歷史脈絡，但較着重個人人生歷史和社會文化論述的脈絡，以及這些脈絡對人的關係和影響。

各派家庭治療對家庭問題的看法

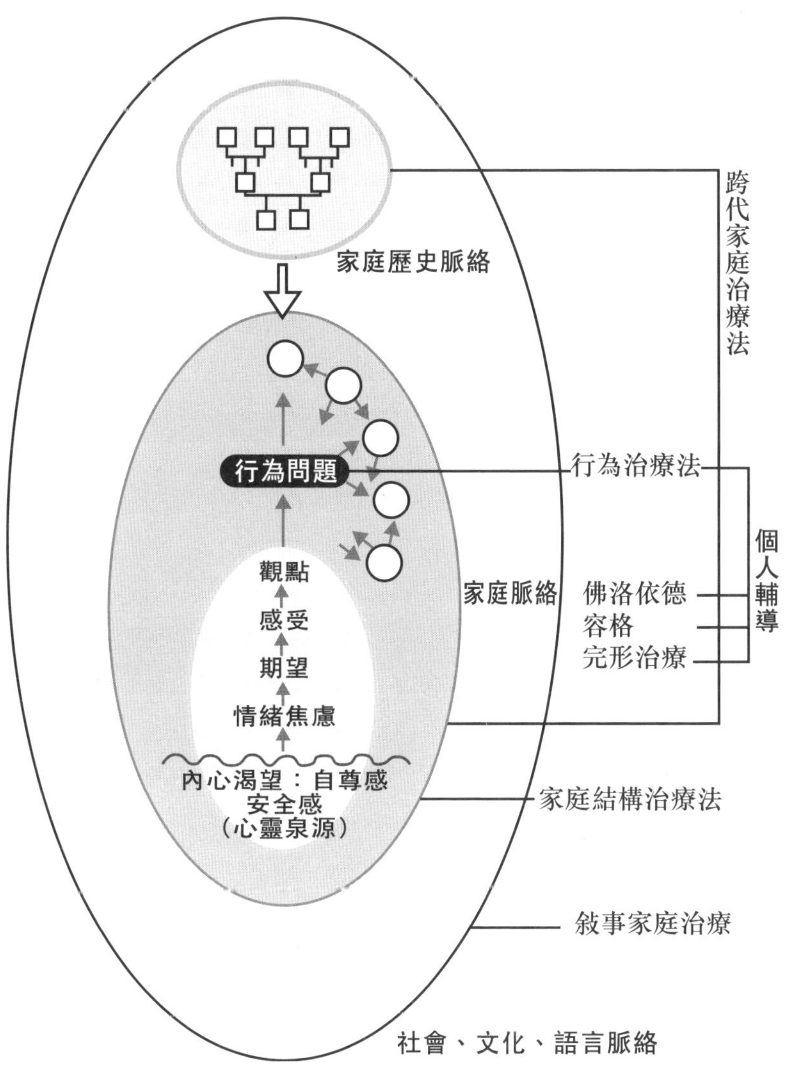

不同家庭治療模式着重處理的層面

	鮑恩家庭治療	沙維雅家庭治療	結構派家庭治療	策略派家庭治療	尋解家庭治療	米蘭家庭治療	敍事家庭治療
個人層面（內在心理流動）	√	√	x	x	x	x	√̸
接觸及疏解情緒經驗	√	√	x	x	√̸	x	√̸
互動行為模式的改變	√	√	√	√	√	√	√
提升對問題的洞察力	√	√	√̸	x	√̸	√̸	√
處理跨代流傳的未了事	√	√	x	x	x	x	x
意義重構	√	√	x	x	√̸	x	√

√ 該學派會試圖處理的層面
x 該學派不會處理的層面
√̸ 該學派在這層面處理不清晰，或模棱兩可

5.3.3 心理治療的限制

筆者的直覺思維跳出了一層囊括一層的個人及家庭系統脈絡的延伸圖畫，心裏十分雀躍。及後，有機會閱讀到肯恩．威爾伯（Ken Wilber, 2000）的《靈性復興——科學與宗教的整合道路》一書。該書甚有洞見，嚴肅而有系統地追溯自理性主義抬頭以後，科學與宗教分家的歷史局面，進而有系統地探究將二者圓滿整合的道路。心理學自科學革命以後一直處於一個尷尬地位。人的

心理行為不單純是一系列可觀察、可記錄、可量化、可尋求重複和實證的機械行為，人類行為背後有其心理和心靈的驅策力，人的心理：意識和潛意識，以至心靈的神祕經驗，全部貫徹為一整體，身、心、靈不能分割。可是，自從科學主義及理性主義抬頭，人類的心靈經驗被懷疑和蔑視，打入冷宮。雖然如此，人類的經驗，愈接近苦難，愈不能單靠行為和思想改造來解釋及治療。譬如說，一個人在童年時期經歷嚴重性侵犯，影響他與異性的親密關係，裏面包含心靈痛苦的向度，甚至對人間欠缺公義公平的質疑。又譬如，婚外情直接打擊人對信任、對愛和委身的了解，自我可靠、忠信程度的矛盾、惶恐、罪疚及悔恨的心情。又譬如，一個人經歷離婚的創痛，掀起了他對整個人生歷史的反問，為何我當初會愛上他？第一個抉擇是否一場虛謊？過去數十年的歷史是否白白浪費？愛是否真實存在？為何偏偏選中我？人生有何意義？當受助者自然地興起這些人類內心的反問和心靈的掙扎，心理學家在此忽然畫上一條死線，自動發黑（black out）說：「這不是我的範疇。」惟有把人類經驗斬件處理。

5.3.4 前現代層層環擁的世界觀

肯恩．威爾伯是近代的哲學家和思想家，他誠懇地為自然、文化、宇宙和知識的貫串整合尋找整全的理論。威爾伯提出對托馬斯．孔恩（Thomas Kuhn, 1962）《科學的結構》一書的討論，這本書基本上是近年科學哲學方面一本最具權威的著作，廣泛地被援引採用。威爾伯中肯地揭示出，現代的自戀精神嚴重曲解了孔恩的觀念，尤其是孔恩提出知識範式（paradigm）的觀念。

威爾伯先生說：「此書大概變成了本世紀最具影響力的被曲解之作，它的流行人氣，大部分起於積非成是，亦即對其核心結論的巨大誤解。今天，許多史學家都同意，這種誤讀大多源於 1960 年代『自我世代』（Me Generation）的那股自戀情懷。」（威爾伯，2000，頁 68）

威爾伯先生繼續評論說，「『新典範』的主張者如下：新占星術、生態女性主義……系統論……後現代結構主義、量子心理治療、解構、新榮格心理學、導靈論（channeling）……巫術（wizca）、手相學和網際網路。

「孔恩自己對上述現象愈來愈憂心，也提出了一系列強而有力的論述，想減低曲解所造成的損傷，不過，一切努力皆屬徒然，大多數援引孔恩和引用『典範』這個詞彙的人，甚至不曉得孔恩早已拋棄了這個詞彙。」（威爾伯，2000，頁 70）

讀到這裏，我們意識到社會科學也許一樣誤讀了孔恩「典範」一詞的意思。事實上，「孔恩用這個詞『典範』一方面指涉已然成形和受青睞的解決方案，這些方案成為如何建立科學常規的模範（此乃常規成分，包括一套範例、實驗或指令）；另一方面，這個詞也指涉了局部的社會結構，這個社會結構透過教導、獎勵等措施，維繫上述常規標準的適切營運（此即社會成分，它也是一套指令及或社會常規）。」（威爾伯，2000，頁 71）

威爾伯主張以「存有巨巢」（Great Nest of Being）的了解去整合科學與宗教的道路。而這個思想根源自比較宗教學世界權威休斯頓．史密斯（Huston Smith）「存有巨鏈」的思想。而存有巨鏈的思想，一直是前現代的核心世界觀。

威爾伯的「存有巨巢」觀念，萬物是一個層層環擁的巨巢，「每個較上層的向度涵養環擁着它下層的向度，這種狀況常常會被描述為『既超越又包涵』。靈性超越了靈魂，卻包涵着靈魂；靈魂超越了心靈，卻包涵着心靈；心靈超越了身體，卻包涵了身體；身體超越了物質，卻又包涵着物質，這正是何以巨巢可以確切圖示為一連串的同心圓或同心球（見下圖）。」（威爾伯，2000，頁40）

存有巨巢（The Great Nest of Being）

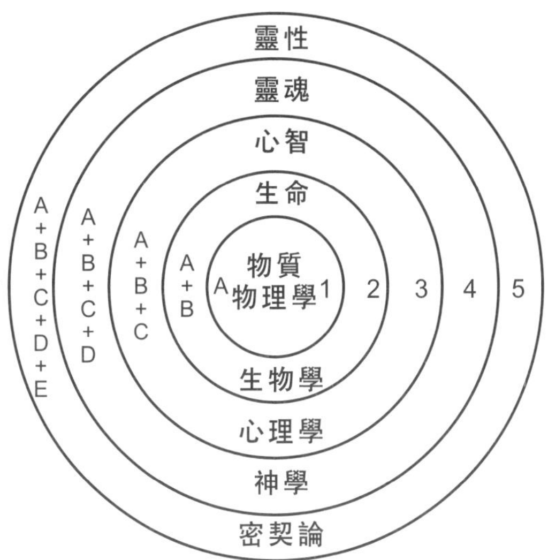

感謝威爾伯「存有巨巢」的觀念，由此，我們更容易明白，為何生物學家貝塔朗菲（Bertalanffy）對生物學系統存有的觀察，會對家庭互動系統有所幫助，因為人類學、心理學是既超越又環擁生物學的。與此同時，沙維雅冰山理論實在是她的直覺思維指示了人類行為的深層架構，穿越心理、意志，直達人類宇宙性的心靈渴望。尤其在婚姻治療方面，二人的相愛，常常牽涉心靈層次的憧憬和苦境，人類相愛的本質及慾望，在存有巨巢中，有時超越了純心理層次，提升到哲學和神學的層次。

在此，筆者發現有關不同個人治療及家庭治療學派對家庭問題看法的圖解（頁 135 圖），與威爾伯「存有巨巢」（頁 139 圖）的觀念，不謀而合，也是一種層層環擁的存有巨巢的概念，而每一層的外皮就是該層人生現實的脈絡。

傳統個人治療學派，主要集中在人的內在心理系統和外顯的行為系統，往外推一層，就是一個個人的互動結構系統，這就是家庭結構治療法所座落的位置。家庭結構治療法單單集中處理家庭成員在這一層現實所彰顯的問題。而沙維雅就由內在心靈、心理層次，一直推廣至家庭系統互動的結構層次，甚至再推廣至家庭結構上一層的家庭歷史層次。沙維雅和鮑恩的治療法都是由內在情緒流動、心理結構，推延至外在家庭系統結構，以至於家庭歷史跨代流傳的現實層次，治療在這些層次往返來回。而敍事治療法由個人歷史的主觀建構，推延至社會文化脈絡的主題和信念，在二者互動之間重構生命故事。敍事治療法較少針對家庭結構和組織，也不會深入個人內在心理系統的成長焦慮，也沒有建立安全感、自尊感這些想法，而較多集中對個人思維觀點的轉移，因而達成對個人歷史故事的重構。

如是觀之，無論初學者或久學者，也可尋出一個理路分明的了解。就是其他筆者未有詳述的家庭治療學派，如精要治療學派、米蘭家庭治療學派，也可以立即在「各派家庭治療對家庭問題的看法」一圖中（頁 135），找到該學派座落的位置和層次。有心進修家庭及婚姻治療的輔導員、治療師、社會工作者、心理學家，可以進而精通廣博的學習，再融合貫通一套適合自己個人風格的治療模式，毋須規限於門派之見以及意氣之爭。話雖如此，每一派別都有其洞見、理論和複雜的臨牀技術。「為學要如金字塔，要能博大要能高」——這也許同樣是學習家庭治療與婚姻治療的座右銘。

Marital

第6章

婚姻治療的理論藍圖

Family Therapy

6.1 何謂婚姻問題？

6.1.1 婚姻問題是二人差異難以調節的困難
6.1.2 認識二人差異的各個層面因素
6.1.3 婚姻問題是調節期望和失望的問題
6.1.4 婚姻問題是跨代未了事的後遺症
6.1.5 婚姻問題是二人互相融合的能力在家庭發展及社會文化脈絡的衝擊下產生變化
6.1.6 婚姻問題是二人生活意義的解讀問題

6.2 婚姻治療的目標

6.2.1 關係健康基於個人健康
6.2.2 健康婚姻關係的評估
6.2.3 促成健康關係的個人素質
6.2.4 婚姻治療：「關係」與「自我」的輕重權衡

筆者在本書開首已陳述了婚姻治療與家庭治療的發展關係，又比較和整合出不同家庭治療學派對婚姻治療的貢獻，同時從不同的知識基石，以及存有巨巢的觀念，去勾劃和整合不同家庭治療學派座落的位置和層次，讓初學者和執業員找出自己的專業取向。現在讓我嘗試就婚姻系統的特徵、臨牀實務觀察及各學派理論的研究，歸納出我在輔導室常用的實務和理論藍圖。

6.1 何謂婚姻問題？

何謂婚姻問題？婚姻治療師第一個要透徹反省的問題就是「何謂婚姻問題」。在婚姻關係上發生爭執？二人性格不合？雙方對彼此愛護不足？二人愛意褪色？婚姻關係中出現第三者？凡此種種，可能都是婚姻問題的表徵，可是，對於一個治療師來説，卻還未有在臨牀實務上説清楚整個問題，帶來實務指引。

6.1.1 婚姻問題是二人差異難以調節的困難

二人來自不同的家庭背景。有着不同的家規、習慣、生活方式、價值取向，必定有差異出現，分歧是正常而自然的事。所以，婚姻問題主要是二人學習如何處理和調節分歧的問題。

從二人如何處理分歧的角度，治療師在面對夫婦衝突時暫時離開「誰對誰錯，誰好誰壞」（Guerin, Fay, Burden and Kautto, 1987, p.28）的線性思想模式，進而尋索二人互動關係帶來的困難。

舉例說：丈夫喜歡晚睡，太太喜歡早睡，倘若治療師掉進「對與錯」的陷阱，就會思想早睡較好，抑或遲睡較好。治療師可能會用「早睡早起身體好」的精神健康理論，勸導丈夫調節自己睡眠的時間，盡量早睡；又或者治療師本人也習慣遲睡，於是十分同情丈夫難以早睡的困擾，就會促進太太體諒丈夫的困難，請太太接納丈夫遲睡。這兩個取向都下意識介入早睡或遲睡更好的決定系統，偏幫夫婦其中一方的意願。所以，治療師要小心省察自己在生活細節上採取抽離的立場，目的是協助二人藉着一件分歧事件，去認識二人的分歧所在，並在互動中尋求這對夫婦的差異如何衍生？什麼情況之下要改善？什麼情況之下要接納？再尋求二人的共識。

6.1.2 認識二人差異的各個層面因素

在筆者的治療實務經驗中，從臨牀個案中發現了夫婦分歧的各層面因素：

（一） 個人因素

1. 自我穩定程度：
   - 自尊心太強、太弱
   - 缺乏安全感
   - 被愛的經驗貧乏
2. 個人適應能力強、弱：
   - 生活實務能力
   - 壓力處理能力
   - 焦慮 / 憂慮處理能力
   - 憤怒及情緒處理的能力

（二） 二人互動的性別和性情因素

1. 性別分歧
2. 個性取向
3. 親疏的需要相撞

(三) 二人互動的能力因素

1. 二人溝通能力的強弱
2. 二人處理衝突能力的強弱

(四) 深層的二人互動因素

1. 二人情緒掛鉤，彼此窒息
2. 二人負面互動，產生惡性循環
3. 跨代未了事，造成情緒過敏，產生惡性循環

(五) 家庭發展的外在壓力因素

1. 親友疾病、死亡、傷殘
2. 中年危機
3. 工作升遷、失意、失業
4. 財務困擾
5. 家庭成員變遷

(六) 人生信念的衝突因素

1. 愛情觀
2. 人生的優先次序
3. 家庭觀念及育兒信念

上述不同層次的衝突可以以下面圖表清楚表達，更加一目了然。

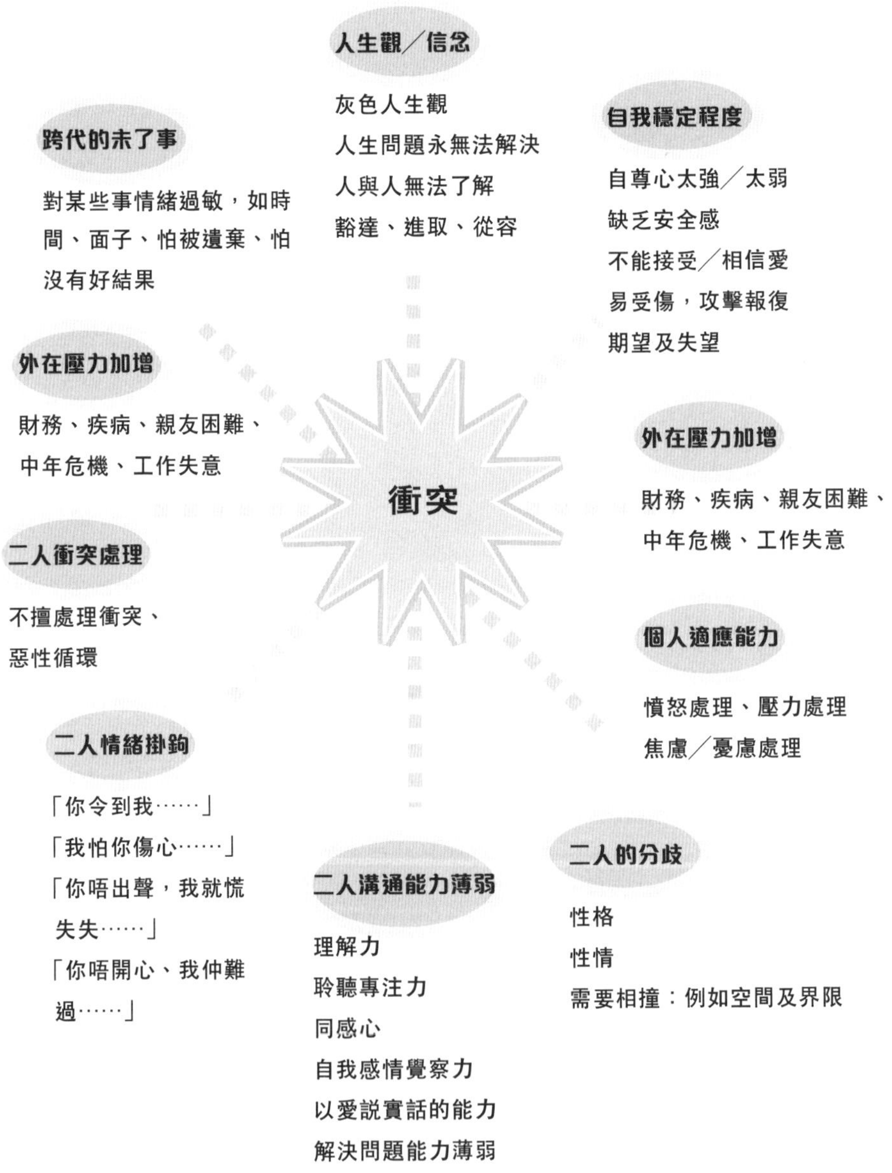

衝突

人生觀／信念

灰色人生觀
人生問題永無法解決
人與人無法了解
豁達、進取、從容

自我穩定程度

自尊心太強／太弱
缺乏安全感
不能接受／相信愛
易受傷，攻擊報復
期望及失望

外在壓力加增

財務、疾病、親友困難、中年危機、工作失意

個人適應能力

憤怒處理、壓力處理
焦慮／憂慮處理

二人的分歧

性格
性情
需要相撞：例如空間及界限

二人溝通能力薄弱

理解力
聆聽專注力
同感心
自我感情覺察力
以愛說實話的能力
解決問題能力薄弱

二人情緒掛鉤

「你令到我……」
「我怕你傷心……」
「你唔出聲，我就慌失失……」
「你唔開心、我仲難過……」

二人衝突處理

不擅處理衝突、惡性循環

外在壓力加增

財務、疾病、親友困難、中年危機、工作失意

跨代的未了事

對某些事情緒過敏，如時間、面子、怕被遺棄、怕沒有好結果

初任婚姻治療師，很容易踩進一個陷阱，就是會被夫婦間累積多年的種種抱怨，或者公説公有理、婆説婆有理，搞得暈頭轉向。筆者基於家庭治療理論和實務觀察，整理出上述多層次、多角度的衝突面向，正符合後現代對現實多面向的觀察。

治療師協助夫婦覺察及認識問題來源及層次之後，就利用實務歷程去協助夫婦在互動衍生新的行為模式及互動模式，在實務介入技巧上，及後會再作出詳細討論。

6.1.3 婚姻問題是調節期望和失望的問題

筆者曾作出一個離婚心路歷程研究。婚姻關係的矛盾並非單單是調節分歧困難；調節分歧的困難，又來自二人是否樂意去調節和處理困難。一個人有沒有動力去應付、調節和接納與伴侶的分歧，關鍵是彼此內心有意識和無意識的期望。當內心的期望碰撞到現實的差距，內心便產生反抗，企圖改變現實、改變對方；若屢次無法把現實依自己的理想改變，便開始產生沮喪和失望，婚姻滿足感便會因此而不斷滑坡（Fok, 2000）。及早調節期望與失望的差距，是維繫二人關係的動力，彈性和盼望的關鍵。

筆者曾經就夫婦離異的心路歷程作出研究，發現二人親密關係滿足感向上或向下發展的關鍵，主要是一個期望與失望調節的歷程。

舉例説，A 君選擇嫁 B 君，因為她希望獲得舒適和保障的家，可是，結婚多年後，A 君發現 B 君比較隨遇而安，不樂意進修、積蓄、改善生活，A 君內心就不斷埋怨，對 B 君加以挑剔和責備，每逢與朋友和妯娌比較，內心的不滿和失望就會加增。

反過來說，B 君與 A 君結婚，是期望 A 君熱心負責，令他可以享受快樂的家庭生活。快樂的家庭生活就是自由自在，不用應付壓力，因為家庭就像一個自由舒暢的安樂窩。豈料婚後，太太不斷催促自己進修，經常透露嫌棄和挑剔的情緒。B 君覺得家庭是排斥自己的壓力窩，與自己的期望相差太遠，內心累積憤怒和失望。

倘若有一天發生一件事件，B 君在公司因為不會應變，一時大意，被人事政治的漩渦陷害，被老闆解僱，A 君期望舒適和受保障的家庭理想受到更大打擊，對 B 君完全絕望，對 B 君大加埋怨訓斥。B 君在人生際遇難過時，期望安慰和諒解，反過來，妻子雪上加霜，於是二人掉進絕望的絕境。二人的互動關係更形惡化，婚姻滿足感每況愈下，碰上激動起來，一時吵嘴，彼此重傷，喊出「離婚」或「分開」的念頭，形成二人關係在重複又重複的失望中瀕臨決裂。

在研究中，筆者嘗試剖析個人在親密關係如何應付期望和失望的衝擊，可以作這樣的理解（見頁 151 圖）。

個人有能力在面對現實時，不斷調節理想和期望

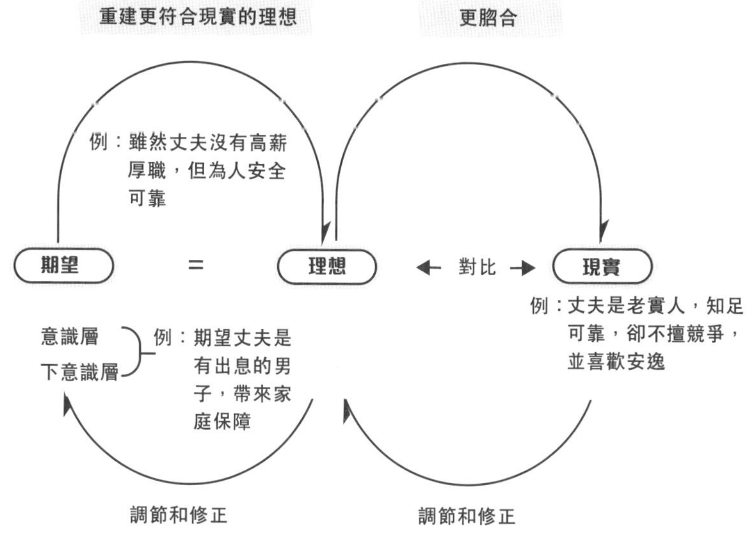

個人在面對理想和現實的差距時，拒絕接納，產生迷惘和認知失調

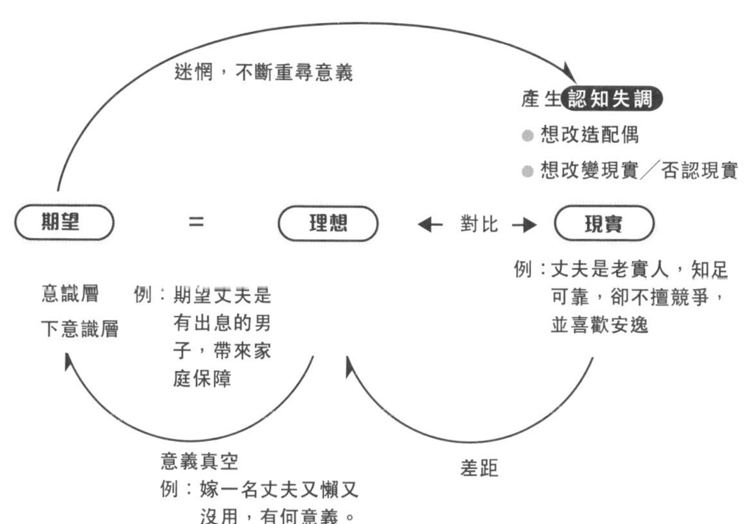

（擇自 Unravelling the Riddle of Decision to Divorce through the Narrative Accounts of Divorced Worker, Fok, 碩士論文研究）

夫婦一次又一次不能調節現實和期望的差距，就會產生期望到幻滅的婚姻互動歷程。見下圖的詳盡剖析：

夫婦從期望到幻滅互動歷程的系統分析

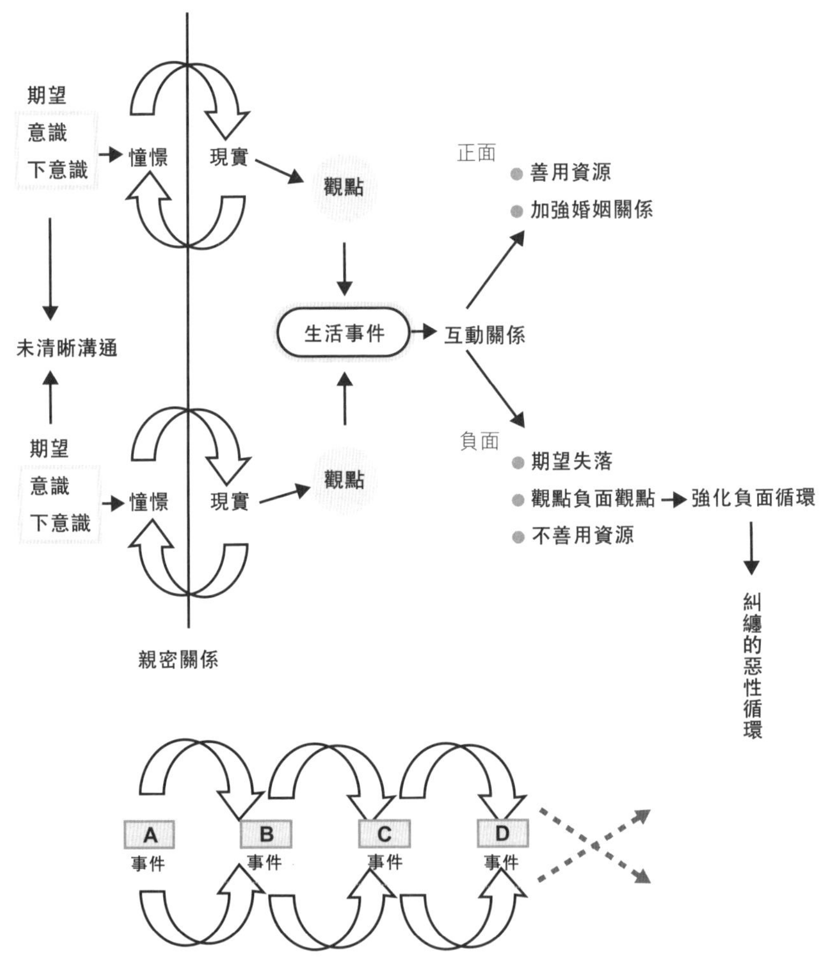

生活事件會具體地彰顯及帶動期望與失望的調節歷史

（霍玉蓮，（2000），〈從離婚女士的自述解開離婚決定之謎〉。）

所以，治療師處理婚姻問題，要追溯夫婦意識到和未意識到的期望，並追蹤一些惡化了的、產生失望情緒的事件，從而掌握二人在期望與失望歷程的高低起伏，訂出合適的介入策略。

6.1.4 婚姻問題是跨代未了事的後遺症

在二人親密關係中，二人處理分歧，受到二人的能力、動力和期望所影響；二人的能力、動力和期望又常常受到一個人成長經驗和跨代未了事所操控、牽引。

師承跨代家庭治療傳統的婚姻及家庭治療師大衛．菲文（David Freeman, 1992, ch.2），就婚姻治療理論作出以下假設：

1. 沒有任何人在長大結婚後能完全離開原生家庭的成長經驗，這成長經驗或多或少留下一點自我成長的未了事。
2. 個人在伴侶親密關係中，會下意識去完成我們在原生家庭未完全獲得滿足的情感需要。
3. 當我們離開原生家庭而踏進自選結合的新家庭中，我們會下意識地將原生家庭遭遇到的忠誠、責任、情緒、心債、親密關係中的依戀、遺憾，也一併帶進新家庭，在類似情況下繼續追求圓滿。
4. 一個人在原生家庭從來沒有領受的，自然無法在婚姻關係中付出。例如：一個人在破碎家庭中從未經歷被照顧或被保護，就沒有能力或不懂得何謂照顧及保護配偶。
5. 與人建立親密關係是很深刻和複雜的事情，個人未能處理原生家庭成長中的親密經驗，與另一人產生健康的親密關係便有困難。

6. 許多時候，親密關係出現問題不一定是個人缺乏委身、愛心、關懷，更多時候是由於個人未曾處理過去的未了事。
7. 與他人建立親密關係是一段漫長的歷程，是依個人的年歲和成熟程度而發展出來，並非一夜間可以完成。

David Freeman 上述七點假設[(1)]，在認識婚姻關係的深層問題上實在有很高遠的洞察。他採用了許多跨代家庭治療理論的概念，去理解二人在婚姻中的互動關係。何謂跨代家庭未了事？筆者將會在第八章「深層治療」的探討中，附以個案，詳細闡述，幫助讀者容易理解。

6.1.5 婚姻問題是二人互相融合的能力在家庭發展及社會文化脈絡的衝擊下產生變化

西方學者（Carter and McGoldrick, 1980, 1988）在家庭生活發展周期的研究上，對現代家庭治療模式產生很大的貢獻。家庭生活發展周期對婚姻關係最少產生兩方面的挑戰：

1. 每個家庭成員個人的發展需要與整體家庭發展需要的相撞或相融；
2. 二人婚姻系統在遇到家庭生活發展各階段的變化和事件如何適應。

（一） 家庭成員各自發展需要的相撞與相融

舉例說，基於香港的特殊經濟情況及社會文化背景，不少年紀大的成年男士到中國大陸娶一個漂亮的年輕妻子，出現老夫少妻的家庭現象。從個人成長發展需要與家庭整體發展需要方面來看，便產生許多相撞和不相融的地方。

在個人成長階段的發展任務上，學者大多參考艾力遜（Erik Erikson）的人生八階段。參下圖：

年齡	人生階段的發展任務		
0-1	信任	對比	猜疑（Trust vs Distrust）
2-3	自主	對比	羞恥感（Autonomy vs Shame）
4-5	進取	對比	內疚（Initiative vs Guilt）
6-11	勤業	對比	自卑（Industry vs Inferiority）
12-20	確立身分	對比	身分迷亂（Identity vs Confusion）
21-40	親密	對比	孤獨（Intimacy vs Isolation）
41-59	創建	對比	停滯（Generativity vs Stagnation）
60以上	人格整合	對比	沮喪（Integrity vs Despair）

家庭有如一個有機體，在家庭生命周期的不同階段要集中完成不同的任務。參考下圖：

階段	起始	發展任務
獨立成年人 (independent adult)	一個人生活	工作：第一份全職工作，工作上具自主權，維持良好的同事關係。 居住：為自己的獨立生活負起責任。 人際：和他人關係的協調性，維持同性朋友間的友誼及異性朋友間的親密度。 情感：情感滋潤，建立宗教信仰。
婚姻家庭 (marital family)	兩個獨立個體相互吸引，進而結婚	生活：夫妻間的相互協調，彼此支持。 未來：家庭計劃，生涯規劃。 居住：有能力購屋，選擇居家環境及鄰居。
擁有新生兒的家庭 (infant family)	第一個孩子出生	經濟：重新調整及配置。 關係：重心放在新生兒，夫妻關係及角色扮演再調整，責任重新分配，和配偶原生家庭的親屬建立良好關係。
學齡前 (preschool family)	第一個孩子會走路	情感：需求度的拿捏，花費在家庭成員個別的時間比重。 角色：父母親的角色，個人時間的運用。 關係：親友間的連結，社會資源的運用。
學齡期 (grade school family)	第一個孩子開始上學	教育：對孩子的支持，學校活動的參與，性教育的開始。 夫妻：配偶間的相互支持，對未來的計劃，再進修。

階段	起始	發展任務
青春期家庭 (adolescent family)	第一個孩子已經13歲	關係：朋友間的維繫。 經濟：給子女教育等方面的經濟支持，經濟上的壓力。 溝通：規範與自由之間的協調，討論「性」話題，感受、意見的溝通。 關係：維持配偶及家庭親友關係網絡。
起飛期家庭 (launching family)	第一個孩子高中畢業	經濟：提供相關資源及生活空間自由。 溝通：工作、情感的討論與支持，角色的再調整。 規範：讓孩子在家中找尋所要的自由空間。 關係：和朋友間的關係更加深切。
空巢期家庭 (empty-nest family)	最小的孩子結婚或離家工作而不與父母同住	變遷：生理的改變及飲食運動方面的調配。 角色：作為一個充電站，提供意見、傾聽、支持等。 關係：照顧年老父母，維持親友間的互動關係。 規劃：為了自我發展而學習新的事物。
退休期 (retired family)	其中一個配偶或兩人皆退休	生活：為自己的健康而努力，面對父母親的死亡調適。 角色：調適不工作的日子，重新調整與成年子女的關係。 關係：親友關係的維持。 經濟：來源缺乏時的打算，生活目標再訂定，實現夢想。
老年期 (elderly family)	80歲以上，可能已失去老邁配偶	健康：健康及醫療成本的配置。 居住：住所的改變，居住護理安老院或與子女同住。 生活：日常生活規律化。 關係：談論死亡，面對配偶死亡及心理調適。

(上圖資料改編自吳就君，《婚姻與家庭》，1999，5-32 至 5-34 頁)

參考了個人成長和家庭生命周期不同的發展任務，回到剛才引述的老夫少妻個案。假設丈夫現年 60 歲，妻子 30 歲，兒子剛滿兩歲，三個人各自處於生命成長不同的發展階段，同時又要共同推展他們建立家庭的生活發展任務。參考下圖：

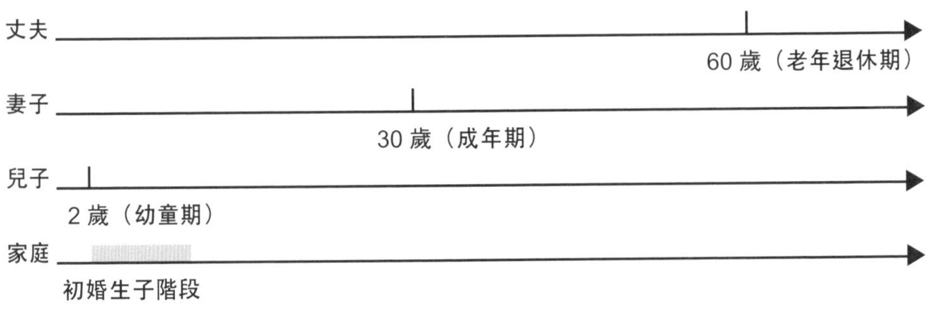

丈夫的成長發展任務	年老退休，享受人生收穫，總結人生經驗，產生人格整合圓滿的滿足感，否則滿懷沮喪。
妻子的成長發展任務	踏入成年期，渴望追求親密，建立人生事業和夢想。
兒子的成長發展任務	幼童期：需要父母雙親緊密連繫，全時間照顧，建立安全感。
家庭的生活發展任務	初婚生子，有很多生活任務，需要學習照顧幼童，適應二人新婚關係，適應勞心勞力的父母角色，合作撫養孩子。

稍一分析，就可以看見所有成員各自在人生發展上的需要，和家庭生活發展周期之間產生許多相撞。夫婦系統受到各方面的衝擊，自然強化張力，即使有真摯感情，也未必有能力承受各種衝擊。單就各自的發展階段及家庭生活發展階段，就已經可以預測婚姻問題的出現。

（二） 二人系統的適應力和抗逆力

婚姻問題與家庭問題，關鍵在於伴侶的二人系統對家庭變遷產生的適應力和抗逆力。假若一對伴侶三十歲結婚，活到七十歲，二人同行的家庭歷史大概四十年。四十年中，家庭成員出生、離世、死亡、患病以及事業升沉、社會環境變遷、經濟衰退等各樣事情，會直接挑戰夫婦系統的適應力和承受力。

中國傳統古語對夫婦系統的承受力曾經這樣慨歎：「夫妻本是同林鳥，大難臨頭各自飛。」夫婦系統的適應和凝聚力，在重重外加壓力底下會演變成婚姻問題，需要強化、調節和修補。

水平和垂直的壓力源

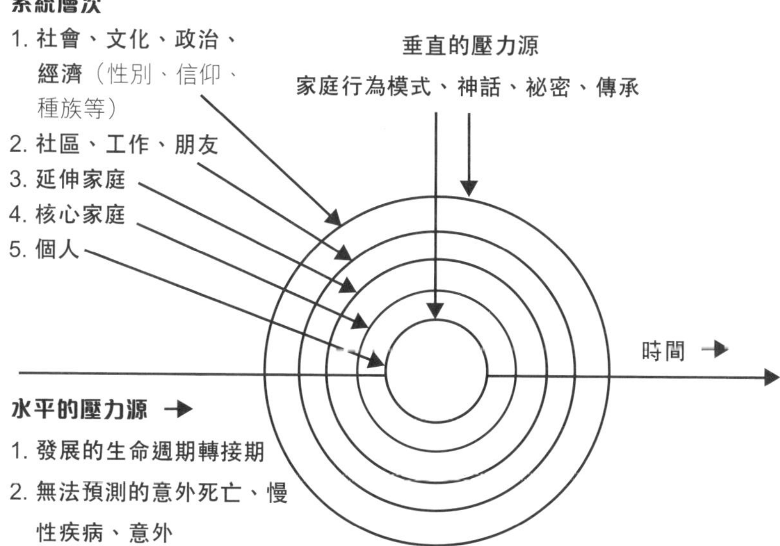

（資料來源：Goldenberg and Goldenberg, 1999, p.34）

6.1.6 婚姻問題是二人生活意義的解讀問題

在層層遞增的架構分析底下，我想進一步剖析婚姻問題主要是伴侶二人對生活意義解讀的問題。試想一想，二人系統脆弱，分歧不能疏解，又盛載着種種跨代未了情意結，在家庭生活發展中屢受衝擊，會形成十年八年也化解不了的怨恨事件，也可稱為「有毒事件」（Guerin, 1987, p.234-245）。在婚姻關係中形成的「毒素」，在治療過程中需要小心的排毒和解毒，才可給二人關係換血，重建關係的活力。

家庭事件之所以成為「有毒事件」，最主要關鍵在於二人對於事件的解讀。舉例說：一位太太在家公去世的時候賣力幫助整個喪葬過程，可是卻遭到丈夫的叔伯嬸母排斥，更在公開場面當眾奚落她：「你這麼獻殷勤，有何企圖？」太太的丈夫當時緘默無言。在丈夫的角度，只希望息事寧人，但在妻子的經歷中，卻解讀為丈夫不信任自己的善意，更偏幫他自己的親人，形成二人無限的傷痛和怨恨。由於夫婦二人對這事件意義不同的詮釋，大大障礙了夫妻二人日後的互信交往。

個人對事件的解讀，往往比事情的內容或事件大小來得更重要。一個正面或開放的解讀可以促進夫妻進一步的溝通和諒解，一個封閉或負面的意義解讀可以成為婚姻關係的癌細胞，無聲無息的蔓延和擴散。

婚姻治療師深層而切中要害的任務是搜尋婚姻中的有毒事件，拆解當中的詮釋，幫助夫婦重新解讀歷史上累積的負面意義，重構新的關係。

後現代取向的治療師包括米高維、Goolishian 和 Tom Anderson 都一致認為，人類問題主要是由社會文化和社會語言所建構出來，語言並非天真無邪的（language is not innocent）。筆者醉心文學，十分理解語言建構現實和重構現實的能力，所以社會流行文化、社會主流價值觀大大影響個人在婚姻關係的期望，並如何解讀自己的婚姻經驗。例如，二十年前，「頂天立地的男子漢要負責任」、「不可辜負人」等社會文化主流，令許多人在婚姻關係滿足感低落的情況下有能力自我調節，自我解慰，渡過重大的家庭生活壓力難關，夫婦又可重拾舊歡。二十一世紀的今天，親密關係的主流論述是追求感覺、拒絕責任，於是，很多剛過三十歲的年輕夫婦，經驗婚姻關係感情褪色、感情沉悶的時候，即使未曾遇到什麼配偶不忠或重大苦楚，都會產生疑問：「我對配偶『冇feel』，我們是否已失去感情？沒有了感情，為何要捱下去？我是否對自己不夠真誠？」年輕夫婦感到感情生活不滿足，立即解讀為錯誤選擇對象，或者害怕耽誤青春，趕快掙脫關係，還我自由。

所以，社會文本的主流論述，社會文化思潮承載的愛情觀、婚姻觀與個人的文化價值交接，醞釀出個人對婚姻生活意義的解讀。因此，優良的治療師必須掌握時代文化主流，也必須省察自己的意識形態，是如何受文化和社會論述所影響，才有能力更加成熟、中立，透徹地協助受助當事人認識自己內心的掙扎，重新解讀自己的人生經驗和婚姻經驗。

6.2 婚姻治療的目標

傳統以來，婚姻治療的目標是修補關係、挽救關係。受近代思潮影響，個人自由與婚姻關係形成「假對壘」局面，好像關係是毀滅個人自由，或窒礙個人自由發展似的。未有足夠的理論和研究表明個人如何在親密關係中獲得雕琢、充實和圓滿，或者個人在關係中受到創傷。不成熟的個體經常在關係中借助對方滿足自己病態、幼稚的心理需求，使人對關係的折磨產生畏懼。

因此，有一個嚴峻的問題：關係是促使個人更圓滿、更成熟、更懂得相愛和付出？抑或關係是一個使個體扭曲、折損和摧殘的場所？以致關係窒息閉塞，而個人也封閉、扭曲、生病、淌血？

一個負有人情倫理使命的婚姻治療師必須嚴肅面對上述的文化現象。

還有另一個使人心情沉重的問題，婚姻關係是提供下一代新生命滋養、成長的場所。所以，不良的婚姻關係建立殘缺的下一代，豐富的婚姻關係預告朝氣、活力和互助互愛的新社會。

對於未有兒女的年輕夫婦，以及已經養兒育女的夫婦，婚姻治療的層次和歷史導向亦有所不同。於是，婚姻治療師的首要目標是促進二人健康的親密關係，讓這二人關係成為滋潤個人及下一代的安全場所。婚姻治療師的責任是評估二人關係的健康狀況，從而協助夫婦二人：

1. 認識及覺察婚姻問題
2. 促進夫婦二人邁向健康親密關係的動機
3. 協助夫婦二人提升人生意義和對未來的希望
4. 挑戰及指導夫婦二人學習新的相處模式和技巧，邁向健康和成長。

要達成上述的治療任務，治療師要在治療歷程中作出準確評估，依循夫婦二人的願望和需要，挑戰和化解個人內在矛盾，來回穿梭於個人、關係與家庭、社會各脈絡系統之間的張力，尋求調節與平衡，強化及支援健康關係。

6.2.1 關係健康基於個人健康

(一) 裏外一致、情理兼容的人格理想及仁格主體

一個真正關心人類幸福及家庭發展的治療師，必定會發出一個問題：家庭治療或婚姻治療的目標是什麼？當一個治療師説要協助一對夫婦或一個家庭產生改變，治療師理想中是要帶動婚姻或家庭邁向什麼改變？

系統理論的確為心理治療師帶來一個嶄新而寬闊的局面，可是，系統理論受人工頭腦學影響，人工頭腦學來自控制導彈和火箭的通訊研究去發現通訊中自動回饋、自我平衡的機制。影響家庭治療知識基礎的人類學家貝臣（Gregory Bateson）曾在大戰時期在戰略署工作，借助數學和工程學的概念運用在社會科學和行為學上。這些聽起來機械化和冷冰冰的學問，應用在人的行為科學上，自然會有它的限制，所以系統理論自然會帶引家庭治療的目標邁向維持穩定、平衡功能、恢復角色和結構功能這些功能主義的目標上去。

在芸芸治療師之中，只有沙維雅、梅利鮑恩及米高維對治療目標帶有一些人性色彩。沙維雅主張協助案主達致裏外一致的人格素質（見第二章 2.2.3），鮑恩主張協助案主達致自主相繫，情理兼備的人格理想（見第二章 2.1.3），而米高維主張協助案主達致自主人生故事的仁格主體（見第二章 2.4.1）。由於治療目標是治療工作的靈魂，筆者試圖將這些治療大師的治療理想作一比較整合。

鮑恩對於人類行為的理想成長方向稱之為 Differentiation of Self，這是一個很重要的概念，貫串自我與關係的情緒流動，亦是一個幫助我們了解自我與系統關係的重要概念。早年，家庭治療興起時，為了堅立家庭治療有別於個

人治療，特別強調問題來自關係互動，甚至否定問題也可以來自人內在心理矛盾這一方面的真相。家庭治療再經過五十年的建立和發展，終於獲得確立和肯定，接受新的知識論的挑戰，自我內在心理世界也不一定被排斥在家庭治療界的門外。近十年來，不少家庭和婚姻治療師企圖對個人與關係系統作出整合的治療理論，卻沒有什麼成果，可能他們真的遺忘了帶領家庭治療起步的「先知」（*Family Therapy Networker*, March / April, 1991, p.25）和家庭治療運動的「哥倫布」（區，1999，頁 215）。既找不到他們早在數十年前已經留下的遺產，就難以協助建構個人與系統間的理論建構。

Differentiation of Self 是鮑恩家庭理論中提綱挈領的核心概念。鮑恩與沙維雅的家庭理論有一點相同之處，就是不會把家庭問題作為一種病態研究，而是強調尋找人類行為模式的普遍真理和成長方向。二人都同樣關心人類未來的發展方向和人類的福祉。沙維雅把人類的福祉和成長方向連繫在一些恆真的人文主義信念上，例如自由的個體、人有珍貴的自尊，需要被解放、被尊重等人本信念（見第二章第二節）。沙維雅敢於清晰表達自己治療手法背後的信念宣言，是一個忠誠、信實、表裏一致、透明度高的治療師應有的榜樣。然而，沙維雅對她的信念來源、概念之間的關係與理論之間的關係卻未有清楚論述。

鮑恩的 Differentiation of Self 的概念卻嚴謹地與他觀察人類共通的情緒流動法則連結在一起。扼要來說，人類行為多少受自己與其他人相交時的情緒互動法則所影響。人與人之間需要維持合適、舒服、安全的親密距離，因為人類渴望與他人連繫，而產生彼此間情緒掛鉤，互相影響。舉例說，一位太太不滿丈夫沒有欣賞她為他特意設計晚餐的心意，卻又害怕她的不滿會引來丈夫的拒絕，因而產生情緒焦慮；由於情緒焦慮和成長背境孕育的情緒習慣，會令人自動作出反應，諸如自動討好丈夫或自動爆發脾氣等。丈夫又由於想獲得太太的接納和親愛，感應到太太的情緒焦慮，而產生自動的情緒抽離、迎合或打擊等行為，去清除由於關係親近所產生的張力和焦慮。於是，二人情緒自動掛鉤和牽引，各自無法自主自立的行為，也無法真誠自在地與對方產生親密關係。在人倫關係的緊張焦慮狀況下，人亦無法找回自己的個性、人生目標和人生的確信及使命。

從上述人倫關係情緒流動的共通法則，觀察到人在親疏距離的矛盾中，如果無法恢復獨立自主，長期浸淫在情緒焦慮的狀態下，會使人的智能和情感麻木，一個人的自主相繫（Differentiation）的程度就會不斷下降，對他人的回應會更易被盲目的情緒籠罩，導致更多無法自制的激烈情緒反應或情緒麻木（Undifferentiation）。

要建立一個人的高度 Differentiation，包括縱橫兩個面向。縱向方面，要建立人類內在心理的自主、自由，以及有勇氣去接觸內在的痛苦及脆弱點。橫向方面，高度 Differentiation 的人有能力與人建立有意義的關係，求同存異、裏外一致（見頁 47 圖）。

由於這個概念含義濃縮，筆者建議 Differentiation of Self 一詞可譯為「獨立自主，以情相繫」，其實這個名詞也可以考慮翻譯為「情理兼容的成熟人格」、「自主相融的成熟人格」、「自主相繫的成熟人格」、「仁愛自主的成熟人格」等等。希望華人治療師可以互相切磋，參與這個翻譯。正如後現代建構主義所強調，語言建構現象，建立一套精確而傳情達意的語言去傳譯思想是十分重要的。

鮑恩「自主相繫」的人格理想，與沙維雅裏外一致（congruence），能夠照顧自我、他人和情景的自主獨立人格互相脗合，與米高維所倡導不受外來充滿「問題」指涉的故事干擾人的「仁格主體」（personal agency）[2]，也有共通重疊之處。似乎三位關心人類福祉的治療大師的治療目標取向，也不謀而合地相近。

（二） 實務應用的含義

就上述人格的治療目標，婚姻及家庭治療師有以下的臨牀實務應用含義：

1. 治療師首先要面對自己的真實狀況，處理自己個人成長中與家人關係的情緒素質，致力達致裏外一致、自主相繫的人格理想。
2. 對受助家庭各人的自主相繫程度學習保持敏鋭和理解。
3. 要敏鋭覺察受助家庭成員所表現的情緒焦慮和盲動情緒反應。
4. 治療師要學習理解受助家庭成員非自主相繫（Undifferentiation）的情狀，參下圖：

盲目情緒反應	鮑恩的概念	沙維雅的術語
（隱性）	投降 否認 逃避／冷漠	討好型 超理智型 打岔型
（顯性）	怪責 控制 試圖改變對方	指責型
合模反應	行為靠賴他人的肯定和認同	

5. 治療師的自我修養是協助他與受助者真摯連繫的關鍵，及有能力體恤理解受助家庭掙扎成長的歷程。
6. 治療師需要學習保持內心穩定、平靜、對受助者各種情緒表現，表達冷靜、尊重，及不帶指責批評的態度。
7. 因為每個人都是凡人，每個人都只是邁向自主相繫的理想，故此，治療師的金科玉律是：虛己及持續自省、寬容。

6.2.2 健康婚姻關係的評估

（一） 六種親密相依形態

沙維雅曾經就二人親密關係雕塑出六種親密關係的相依形態（Barbara Jo Brothers, 1993），參頁 168-169 圖表。

沙維雅是一位很有直覺天分和才華很高的治療師，她感觸到這六種關係形態，雖然未有很清楚的系統理論，卻在實務演繹上獲取許多共鳴。

依沙維雅的意見，這六種形態中，第六種關係形態似乎沒有什麼可取之處，其他五種形態亦各有優劣。重要的並非夫婦偏屬那種形態，而是二人能否有彈性、開放，按情境和需要自動「走位」，彼此配搭，這才是健康關係的要素。

相依形態	相處狀況	優點	缺點
1. 分分鐘需要你 	二人經常在一起，心思、意念、情緒都環繞對方為核心，經常彼此思念、渴求親吻、擁抱，事事為對方着想。	二人感到被需要、溫暖、安全和體貼，很有相愛的纏綿感受。	因二人過分親密，彼此不能察覺互相的盲點，而且因思念、情感、動靜都受對方影響，很有窒息和受束縛的感覺。
2. 互相倚賴 	二人面向對方，互相依賴，二人各出一分力，去支持對方，維護關係。	二人能清楚覺察全面的情況，知道對方的需要，能互相補足。	因彼此過分靠賴對方，失去獨立自主的能力，不懂鬆弛自己，運用內在資源，關係上也產生疲乏壓力。
3. 背靠背孿生兒 	二人背靠背，以彼此背脊骨支持對方；自己亦能海闊天空，向外探索。夫婦二人各有自己的專長和關注點，各自各精彩，但回到家裏知道後防有所倚靠。	二人有充分的自我發展和自由空間，眼界和視野都十分遼闊。	二人眼光完全向外望，容易忽略了對方，或者完全不理解對方的狀況，倘若二人人生方向不同，就很容易產生貌合神離的疏離現象。
4. 擔家的本事父親或母親 	其中一人甚有能力，把配偶和家庭的情感需要、經濟需要、實務需要等統統扛在自己身上，有如一個擔負全家的父親或母親。	能力高的一方享有優越感，行動自如，支配大局，能力弱的一方享有倚賴、被照顧的自在，全不費力，各得其所。	能力高的一方日子久了，就感到疲勞和負累，甚至厭煩對方。而能力弱的一方，被人揹在背上，沒有自主權、話事權，久而久之，更加欠缺自

相依形態	相處狀況	優點	缺點
			信，能力更加薄弱，又反感被對方支配，又恐懼獨立，十分矛盾。
5. 女神與王子	二人關係中其中一人十分仰慕或愛慕對方。男子愛慕女子，感到女方是冰清玉潔、令人神馳心醉的女神。女子仰慕男子，感到對方飽讀詩書、才華出眾、氣宇軒昂，甘願托負終生。	人性中有一種被崇拜、仰慕、愛慕的願望。男子得到仰慕，會沾沾自喜，神清氣爽，更努力上進。女子被愛慕、珍惜，自尊提升，也是神采飛揚。	這種關係多少有把人美化的成分。被仰慕或愛慕的人久而久之，會自我膨脹。為了保持高高在上的姿態，難以降下凡塵，彼此間有一種超現實的距離，難以親密。崇拜的一方久而久之，會成長、改變，甚至會感到幻滅和失望。
6. 貶抑的關係	二人中其中一人針對對方，例如諸多挑剔、醜化或瞧不起對方，甚至用語言或暴力虐待對方，但彼此卻互相需要。	這一種關係很難說有什麼優點，只能說頤指氣使的一方，感到高人一等，以為維護對方、教育對方、挽救對方；而另一方又由於內心的羞怯，自認無能，甚或經常性患病（身體或精神病），繼續倚賴對方。這一種夫婦關係好比鮑恩所述夫婦張力被其中一方遷就、容忍、吸收，形成心理或身體疾病。	這種夫婦關係有如一種拖累症，彼此得不到健康自主的發展，卻又無法失去對方，糾纏不清。

（二） 劣質和優質婚姻關係

除了沙維雅提出的六種親密關係形態，另有學者（Marks, 1989）以「內望自我」、「關係自我」和「外界自我」的發展重點取向，提出三種劣質婚姻關係和五種優質婚姻關係，筆者認為具有極高的參考價值。

1. 三種劣質婚姻關係

（1） 浪漫窒息的纏困

彼此以大部分時間纏困在面向關係的自我，企圖用關係去填補自我的欠缺和遺憾，結果感到更大的失落、失望和空虛。

（2） 你追我走的關係

一方的自我全心全意面向關係，否認自我，也不能發展面向外界的朋友、活動和其他興趣，單單為關係全時間奉獻自己。另一方雖然享受被重視和抬舉的優越感，但另一方的自我全心全意投資在內望的自我，做自己喜歡做的事，行自己喜歡行的路，關係的自我和外界活動的自我比例也很少，形成你追我走的局面。

（3） 潮洲音樂：「自己顧自己」

夫婦二人都有豐富的外界活動、興趣和朋友，可是卻對關係冷淡，亦很少時間接觸自己的內在世界，二人關係名存實亡，形同虛設。

2. 五種優質婚姻關係

（1） 平衡發展

二人在「內望自我」、「關係自我」和「外界自我」都有平衡發展，於是彼此自由滿足，在婚姻關係中進出自如。

(2) 配偶至上

二人雖然在內望自我和外界自我都有所發展，但是二人同有默契，甘心樂意，每當外界活動或自我需要與對方需要衝突，雙方都以配偶需要看為優先權，共創二人世界主導的思想。

(3) 家庭至上

夫婦二人間有一個默契，彼此以教養子女、撫育家庭為人生主導，倘若自我需要、關係需要或其他外界需要與家庭產生衝突，都要甘心樂意以家庭及子女成長作優先考慮，同時不窒息各自的心靈空間和其他社羣發展的時間。

(4) 共同目標

雙方以共同興趣、活動或使命為二人關係焦點。舉例說：許多宣教士夫婦為了宣教使命而調節各自及家庭的需要，從意義中獲取滿足感，及促進個人及家庭成長。又有一些夫婦共同摸索興趣和活動，例如：打球、滑浪風帆、玩音樂等，在共同興趣中浸淫出人生的滋味。

(5) 各自各精彩、鵲橋相會

二人各自有不同的才幹和發展的事業、活動、興趣，於是各自有充足的自由自主空間，各自各精彩，但保持二人定期接觸，而接觸時二人關係素質優良，分享彼此的使命和興趣。

從上述的描述，可見健康的親密關係形式可以多樣化，但最重要是各人各自能平衡發展，不過分倚賴對方，同時有一個共同認信和關係的焦點去連繫彼此的親密接觸，決定二人生活取捨的優先次序，這是重要元素。筆者將會在第七章進一步闡釋發展二人親密關係內涵的整合觀念。

6.2.3 促成健康關係的個人素質

綜合上述各種關係形態，以及筆者的實務經驗，嘗試歸納出一些能發展健康親密關係的重要個人素質：

1. 成熟的自我。
2. 在關係中既能投入也能抽離。
3. 在親密關係以外，能建立穩固的生活軸心。
4. 對生命、社會、關係，有健康、正向的信念和盼望。
5. 對他人和社羣有健康鞏固的關係基礎。
6. 二人對親密關係的期望及能力相近，以免產生一方更需要另一方的關係不平衡狀態。
7. 自己有自我調節、自我完善的彈性和能力。

6.2.4 婚姻治療：「關係」與「自我」的輕重權衡

在這一章，筆者嘗試客觀及中肯地釐清自我與關係的成長方向。對於婚姻治療師來說，許多時候最大的難題是不懂得評價和平衡親密關係的要求和自我的需要。偏向重視關係的治療師，會下意識鼓勵夫婦壓抑自我、否定自我去遷就關係的要求；反之，偏向重視自我的治療師，會下意識鼓勵個人成長、尋求個人目標，而犧牲關係、拆散關係。良好的關係是建立和圓滿自我的，健康而成熟的自我才能促進和諧美善的關係，這裏也是一種微妙的因果循環，並非顧此失彼。

筆者嘗試在本章澄清了許多「自我」與「關係」之間不必要的「假對壘」

局面，也仔細列舉了一些健康關係的評估藍圖。總的來說，婚姻治療的目標就是在促進二人健康成長的前提下，修補及強化婚姻關係。

婚姻治療師對婚姻關係的各層次狀況產生專業評估之後，便對二人進行啟迪及強化關係的治療，如下圖：

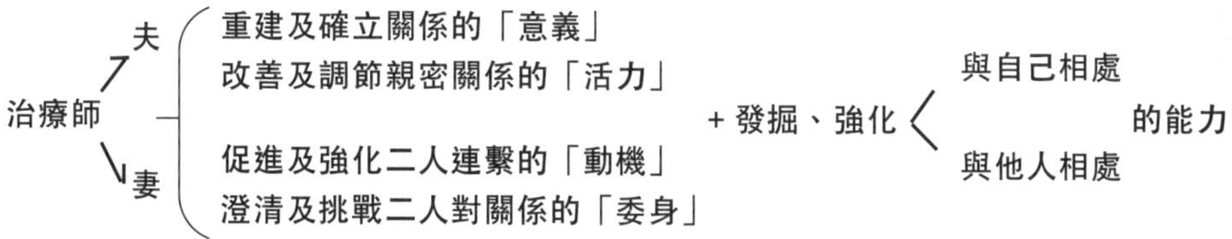

傳統以來，美國發展婚姻治療技術往往偏重教導夫婦二人相處的技巧和能力。這方面非常重要，卻並不足夠。治療師協助夫婦重尋二人關係的意義、活力、動機和委身的態度，這各種元素因時制宜地孕育，才能推進夫婦婚姻關係。

注釋：

(1) David Freeman 尚有一點假設：許多時候二人性別差異被誤解為二人關係出現問題，這一點筆者在上一個要點有所詳述，而且與跨代家庭遺傳無關，故此在此刪除以求結構嚴謹及完整。

(2) Personal agency 翻譯為「仁格主體」，在筆者另一本著作《怎可以一生一世》第三章有較詳細論述，可作參考。

Marital

第7章

婚姻治療的實務藍圖

Family Therapy

7.1 婚姻關係內涵的三個基本前設

7.2 生命演繹

7.3 臨牀實務的工作前設

7.4 婚姻治療實務藍圖

7.1 婚姻關係內涵的三個基本前設

筆者從多年的實務經驗觀察中，發現了婚姻關係的內涵有三個生命前設。若夫婦雙方對這三方面的生命前設弄含糊了，關係便會弄得一團糟。而婚姻治療師很需要深切掌握這些基本假設，以促進婚姻治療實務熨貼前行。

三個基本生命前設是：

1. 二人親密關係中有三個元素：「我」+「你」+「我們」，缺一不可。
2. 健康的親密關係建基於健康的自我。今天的我建基於昨天的我，明天的我建基於今天的我。
3. 若二人關係要有前景和未來，就必須有一個共同的遠象，形成共同服膺的指引，幫助雙方關係活潑前行。這就是共同的終極關懷。

在現代思潮中，有許多似是而非的迷思（myth）不符合上述的生命前設，弄得夫婦和治療師暈頭轉向，在婚姻關係中走向死胡同。舉例說：「有了愛情，代表只有你，沒有我，委屈自己，忘記自己，糟蹋自己。」是忽略了前設（1）的一種迷思。又譬如：「若我們真正相愛，必定綺旎纏綿，常常渴望二人世界；若自己或對方有時選擇獨處，或有時候不掛念對方，表示二人關係枯竭，失掉了愛情，該另覓情緣。」都是忽略了前設（1）的迷思。

浪漫主義為了挑戰傳統對人類率真性情的壓抑和扭曲，特別強調感覺，認為愛是不可言喻，不可分析，沒有理智，是一種「觸電」的感覺，要來就來，要去就去，不能勉強。這些潛藏的想法明顯忽略了前設（2）和（3），也是迷思。「愛情等於開心快樂和幸福的感覺。要為一些遠象共同建立、共同努力實在太崎嶇、太辛苦。要辛苦經營的就不是真愛。」這樣的想法明顯是忽略了前設（2）和（3），也是迷思。

簡言之，夫婦關係在現實生活演繹中，要在二人關係和個人獨立中取得平衡，並且共同努力經營關係的遠象，這就是婚姻關係的內涵。

7.2 生命演繹

筆者嘗試對上述三個主要前設細分一些實務應用上的假設。

（一） 有「你」又有「我」

健康信念如下：

1. 二人雖然渴望彼此相見相依，但各人必須能完全不靠賴對方也可獨立生存。「分分鐘需要你」、「偉大的愛情是以對方為生命中心點，可以為他犧牲一切」，這些想法都是迷思。
2. 自己能夠為自己做的事，不要期望對方為自己承擔。人生有許多未了事，安全感和被愛體驗不足，有時是拖累症（co-dependence）的症狀。
3. 每個人是自己人生幸福的導師，最終為自己負責任，關係上的不愉快及不幸，不應怪責對方。「都是因為你激怒我」、「都是你令我不開心」等等都是迷思。
4. 能夠有美滿親密關係的人，必定有能力獨處，夫婦常常要各自劃出一個時間，面對、淨化和美化自己的心靈。
5. 要促進關係成長，當中的個人必須不斷成長，敢於挑戰自己改變和面對新事物。

（二） 今天的自我在乎昨天的自我；明天的自我在乎今天的自我。

健康信念如下：

1. 每一個人離開原生家庭進入新的家庭中，必然常有一些自覺或不自覺的情感未了事。

   例如：一位太太常常擔心丈夫晚了下班會發生意外，丈夫卻感到很受操控。了解之下，原來太太在原生家庭曾經經歷許多親人意外離喪，下意識十分惶恐。

2. 每個人都有意識或無意識地將原生家庭未了結的相依感情、忠誠的義務、關係上的恩惠和愧疚帶進新的家庭，下意識希望在新的家庭中了結自己的心債。

   例如：一位母親因不肯專心讀書、成績不如理想，覺得愧對父母，便將自己做不來的愧疚下意識投射在兒女身上，希望他們飛黃騰達，人生中不用捱苦，不像自己走錯路。

3. 每個人未能與自己父母恩怨愛恨糾纏的相依經驗和好，就沒有能力和安全感去與伴侶建立健康、平衡、安全的相依關係。

4. 一個人從原生家庭中未接收、未學習的，就不能在新的家庭付出。

   例如：一個人年少時父母經常去搓麻將、賭錢，以致他備受忽略，從未得到過關懷、愛護和安慰，他也不會懂得如何向伴侶付出關懷、愛護和安慰。

5. 弔詭的是，每個人在進入婚姻時，會下意識向伴侶索求和追尋自己在原生家庭未能滿足的情感和心理渴望。

   例如：一個人在原生家庭缺乏安全感，渴望父母保護和陪伴卻得不到，下意識十分渴望伴侶加倍的保護和陪伴，滿足自己自幼以來的渴求。

6. 因此，許多夫婦關係問題其實是自我與原生家庭一些情感未了事。

（三）「我們」：關係中的同行與共創

1. 同行
   - 雙方是平等的。
   - 雙方要不斷學習去應付因關係而產生的憤怒矛盾。
   - 雙方在關係上有所不滿或不如意，彼此都能自由暢談內心感受，而不怕對方拒絕、記恨或報復。
   - 必須避免以感情操控、心理戰略、情緒綁架等方法來利用和操控對方。
2. 共創
   - 二人需要不斷付出努力去使關係活潑、更新和生動起來。
   - 二人能夠一起玩樂，俏皮地玩，快樂的笑，可以一起享受工作和生活。
   - 二人需要投入一些感情和創意趣味，去維繫經營彼此肌膚之親及熱情的慾望。
   - 雙方都要持續不懈向對方用語言及非語言去表達慰問關懷。

（四） 遠象：婚姻的盟約

1. 婚姻是一個盟約，盟約的意思就是我承諾與你共創未來，無論禍福，我都甘願準備與你同甘共苦。所以盟約的關係首先不是重視感覺，而是重視盼望，相信未來（這必要有靈性的信仰才能達致）。
2. 常常提醒自己關係是一項承諾，意思是自願自選地委身對方，不是由於對方能完全滿足自己的需要（這是自戀，不是愛情），不是出於勉強，也不是為滿足別人的規條期望。

3. 各人要不斷向人生的終極意義邁進。
4. 雙方都要各自在這段關係以外去尋找其他滋養生命的泉源和生活意義。
5. 彼此鼓勵對方，促進對方成為更善更美的人。

7.3 臨牀實務的工作前設

筆者是一名華人，也是一名基督徒，基於認同謙遜態度、工作信念透明、信仰自由等原則下，筆者願意羅列一些自己持守的實務工作前設，給大家參考。

（一） 世界觀

1. 最快樂的人背後都有其難過的經驗；最痛苦的人背後都有過光明和被愛的經驗，否則他不能存活於世。
2. 最惡劣的人內心也有含有一點善念；最善良的人內心也會偶存惡念。
3. 這個世界並不全然友善，但我們必須以友善的態度對待這個世界，因為這是勝過世界的道德律。
4. 世界在最終審判時會在終極更新和得救，所以人生有公義和慈愛的盼望。
5. 可是，世界的救贖是「已到而未到的」(already but not yet)，因此，世界有如華麗豪宅未竣工程的爛地盤，做人必有痛苦和損傷，黎明之前必有黑暗，復活之前必須受難。但邪不能勝正，善始終勝惡。

（二）態度和信念

1. 惟仁者（似基督形象的真人）能好人、能惡人。
2. 正直、真誠、向善、秉行公義、好憐憫是做人或實務應用的上方寶劍。
3. 明辨世情，參透萬物是做人或實務應用的軟冑甲。
4. 喜愛耶和華律法，切切思念人間疾苦的神本定律，使人能充滿盼望和快樂地不畏懼前行。
5. 若有人問我們快活的緣由，我們便可以以溫柔忍耐之心告之。
6. 助人時，當坦然無懼的到主台前支取力量。
7. 非勢力、非才能，乃是靠萬物始源之主方能成事。
8. 由此我們更加存謙卑溫柔的心去行事為人，一切沒有可誇的，要誇的只有指着神誇口。

7.4 婚姻治療實務藍圖

（一） 起步接案階段

1. 平衡介入、真誠接觸、創造自我剖白的承載力（holding environment）
   - 與案主有效地連繫、接觸案主
   - 有效地維繫案主解決問題的動力，承載困難的韌力和對問題的關注
   - 激發夫婦雙方高度的參與動機
2. 接案階段的重要步驟
   - 探討轉介歷程
   - 如何決定個人會談或共同會談？

- 如何促進沒有動機的一方自願參與治療？

3. 個案評估及訂定目標
   - 理解案主對問題的主觀經驗和觀點，比搜集問題的客觀細節資料更重要
   - 將夫婦二人各自觀察問題的不同版本，編織成二人共同認定的治療目標和工作方向

（二） 進入治療階段

1. 穩定現存系統，平衡負面變數，預防不利因素障礙治療
2. 發展好奇心
3. 成立對個案的專業初步設想（tentative hypothesis）
4. 開拓及釐清各層面的脈絡因素：
   - 關係脈絡因素
   - 家庭生活周期脈絡因素
   - 跨代流傳的脈絡因素
   - 社會、經濟脈絡因素
   - 個人變遷及意義解讀因素
5. 重要的治療技巧
   - 運用家庭圖（genograms）
   - 啟發性發問技巧
   - 重新框架（reframing）
   - 用身體語言演繹內在理解和互動關係（sculpting）
   - 運用比喻與故事論述技巧（metaphor）

- 有效地運用頓號（punctuation）、問題外在化（externalization）、誇張法（amplification）、現場實地交流（enactment）、貫串主題（trace dorminant themes）及運用「家課」（task assignment）

（三） 改變僵化的互動模式，釋放有效調適關係的資源

1. 維持及促進改變的效果
2. 掌握及管理夫婦系統改變的節奏
3. 留意改變和強化改變
    - 找出改變
    - 找出改變的內在 / 外在有利趨化因素
    - 容忍及尊重改變的兩難：「借力打力」
    - 確立及強化改變
4. 應付現實限制、失望和改變後的滑坡現象
5. 從發現改變和預測改變帶進更深層次問題的發掘
6. 如何處理跨代未了事對二人系統的影響
7. 游走在「現在→過去→未來」的時空之間

（四） 深層治療與關係保養

1. 處理累積的有毒事件：化恨解怨
2. 重建信任、調節期望
3. 促進二人正面的互動模式→添加正面的三角抒張關係：知己及小組支援系統
4. 重構婚姻意義、促進共同經營關係的心力和盼望

（五） 探索及學習新的行為

1. 自我覺察力和情緒智能
2. 溝通能力
3. 衝突疏解能力
4. 表達愛意和親密的能力
5. 協商家庭實務、財務處理及生活習慣

（六） 結束個案及評鑑個案進展

要清楚演繹上述實務藍圖的現場技巧，最簡便真切的就是現場實務觀察，限於文字本身的局限，也許讓我首先闡釋一些重要觀念和技術，然後再於後面的篇章加以個案討論。

Marital

第8章

婚姻治療的治療手法

Family Therapy

8.1 起步接案階段與多層次個案評估

8.1.1 在輔導室情境下的多重現實
8.1.2 創造有承載力的安全環境
8.1.3 每一節輔導的實務歷程
8.1.4 治療關係的默契指標
8.1.5 個人會談或共同會談？
8.1.6 多層次個案評估

8.2 重要的治療手法

8.2.1 治療歷程的指路牌——初步個案設想
8.2.2 重新框架
8.2.3 啟發性提問技巧

8.3 深層治療

8.3.1 深層治療的意義
8.3.2 運用家庭圖
8.3.3 化恨解怨、排毒治療
8.3.4 處理跨代未了事對二人系統的影響
8.3.5 處理原生家庭未了事的世界觀

8.4 關係保養

8.4.1 溝通技巧的學習與改善
8.4.2 衝突處理
8.4.3 促進親密

8.1 起步接案階段與多層次個案評估

8.1.1 在輔導室情境下的多重現實

（一）「人」與「人」與「情境」的互動關係

從系統理論發展出一個觀察，就是「人」與「人」與「情境」從不間斷地產生互動關係。

讓我舉一個生活例子說明。一天，一家人想出外進膳，心裏尚未有特定的計劃，也沒有時間垂詢每位家庭成員的需要，隨意走進一條設有許多食肆的大街，一位成員首先踏進某間食店，會帶動另一位成員尾隨；若食店的服務員態度良好，又再引動更多成員樂意進入；倘若服務員愛理不理的服務態度，又會帶動中立或猶豫的成員離開食店；再加上情境因素：食店環境擠逼還是寬敞？光線如何？擺設如何？食物種類如何？這些都影響成員進入或離開這個食店的決定；而服務員對這家人在進退兩難時的反應又影響他們最終的決定。

不妨細心觀察許多生活例子，就會明白任何一件生活小事都涉及所有當事人與情境的交互流動，可以產生截然不同的結果。

在輔導室的情境（context）中，也同樣有着多重層次、多重現實的交互流動在發生。用後現代建構主義的說法：就是多層次、多角度的現實，有如一個多角水晶球，每一面都不一樣，但每一面都同樣是這個水晶球。

這種多層次、多角度的現實（multiple reality）的說法，乍聽起來是嶄新的思想理論，但在中國古代有關瞎子摸象的故事，早就點破同樣的人生洞悉。

每個人其實都是「瞎子」，有他個人的偏見和盲點，單單看見、感知、摸索到事物的一面，就像一個摸着耳朵的人和一個摸着鼻子的人在爭吵彼此不同的認知和經驗，事實上大家卻是同時摸索着同一隻大象，只是觸及的位置不同而已。

（二） 不同面向的流程

在輔導室中，不同面向的流程同時在發生。

1. 時間的向度：「此時此刻」、「過去」及「未來」。
2. 治療師與家庭成員的互動向度：
   - 彼此發言的先後次序，如何牽動彼此反應的良性、惡性、開放和封閉的循環。
   - 彼此語言及非語言的表達，如何牽動各人互動的動力。
3. 治療師與個別家庭成員的內在心理流動向度：個別人內在的心理流動如何影響彼此的情緒、交往模式、參與或抽離。
4. 治療師與個別家庭成員的情緒流動向度：個別人內在的情緒歷程會因着未進入輔導室前的情緒、過往的經驗、內心的渴望、情緒的焦慮和流動影響在輔導室的交往模式和互動反應。

成功的治療就是治療師能保持高度自我覺察、光明磊落的胸襟、細心觀察和敏銳的現場感知，有效地貫串上述各層面向，邁向共同塑造的治療目標。

（三） 個案闡釋

案例一

一位輔導員協助一對老年夫婦，處理他們的成年子女在幼年時受到性騷擾的經歷。當時輔導員不斷要求那對年老夫婦正視問題，而且縷述當年可以考慮報警，結果那對夫婦彼此謾罵，掀起了幾十年來各種恩怨情仇，場面差點兒無法處理。

及後輔導員在省察中，發現自己特別同情小孩子，對性侵犯的行為嫉惡如仇。可是他家庭祕密掀起家庭成員的羞恥感，以及老年父母在人生階段總結從前的種種而產生的挫折感和內咎感未能充分諒解，再加上輔導員自身過往曾經歷一些性侵犯的遭遇未能完全疏解，於是夫、婦、輔導員三個人過往的經驗、內在私人的渴望以及複雜的心理需要和情緒流動，便產生了糾纏不清的負面交往情緒，自衛加增，使本來敏感、難處理的局面更形惡化。

在個人實務經驗中，筆者認為首先要釐清自己對性侵犯行為有否私人情緒——迴避或過度激憤，然後以平和穩定的態度，關切、着緊的語氣，以及以事論事的方式去支援和承托當事人的家庭，家庭成員就有能力覺察他們當下的情緒，或流淚、或自責、或憤怒，在治療師的承托下能平和地抒發情緒，積極地面對問題。

案例二

我曾經給予一位受助朋友一份習作，要他回家觀察自己的行為。到下一節面談時，十分平和地詢問他做功課的情況，他忽然在一秒鐘之內情緒急變，臉掛怒容：「為何你要強迫我完成你的習作？你這些功課完全無用！」我當場嚇了一跳，他那挑戰性、責備的口吻牽動了我的憤怒情緒，幸而我在當下立時覺察自己的情緒，同時意識到他的反應可能別有來源，於是保持平靜地接觸他的憤怒，「我看見你現在十分憤怒。」「你不用多說，你們都是壓迫人的，我不會就範。」「你剛才聽見我說什麼，而感到我在強迫你呢？」他怔了一下，答不出來。「我覺得你在迫我。」「是的，我體會到你受到很大壓力，而且內心十分反感，你的表情好像跟我有十冤九仇似的，未知你有否察覺，兩分鐘之前的你和現在的你好像是兩個截然不同的人。」他馬上意識到自己的變化，因而歉意地笑了一笑，鬆弛下來。「倘若我的說話有強迫你的成分，十分抱歉，但我完全沒有這個意圖。」

結果案主完全鬆弛下來，而且藉着這個經驗，省察到他從前在求學時及工作上受過很多被權威壓迫的創傷。當下的經驗使他聯想起過往的經驗，過往的經驗操控他此時此刻的情緒流動和心理反應，同時影響他與我的交往行為，倘若我不能保持在此時此刻的覺察和平靜，彼此就會產生惡劣的互動情緒。

起步接案階段是決定性的階段，不少個案實務研究指出，起步接案階段的首四次會談，若不能與案主連繫，產生果效，及後的工作也就徒勞。所以，治療是一門藝術，有如一個畫師，打開畫布，面對景象，就產生心靈感應，全神投入，孕育出整幅畫的心靈精神，一下筆就影響全局了。

8.1.2 創造有承載力的安全環境

我喜歡這個概念：「有承托力的環境」(holding environment, Slipp, 1988)。試想一想，任何一對夫婦或受助朋友，進入一個陌生的輔導室，內心難免有一點陌生和焦慮，再加上夫婦本身已埋藏着的困擾，實在精神沉重，心情煩惱。

創造一個有承托力的環境，就是治療師與受助者真誠的接觸，適切的體諒，以減低案主的焦慮，增加案主的安全感，讓案主能安全自在的剖白自我，仍然感到有所承托。

案例

一個家庭來我的輔導室接受輔導。一家人劍拔弩張，近日還出現打鬥場面，情緒激動。一坐下來，孩子坐得遠遠的，一個撓着手，臉孔冷漠，另一個垂下頭。母親坐在中間，神情緊張；父親坐得遠遠，一臉無奈。輕鬆的開場白以後，會談便開始。

師：你們從前有否接受家庭輔導的經驗？（父親說「沒有」，其他人搖頭）初次到這裏，感受怎樣呀？

母：我想我們來這裏，是想得到幫助，但我也不知道要講什麼。

師：哦，我聽到你對這次會面很重視，很認真。

母：對，我來這裏之前想了幾個小時，來這裏會做什麼？要講什麼？怎麼講？

師：呀，我明白你很想善用這次會面，擔心不懂怎樣表達自己，你現在表達得很清楚。此刻，你與我這個陌生人談話，有些緊張是很正常的，你現在跟我談了幾分鐘，感受好嗎？

母：對，我有些緊張，現在好一點，比剛才好一點。

師：很不錯，慢慢下來，會愈談愈自在的。（母鬆弛、微笑）爸爸，你現在情況又怎麼樣呀？

父：我跟她差不多，很煩，也不知有沒有用，即管一試。

師：噢，你未知有沒有用，也願意嘗試，多謝你願意嘗試的精神。如果有用的話，你希望有什麼用？

父：他們能聽話一點，少惹怒媽媽，唉！

師：我聽到你有很多煩惱和感歎，我們可以慢慢談。剛才你談到許多感歎和煩惱，今天你第一次來這裏，感受如何？

父：患得患失。

師：對，患得患失，多謝你分享對自己的覺察。

父：我怕他們（兒女）一言不合，又吵起來，又怕他們不肯作聲。

師：我聽到你十分關懷家裏每一位成員，也很在乎他們的參與，倘若他們能和平參與，對你是怎麼一回事？

父：唉！能夠這樣，我的心就舒服很多，這兩、三年來，我們沒有停止過吵鬧。(眼淚忽然淌下，又忍住)

師：(關切的眼神，平靜地接觸，關懷的語氣）我聽見你在這兩、三年來，一直掛念家人，渴望彼此好好地連繫。這一刻，我看見女兒都用關心的眼神看着你。(女兒聽見父親的剖白，神情轉為和善，望着父親。小女兒自動發言)

幼女：我也不想這樣的，但家中經常有爭吵。(眼淚也是強忍住緩緩流出)

長女：誰叫她（母親）那麼令人討厭！

母：你想怎樣？

師：此刻，你們都想表達自己，似乎每個人都有情緒。大女兒似乎願意將自己不舒服的感受先與大家分享，媽媽、妹妹、爸爸，你們可以陪我一起聆聽嗎？(父親和小女兒點頭)

母：好的，你說吧。

(漸漸，這家人的緊張情緒放鬆，減少盲動反應，更有動力聚焦自己，聚焦別人……經歷一種在安全環境嶄新的溝通經驗。)

8.1.3 每一節輔導的實務歷程

在多層次多向度的輔導歷程中，輔導員需要訓練自己掌握自己的實務藍圖、內心的穩定祥和，能與此時此刻的情境和對象產生有意義的真誠連繫。輔導的實務歷程可用下圖作出剖析：

輔導的實務歷程

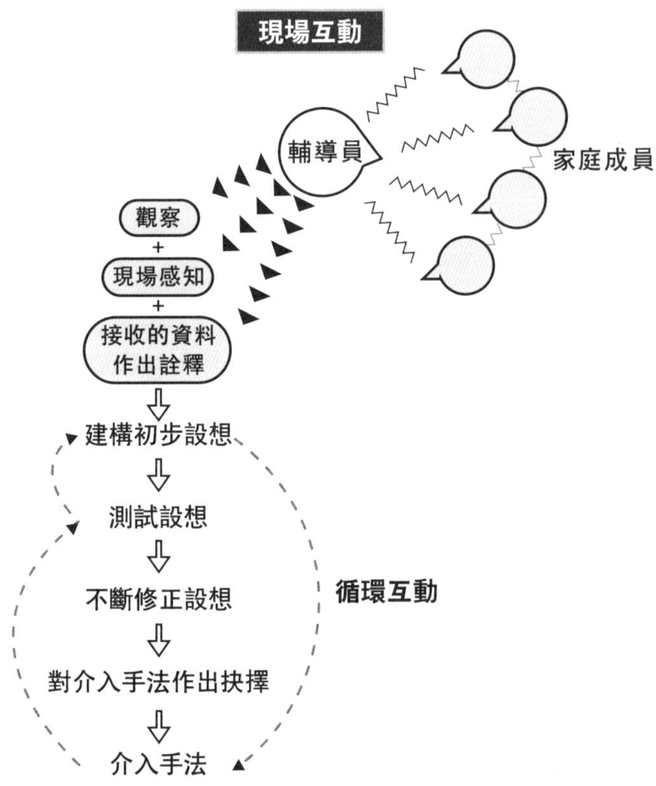

家庭治療師必須敏感觀察受助成員的一動一靜，包括臉部表情及內心反應，才能逐漸與受助成員建立默契，一起携手探索問題，解決問題。

8.1.4 治療關係的默契指標

筆者從實務經驗反省中，積累出以下的一些指標，可以提高治療師的敏銳覺察力，提醒自己與受助者是否已經建立默契。

（一） 取得默契的指標

治療師與家庭成員取得連繫和默契的客觀指標：

1. 受助者的坐立姿態由緊張（雙手撓在胸前、抓緊拳頭、呼吸急促，眼神東張西望）而慢慢轉為鬆弛（坐姿舒坦，手腳自然安放，臉部肌肉鬆弛）。
2. 受助者與治療師有眼神接觸，眼神柔和、專注而集中。
3. 受助者並非一口氣說個沒完沒了，反而說話的節奏逐漸放緩，間有停頓，而且在表達之間有自我沉思片段，有思維、有回應。
4. 受助者的聲線和語調起變化，由急躁、沙啞、高聲、平板而轉為投入、圓潤、柔和。
5. 受助者能夠釋然地表達內心的惶恐、憤怒及憂傷。
6. 受助者的呼吸自然均勻而暢順。
7. 受助者自願又自在地發言。

（二） 未取得默契的指標

治療師與家庭成員拉鋸、糾纏、未取得默契的指標：

1. 受助者針對治療師或追着治療師對話、辯解。
2. 受助者與治療師不自覺地自我辯護，彼此說服對方去理解自己的觀點。

3. 對話間，受助者與家庭成員彼此情緒急升、反動、急躁和滿腔委屈。
4. 受助者順從地問一句、答一句。
5. 受助者被另一思緒佔據心神，心不在焉。
6. 受助者呈現肌肉緊張、呼吸急促、坐姿封閉（雙手撓在胸前，雙眼緊張凝神，眉頭緊皺，手腳緊鎖）。
7. 受助者語氣、聲調平實呆板，似報告新聞一樣。

（三） 保持中立

即使經驗豐富的治療師也會因精神不足或過分投入案情，而過分體諒或者偏袒其中一位家庭成員，失去了與個別成員深刻連繫、體諒和默契。治療師培養敏銳的自我覺察能力，調節自己此時此刻臨牀的精神狀態是十分重要的。

筆者在英國接受家庭治療訓練時，領略到「保持中立」並非不打緊的抽離，導師的解說一語中的：「保持中立」（neutrality）就是讓每一位家庭成員都感到你完全理解他和維護他。這真是對「保持中立」道行最高的演繹。

8.1.5 個人會談或共同會談？

婚姻治療的一個重要課題，就是治療師如何決定何時作出個人會談或共同會談。有些治療師（M. Karpel, 1994）選擇第一節會談是兩夫婦一起會談，然後再個別分開會談，從整體三次會談中作出評估。從個人經驗反思，若兩夫婦一起來處理問題的動機十分殷切，顯示雙方已有基本溝通以及對處理問題也有一定共識的，在這個情況下，第一節採取夫婦一起會談，然後兩夫婦個別分開會談是不錯的做法。可是，在香港婚姻治療的文化尚在滋長階段，通常夫婦其中一方（一般是太太）對處理問題動機甚高，而另一方未有相同的動力，更談不上共識；在這個情況下，先把兩夫婦分開作個別會談，給予雙方相同的空間、接納和安全感去表述他們各自的想法，促進動機，然後再作一節夫婦共同會談，效果會來得比較理想。

在香港或其他亞洲地方，如中國、台灣、星、馬等地，心理治療文化尚在起步階段，時常碰到一個現象，就是婦女願意接受治療求助，而丈夫卻由於種種心理和文化障礙對治療存疑或裹足不前，例如：「家醜不宜外傳」、「男子漢大丈夫，有問題自己解決，不假手他人」、「求助是弱者的行為」等等觀念，也會障礙求助的動機。故此如何促進沒有動機的一方自願參與治療，也是治療的成敗關鍵所在。邀請未有動機的一方參與治療，首先可藉着到臨的一方，透過會談掌握對方的個性、人生焦點、恐懼和盼望，然後設計令他最舒服的邀請方法。

通常保持中立、誠懇和不指責的態度去邀請另一方，大部分人都願意來會面一次的。若能充分掌握那一次會面的機會，令對方感到安全、自由、被尊重，同時能發現一些新的覺察、新的領會，感到與治療師面談是有意思的（sensible），就會令對方產生動機，繼續進行婚姻治療。

梅利鮑恩的弟子祈連（P. Gurerin et al., 1997）的隊工著作了 The Evaluation and Treatment of Marital Conflicts，就他們的觀察，把夫婦相處的衝突情況劃分為四個階段，如下圖：

衝突階段

	第一階段	第二階段	第三階段	第四階段
溝通方式	開放，有衝突	開放和衝突	關閉和衝突	關閉
資料交換	優良	良好	遷就妥協	惡劣
自我剖白	良好至優良	足夠	情緒反動	缺乏
批評	少	中度	高	非常高
信任程度	非常高	高	中度	低
相聚時間與活動時間	優良	良好	遷就妥協	少

只有少數夫婦常常維持在第一個衝突階段，這些夫婦無論自我成熟程度和溝通能力都良好，在婚姻歷程中，夫婦彼此改變，再加上環境壓力和累積的恩怨情仇，就會發展出第二、三、四階段的衝突。

處於第一、第二衝突階段的夫婦適合作共同會談，資深而熟練的治療師有能力協助第三衝突階段的夫婦作共同會談，至於第四衝突階段的夫婦彼此怨毒很深，自我充滿困擾，對方的話已聽不進耳內，灰心失意把任何說話都錯置為一個不良企圖，溝通關閉，信任很低。遇上這個階段的夫婦，他們甚至未必有改善關係的意圖。治療師要先作一些個別會談，斷定問題的嚴重性，化毒解怨，醫治個別創傷，釋放信心和動力，才適宜作共同會談的安排。至於夫婦間若有暴力或虐待情況出現，個別或共同會談的決定更要加倍小心。及後的篇章會再詳加討論。

8.1.6 多層次個案評估

不少修讀「婚姻治療」課程的學生，或接受筆者督導的輔導社工詢問我：到底如何作出個案評估？

未能純熟掌握系統理論的輔導學生傾向注重事主投訴的問題，然後即時計劃解決方法。例如，一位班主任老師投訴一名學生經常曠課，學校社工可能會會見學生和家長，獲取初步家庭背景資料。在搜集了一大堆背景資料後，卻不知如何理解，然後就立即尋求解決方法。個案評估不精確，問題常會重重複複，周而復始。

採取上述的案例說明，若輔導社工針對學生的曠課問題，與母親商議各種威逼利誘的方法以引導學生去上學，有時或會奏效，但大部分情況是曠課問題在不久之後又會重復。從家庭背景了解，發現學生的父母近日經常爭吵，父親似乎在外面有另一個女人，及後父母鬧了分居；再仔細研究，才明白學生的父親離家過程十分倉卒，孩子無緣無故失掉了爸爸，而媽媽在分居後日日以淚洗臉，孩子內心驚惶，害怕會再次無緣無故失掉另一位親人，因而不能靜心上課，下意識要回家保護母親、照顧母親，防止再次失去母親，於是衍生了曠課行為。由是觀之，家庭轉變歷程、孩子對父親的感受與想法、父親離家的處理、母親與孩子的互動歷程、孩子對母親的想法和心理纏結等，都可以成為輔導員介入步驟和手法的指引。

再說夫婦關係。夫婦求助，問題多半是：婚外情、婆媳相處、性生活不協調、金錢運用、生活習慣、教養孩子各方面的衝突、精神抑鬱等問題。

在我的「實務靈感」筆記本中，粗略構思了下頁的多層次個案審視圖：

夫婦關係個案評估的多重審視層次

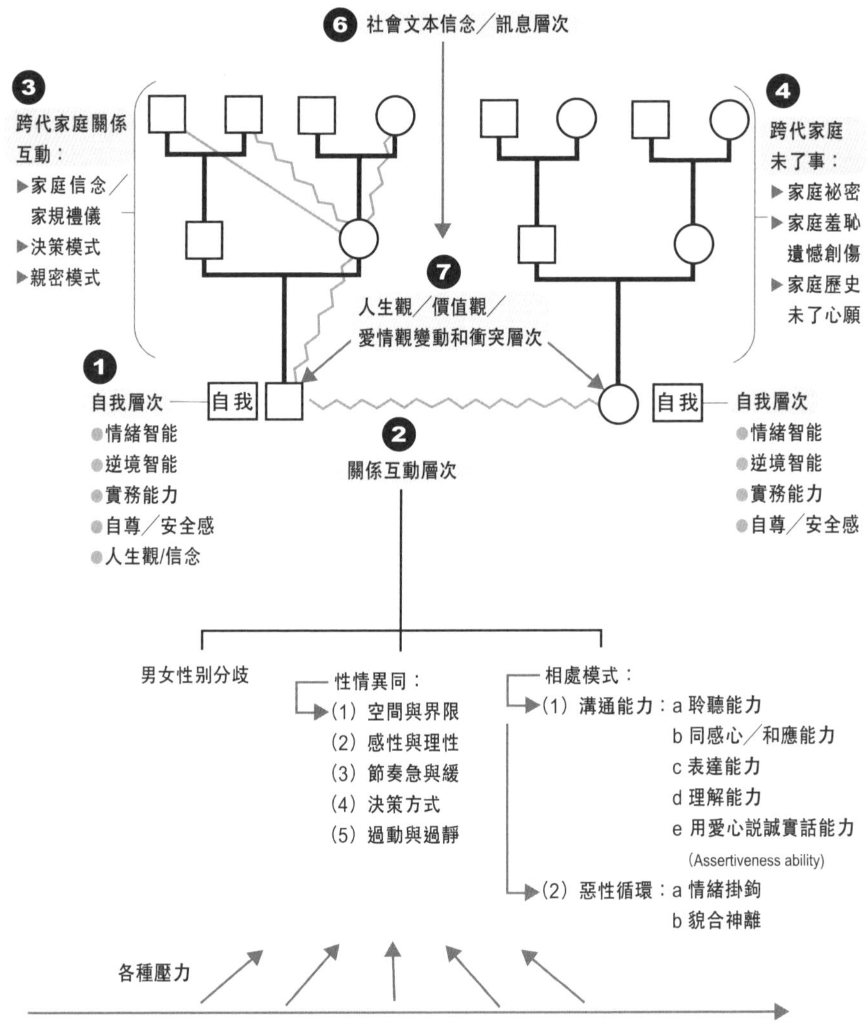

多層次個案審視評估和有效問句：

（一） 注重此時此刻

1. 對於受助人來說，目前最關注和急切的是什麼東西／議題？
2. 目前在婚姻結構和家庭系統中有沒有任何重大危機？
3. 目前夫婦和家庭關係有沒有什麼容易受忽略、卻必須預防的惡性循環？

（二） 問題定鏡

1. 求助者和夫婦雙方／各自認為目前的困擾事實上是什麼問題？
2. 他／他們如何理解問題的形成？
3. 若感到困擾的問題消失了，他／他們會有何反應？
4. 嘗試進入當事人的認知和情感世界，了解這個困擾如何成為他個人介懷的問題（How does the problem become your problem ？）
5. 當事人若能解決問題，他們希望會有些什麼事情發生？

（三） 追蹤問題的脈絡理解（contextual understanding）

1. 追蹤問題何時開始產生。
2. 了解在問題產生的時候有何情景的變遷？例如：剛剛生了第一個嬰孩，或者外母剛從外地回來，或者哥哥剛升上中學等等。
3. 自從問題出現以來，家中各人嘗試用何種方法應付和解決問題？哪些嘗試有效？哪些嘗試無效？
4. 為何當事人在「如今」尋求協助？了解和追蹤動機和能量潛藏在哪裏？又有哪些潛藏阻力？

（四） 夫婦二人會談的探索藍圖

1. 與夫婦二人安舒及深切連繫。促進安全感，減低自衛及內心焦慮，用以敞開各人的表達和探索空間。
2. 了解夫婦二人個別對問題的主觀認知和感想，追蹤二人各自的問題定鏡，直至表徵問題與個人內心的隱藏情感、需要和渴想拉上有意義的關係為止。

   例如：

   師：當你在管教兒子，而丈夫袖手旁觀，對你有何影響？

   妻：我感到他不支持我。

   師：我聽得出你需要丈夫的支持。倘若丈夫能支持你，你有什麼良好感受？

   妻：我自幼家中重男輕女，一直沒有人聽我的說話，想不到現今丈夫和兒子也一起來排斥我（淚眼盈眶）。

   從上述對話顯示，表徵問題是：丈夫與我在管教孩子的方法上沒有共識。隱藏的情感需要和渴想是：重疊了幼年被男士排斥的惶恐經驗。

3. 在深切理解個人各自對現存問題的內在困擾時，同時探索：
   - 有沒有僵化而失效的互動模式？
   - 有沒有重複出現的主題和信念環繞着表徵問題？
   - 有沒有跨代未了事？家庭祕密？羞恥？遺憾？潛藏創傷？
   - 夫婦二人的問題與其他系統（如兒女次系統、上一代和近親系統、工作系統、社會文化系統）有何互動關係？
   - 聆聽和注重夫婦及各成員的強項和實力所在。

（五） 重編嶄新理解

將表面分歧的問題理解及編織成二人共同的新理解。

1. 上述探索歷程中浮現出來的主題、渴想、相處模式、情感起伏、人生兩難以及各種情景因素，自然巧妙地穿插成雙方認同的共同理解。
   舉例說：自從妻子辭職，全職在家中教養子女，家中常起衝突。丈夫認為妻子凡事太過緊張，而自己有時下班後只想休息，不想嘈吵。妻子認為自己為了孩子犧牲了個人事業發展，並且全心照顧家庭，卻得不到孩子和丈夫的欣賞，反被批評、排斥，於是心懷怨憤，覺得丈夫變了，感情褪色。
   經過上述一番仔細的了解、接觸和探索，治療師為夫妻二人編織了一個新的問題理解：「這樣聽來，太太實在是熱情溫暖的太陽，無私地為家人付出。丈夫很需要太太的陽光和溫暖，只是在太太辭職後，長時間曬太陽，有時候太熱會流汗、灼傷，需要找遮蔭的地方乘涼，卻不是忘記太陽，也不是排斥太陽。似乎雙方在溫度和親疏距離上需要作出調節。」
2. 治療師與夫婦雙方共同尋覓了對問題新的洞見，在過程中自然連結了雙方的能量，共同尋覓和創作新經驗，產生同感心，扭轉絕望為新的洞察、新的經驗、新的盼望。

正如筆者起初提及，婚姻治療是一門藝術。事實上個案評估和個案介入是同時交互進行的，也不能機械性地按一、二、三的步驟操作。可是，即使藝術表達或鍛煉武功，起初也要有法理可依，及後再天馬行空，自成一家。所以，上述的精要思維是多番來回觀察和思索治療歷程、觀看錄影帶，從中抽絲剝繭，整理出來。作為起步的實務參考藍圖，當中尚有待反複建立和重構各種個案初步設想（hypothesis），追隨案主的引領，重編另一齣和諧的婚姻故事。

8.2 重要的治療手法

8.2.1 治療歷程的指路牌——初步個案設想

「中立定位、循環系統、初步設想」這三項治療專業概念，首先來自意大利米蘭家庭治療模式（Palazzoli Selvini, et al., 1980）。及後，不同的家庭治療派別都在不同程度上受到這個深奧而重要的概念影響（Papp, 1983）。

（一） 初步個案設想就是治療歷程的指路牌

當治療師進入輔導室，面對複雜的家庭互動系統，而個別成員有一大籮筐的背景資料、經驗和已發生的事實情節需要分享，對於治療師來説，最大的挑戰，就是如何在有限的時間，抽取、選擇和整理有用的資料。「初步個案設想」就是治療歷程的指路牌。

簡單來説，個案設想具有以下的特點和功能：

1. 治療師倚靠自己擁有的家庭治療理論知識作為治療藍圖。「個案設想」是一個思想工具，協助治療師去篩選求助夫婦千絲萬縷的訊息，按圖索驥，有目標、有方向地前行。
2. 「個案設想」反映出治療師對整個家庭問題的構思：家庭問題的背景、成因以及問題不斷持續的原因。
3. 「個案設想」主要基於不同治療理論如何理解家庭問題去指引治療師作出初步構想。舉例説，一名妻子經常投訴丈夫不照顧她，依據不同的理論，不同的治療師會有以下不同的構想：

沙維雅家庭治療理論

伴侶或雙方在原生家庭未能滿足內心心底對愛、安全感等渴求，影響自尊，未能裏外一致的溝通模式，障礙了與對方真摯友愛的接觸，產生情感真空、絕望、疏離。

跨代家庭治療理論

伴侶在原生家庭成長時，經驗許多未了事，將過多或雙方未了結的情緒，如愧疚、惶恐、擔憂投射在配偶身上，造成情緒壓力。情緒處理不善，會產生三角抒張動力，或惡性循環。

結構家庭治療理論

夫婦雙方在角色、功能和相處模式中界限不清，令雙方在交往時遇到困難。

敍事家庭治療理論

夫婦雙方或一方被人生某些有缺憾的故事操縱了自己的人生主題，閉塞了視野，無法看見其他出路，或開拓其他人生理解。

家庭生活周期脈絡

嘉達和麥高域（Carter and McGoldrick, 1989）等人提出，家庭生活周期的發展會影響夫婦相處。例如治療師會探討及理解妻子的抱怨可能來自懷孕及生育階段未獲得丈夫關懷支持所引致。又或者新移民婦女來港後產生適應困難，影響夫婦互動。

社會、經濟、文化脈絡

社會的主流論述和文化思潮會影響丈夫、妻子對自我身分、角色和對婚姻的期望。例如女性主義抬頭，影響社會文化信念，妻子辭職在家照顧兒女會感到自己學無所用，因而對丈夫的嘉許有殷切期望，得不到就更加失望抱怨。

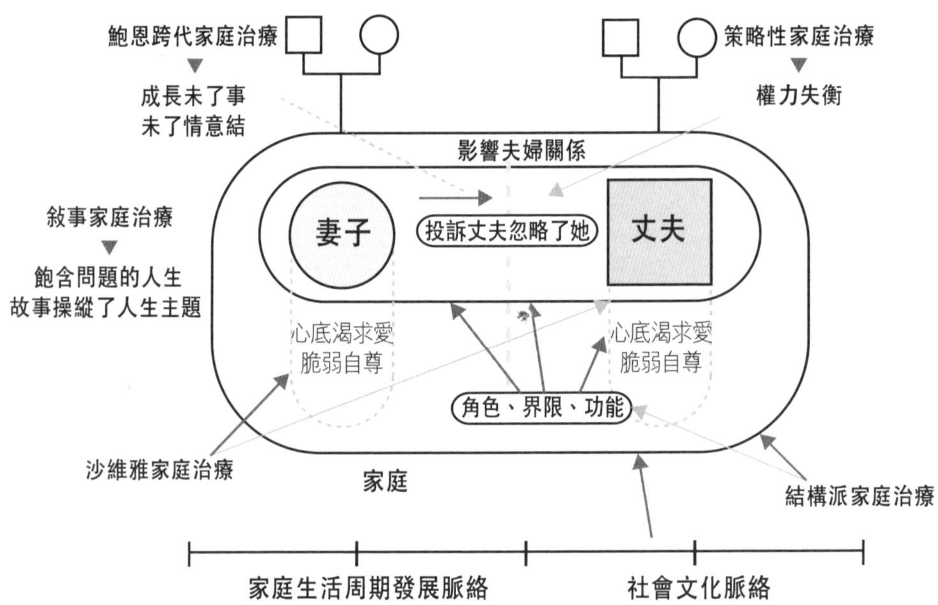

（二） 成立個案設想的一些重要原則

1. 所有個案設想都只是一個中途指路牌，是暫時的，不是絕對的，是可修訂和可改變的。
2. 治療師必須保持開放態度，切勿固執死守一個設想，應時刻從夫婦或家庭成員有聲無聲的回應去重新修訂另一個新設想。

3. 治療師要覺察自己同樣身處一個特定的處境、時代和文化當中，受個人的性別、家庭背景、信仰、哲學、人生觀的影響，這些因素也會影響治療師如何構思個案設想。
4. 個案設想除了指引治療師介入的手法和方向，也同時指引治療師對介入後的預測和預期轉變，用以監察整個個案的進展和轉化。
5. 良好的個案設想有如一條線索，把大部分資料貫串成有意義的整體，又有如砌圖遊戲，把片斷零碎的事件砌成有意義的圖畫。
6. 良好的個案設想能脗合家庭成員的回應，能夠準確地預測個案的發展和變化。

（三） 如何成立合用的個案設想？

個案設想是嘗試以有效的方法，在時空變幻之間，找出婚姻和家庭呈現的問題，與不同的系統如何產生關係。因為家庭治療理論與個人心理治療理論不同，相信婚姻及家庭問題不單單源於個人本身性格不良、動機不良等，而是與他人互動、社會環境、家庭發展密切緊扣的。

一些有用的問題可以協助我們成立個案設想：

1. 呈現的問題到底是什麼問題？
   - 誰最關心這個問題？
   - 問題一旦消失，誰會產生最大反應？
   - 夫妻二人如何理解及描述他們身處的問題？

- 問題如何成為了問題？
- 呈現的問題目前如何影響二人及其他有關家庭成員的生活？
- 問題何時開始出現，為何現在求助？

2. 在出現問題和未出現問題之前，以下各層次的脈絡：內在心理脈絡、二人互動脈絡、家庭結構脈絡、跨代家庭關係脈絡、社會文化脈絡，有何不同？
   - 二人相處有何不同？
   - 問題呈現時，家庭、社會、個人身體健康、工作、居住環境有沒有重大的壓力和變遷？
   - 夫妻各人及不同的家庭成員如何應付和理解這些轉變？

3. 夫妻及家庭成員談及問題時有沒有任何重複出現的主題、重視的課題、個人信念或家庭信念？
   - 問題繼續存在或者獲得解決，對於個別人或家庭整體有沒有什麼矛盾、取捨和得失的意義？

4. 表面呈現的問題如何形成個人困擾的問題？
   例如：兩夫婦為了教養子女的方法產生衝突。表面呈現問題相若，但不同的片段資料產生不同的個案設想。

個案設想一： 夫婦權力不平衡，其中一方藉教養子女事件表達他對配偶的不滿和怨忿。

個案設想二： 夫婦雙方在原生家庭所受的親子經驗大相逕庭，故此對子女的教養方式也背道而馳。

個案設想三： 夫婦在生育這名孩子前曾經出現流產，母親因未處理內心對上一名夭折子女的歉疚經驗，對這名子女產生過分照顧和補償。

個案設想四： 丈夫忙於工作，太太作為家庭主婦，到處聽親子講座，受新時代何謂良好親子關係的論述所影響，與傳統管教方式產生內在矛盾，將未覺察的矛盾投射在配偶身上。

通過有效的循環問句和歷程問句，可以抽絲剝繭地抽取和歸納出連絡整體的圖畫。有如中醫學上的把脈，弄清脈理跳動和走向，就了解身體四肢、五官內臟、經脈、血液循環如何彼此緊扣。出現問題時，打通經脈，陰陽調順，清理淤塞，固本培元，才是強化四肢百骸的要理。

8.2.2 重新框架

「重新框架」(Reframing) 是在系統治療模式中最常用且十分有效的技巧，亦是一項非常難以掌握純熟的藝術。域士和列茲（Weeks G.R. and Treat S., 1992）曾在他們的著作《婚姻治療——有效的技術與取向》(Couples in Treatment: Techniques and Approaches for Effective Practice, ch.9）一書中用上整整一章作出詳細討論。在這裏無須重新長篇贅述，以下嘗試清晰扼要地介紹如何運用這門技巧。

「重新框架」是一項回應技巧，治療師把案主陳述的內容和命題重述一次，一方面盡量保留發言人的原意，同時能夠拓闊案主視野，引入一個新的思維角度。根據 Weeks and L'Abate（1982），「重新框架」有三重意義，筆者又從實務經驗和中國文化反思中總結出六重意義：

1. 改變敍事者對問題簡單的歸因，作出兩極化的狹窄定義，從而協助案主擴闊對問題深層意義的詮釋。

例如，一名太太抱怨丈夫從不理睬她，對她沒有反應。治療師在充分理解二人的互動背景理解之後，可以作出「重新框架」的回應。

妻：我想他是完全不重視我，否則，決不會對我不瞅不睬。

師：我聽得出你很重視丈夫的回應，看來你丈夫太珍惜你這份重視，以致不願草率回應，令你失望。

2. 運用「重新框架」可有效地將問題焦點從個人移向系統。

例句：

妻：他（丈夫）這個人十分偏心，自從接了他的媽媽同住，就把我視作透明似的，總不肯維護我的感受。

師：從你們剛才所表達的故事看來，自從媽媽搬來與你們同住，你們關係上起了變化，由兩個人的生活變成三個人的生活，在時間分配、注意力和交往上似乎感到被分薄了的感覺，是嗎？

夫：她自從生了孩子之後，變得脾氣暴躁，經常抱怨這抱怨那，那麼，你叫我去抱怨誰啊？

師：聽來你倆的二人生活由於加入一個新成員，產生了許多壓力和挑戰，雙方都需要支持，而雙方都感到委屈，對嗎？

當一個人把問題的焦點集中於怪責個人的時候，就會否定對方，打消對方的動力，二人形成對立。若把問題放置於家庭變遷、家庭發展階段或者社會文化變遷的脈絡，可以增加彼此互相體諒，攜手應付挑戰。

3. 運用「重新框架」可有效地將直線性歸因變為循環性互動因果（circular casuality），以及從負面改為正面。

例句：

妻：他（丈夫）明明就是懶惰，地板抹了好像沒抹過一樣髒，你叫我怎麼放心交他做，結果，來去都是我做死。

師：我十分欣賞你勤力、整潔、認真的精神，似乎你勤力、整潔、認真的精神一直蔭庇着他，讓他可以繼續鬆弛懶惰。

夫：她常常抱怨我回娘家吃飯時催促她及早回家，很嫌棄她的家人似的。她並非不知道除了星期五晚，我們沒有哪一晚是可以悠閒地在一起的。

師：這樣説來，你用催促太太回家的方法，去保護你倆難得一聚的二人時光，是嗎？

除此之外，筆者從治療實務經驗中，發現「重新框架」與中國文化陰陽相合，實則虛之、虛則實之的弔詭思維十分脗合，還可以發揮以下的意義：

4. 開拓思維世界的弔詭圓融領域，安頓敍事者進退兩難的矛盾情感。

例句：

妻：剛才聽見丈夫説出他多年來的不滿，我更加沮喪，似乎無論怎樣溝通，也無法改善彼此的關係。

師：多謝你連內心沮喪絕望的情緒都樂意披露，現在丈夫敢於説出不滿，你又敢於陳明沮喪，大家都有信心顯露自己脆弱、難過的一面，不正正代表你們的溝通已跨進了一大步嗎？

此外，「重新框架」還可以發揮其他功能：

5. 保持原意，消除敵意。

例句：

妻：你想死就死吧，我不再干涉，誰又來理會我呢？

師：我聽見你努力了一段長時間，已經筋疲力盡，現在反過來需要丈夫的支持和呵護。

6. 把問題個別化的想法轉移，與內心的需要對焦。

夫：我還未有機會想清楚整個問題，你就已經向爸媽姐妹到處宣揚，我的面子往哪兒放？

師：把你倆夫婦的私事向他人公開會令人很難堪的，你期望太太能把你倆的私事設好界限，給你一個反省的空間，是嗎？

從上述眾多例句，我相信大家已經可以捉摸到一些神髓，所謂「清官難審家庭事」，的確有它的道理。婚姻治療師需要修練寬闊的胸襟、廣博的視野、多層次弔詭圓融的思維、準確的聆聽、深刻的體恤，才可以自然純熟地運用重新框架的技巧，開拓夫婦的思維，促進諒解，一步一步的幫他們重拾信心，再闖婚姻旅程。

8.2.3 啟發性提問技巧

對於一位婚姻及家庭治療師來說，恰當的具啟發性的問句有如一柄寶劍，運用得宜，刺中要害，肌理紋路分明。良好的提問技巧好比婚姻及家庭治療師的劍譜，決定整套劍法的高下。

對於未有受過嚴謹專業培訓的普通人來說，發問問題就是想索取客觀資料，獲得自己心中想知的答案。

（一） 一般非專業的提問方式

問句類型	例句
封閉式問句	·你懂得用電腦嗎？ ·你在香港居住嗎？
非此即彼的問句	·你喜歡喝茶還是喝水？ ·你現在是註冊結婚還是同居？
直接查問式問句	·為何你要辭職？ ·你在工餘有什麼消遣？
引導式問句	·既然你喜歡這份工作，你當然不介意加班了吧？ ·你告訴我對中國人有民族感情，亦即是說你不會考慮移民了？
情緒的問句 （由於問者充滿主觀情緒，容易使對方尷尬和自衛）	·你已步入中年，我想你未必能應付這繁重的工作，是嗎？

以上的問句方式以發問者的主觀興趣作中心點，問句封閉，無法開拓空間及擴闊彼此視野。

傳統輔導員和治療師都需要訓練自己有開放的胸襟，容許在人與人之間生命的對談中發掘新空間、認知和了解。較為開放的問句如下：

（二） 傳統輔導基礎提問技巧

問句類型	例句
開放性問句 **(open)**	· 可以讓我多了解作為單親媽媽的感受嗎？ · 你剛才說感到很煩惱，可以描述一下你所經歷的煩惱是怎麼樣的嗎？
發掘性問句 **(probing)**	· 你說心情很沮喪，可以舉個例子說明嗎？ · 你說曾經有過多次自殺經驗，是什麼讓你堅強地活下去呢？
串連性問句 **(linking)**	· 你曾多次提及不滿先生做事拖泥帶水，現在說到交朋結友的期望，你能否發揮一下在交友方面，你怎樣體會他的拖泥帶水呢？
預測性問句 **(hypothetical)**	· 假如你一個月內把所有問題都解決了，你最希望有什麼事情發生？ · 假如最壞的後果的確出現，你會作出什麼打算？

以上的問句方式在傳統的個人治療實務中也會應用。然而，近五十年來家庭治療蓬勃發展，不同的治療模式發展出不同的提問技巧，提問方法複雜精深，但似乎缺乏專書作系統陳述。現在筆者嘗試全面歸納臚列出來，可以提供作為婚姻及家庭治療的培訓參考指南。(Tomm, 1987, 1988; Penn, 1982; Nelson, 1986)

（三） 定性提問技巧（Linear Questions）

類型	提問焦點	例句
界定問題問句	家庭成員對問題的解釋和想法	· 現在文仔經常說謊，你怎樣理解他這個行為？ · 文仔說謊如何困擾着你？ · 要是文仔說謊的問題解決了，你希望見到什麼轉變？ · 太太 / 先生，你認為你們夫妻間出現了什麼問題？ · 你對現存的問題如何理解？ · 你希望看見一些什麼轉變？

（四） 循環式問句技巧

類型	焦點	例子
循環式問句 (Circular Questions)	尋找家庭成員間的互動資料，包括成員間的溝通、親密、權力、決策等模式，成員間的三角抒張動力，關係結盟及個人獨特的角色	
尋找互動順序 (Sequence of Interaction)	尋找獨特的互動行為	· 當媽媽把頭撞在牆上，爸爸有何反應？女兒見到爸爸的反應，又有何反應？
	尋找不同之處或改變	· 當你用體諒的語氣與你太太談論有關女兒的問題，她的反應有何不同？
	尋找聯盟	· 當父親提議替女兒轉校時，有誰贊成他的建議？
	尋找家庭成員間的關係互動全圖	· 是誰最先知道女兒不上學？媽媽發現後有什麼反應？當她立刻通知父親時，父親有什麼反應？當女兒知道父母的反應後，她又有何反應？
比較問句 (Comparative Question)	尋找家庭成員間在行為、信念、價值觀、思想、感受、習慣、關係等的比較； 尋找家庭次系統之間及內在系統的分野	· 女兒出事後，誰最有能力安慰母親？ · 你覺得與先生的相處模式，你自己像一位妻子抑或像一位母親？ · 當母親不在時，你會找誰傾訴？ · 當母親不開心時，她會找誰傾訴？ · 當母親和祖母不和時，家中誰人會干預？

類型	焦點	例子
類別性問句 (Classification Questions)	尋找不同家庭成員關係的等級；或個別家庭成員對某獨特行為的關注程度	· 若女兒離家出走，家中誰會最擔心？跟着會是誰？然後會是誰？ · 以 0-10 作比例計算、0 是最絕望，10 是最有盼望，家人中誰對女兒感到最絕望？
前後比較式問句 (Before and After Comparison)	在某獨特事件前後的行為改變	· 在父親患病前後，你們的夫妻關係有什麼不同？ · 在父母離異前後，你與母親的關係有何分別？
同意及不同意問句 (Agreement Questions/ Disagreement Questions)	確實資料	· 有誰同意你的看法，認為媽媽經常與姊姊同一陣線反對爸爸的提議？ (答案：二哥) · 二哥，你是否同意她的看法？ · 有誰不同意？
閒話式問句 (Gossiping in the presence)	用第三者的眼光來探討其餘兩人的關係狀況	· 弟弟，請問你會如何形容你父母的關係？ · 媽媽，你會如何形容父親與兒子的關係？
解釋性問句 (Explanation by different members)	透視過往的家庭關係	· 請問你如何理解父母的離異？ · 請問你如何理解父親要搬走？ · 請問你如何理解母親對姊姊的憤怒？
策略性提問技巧 **引導性問句** (Leading Questions)		· 倘若他是你心目中理想的丈夫，你仍然對他不瞅不睬嗎？
對質性的問句 (Confrontational Questions)		· 你說你不希望透露真相，為怕太太傷心，你以為你瞞騙了她，她又會不會因而難過呢？

（五）反思提問技巧（Reflexive Questions）

類型	焦點	例子
假設性的未來導向問句（Hypothetical Future Questions）	尋找將來的選擇	．如果你們夫婦的問題至終獲得解決，那麼你倆現時的關係有什麼問題是不會出現的呢？ ．當你看到父母爭吵時，你的感受如何？
觀察家／評論員觀點問句（Observer Perspective Questions）	協助當事人成為自我觀察者	．當你看見你先生發脾氣時，你有什麼想法？

（六）歷程式問句技巧（Process Questions）

類型	提問焦點	例句（△●對話）
內在心理歷程問句（Intra-personal Questions）	尋找當事人面對事情的內在心理運作模式：來回追蹤當時人內在的思想、感情、觀點、期望、渴求（沙維雅的冰山理論）	△當丈夫晚上十二時半尚未回家，又沒有電話通傳，你當時內心有何反應？（包括思想、感受） ●我感到很絕望。 △是什麼令你感到這樣絕望？ ●他把我視如無物。 △你期望他重視你，卻未能獲得重視，所以感到失望？ ●是的。 △你期望他如何表達對你的重視呢？ △現時他未能這樣表達，對你有何打擊？
關係歷程問句（Inter-poroonal Questions）	尋找雙方心理歷程在互動上的串連	△你以為他是否知道你對他有這些期望？ ●他是應該知道的。 △你期望他應該知道，事實上他是否知道呢？ ●那，我不肯定。 △你若不肯定他是否知道，你如何讓他知道呢？ ●我不甘心告訴他。

類型	提問焦點	例句（△●對話）
		△似乎你裏面有很多憤怒，這是可以理解的，但這些憤怒的情緒似乎攔阻你去表達自己的期望。 ●是哦（沉思），也可以這樣說。 △你喜歡繼續被憤怒纏繞而無法表達自己的期望嗎？這樣的狀況會如何影響你與丈夫相處呢？
自我聚焦歷程問句 (Self-focus Questions)	協助當事人從向別人投訴、埋怨、擔憂、怪責、思慮而轉向自身聚焦，提高自我覺察，自我認識和正視問題的能力（源自鮑恩的問句技巧）	●他這個人無可救藥，有什麼事都只會偏幫他母親，他又何必與我結婚呢？ △聽見你期望他在婆媳的關係中支持你，得不到支持你感到失望。他的行動看來偏幫母親如何影響到你？ ●沒有影響我，我對他已經沒有期望，他不負責任，不守承諾，自以為是。（強烈情緒使當時人仍舊手指朝外，用控訴去抒發內心的傷痛、失望） △聽來他很多行為令你一再失望，叫你擔心再次失望，不敢對他再存希望，以防再次受傷，是嗎？ ●（緩緩點頭）我已經給他多次機會，一而再告訴他我的困難，他卻無動於衷。 △我聽到你屢次失望而感到失望難過，他未有正面去回應你的期望，對你產生最大的傷害是什麼？ ●我感到他不可靠，好像信錯了人。 △聽來你曾經對他投入很多信任，也渴望有人可以倚靠。 ●可能我在家排行第一，什麼事都靠自己應付，以為結婚後可以歇息下來，有一個人可以讓自己靠一靠。 （當事人語調開始平靜沉緩，內容敘述自己的狀況和需要，轉為自我聚焦）

類型	提問焦點	例句（△●對話）
意義釐清的提問技巧 (Meaning-making questions)	跳越事情的細節與是非對錯，深入了解當事人對事情建構的主觀意義。	△剛才太太說擔心你飲酒會損害身體，對你個人來說，飲酒又是什麼意義呢？ ●我不會豪飲，每晚一小杯，不會傷身，對我來說，飯後飲一小杯，好像可以獲得片刻喘息的機會。 △哦，你需要一些時間喘息。日常生活你有喘息的機會嗎？ ●完全沒有，你知道我工作多麼繁忙，回家也得不到休息的空間，只是飯後一小杯，可以喘息一會。 △工作繁忙很容易理解，回家後又有什麼阻礙你無法喘息？ ●我怕她不愉快，一回到家裏就隨時犯錯事似的，你可以說我逃避，我需要逃避一陣子，否則我怕自己精神崩潰。 △哦，這樣聽來，每天一小杯酒對你來說是尋求一個心靈休息的空間，而且也是你嘗試平衡自我精神健康的方法。

治療師並沒有加入飲酒是非對錯的立場，也並非鼓勵飲酒，而是藉問句細心了解飲酒對當事人有何意義，促進夫婦互相諒解，進而探索其他也可提供心靈空間、平衡精神健康的有效方法。

（七）敍事治療問句技巧（Freedman and Combs, 2000）

類型	問句焦點	例句
❶ 解構式問句		
信念解構問句	幫助案主打開故事的包裝，揭示有問題的信念、做法、感受和態度，了解故事是如何建構出來的。	·這個問題如何影響你對自己的看法？ ·這個問題如何影響你的生活和你的人際關係？ ·在你所描述的境況中，在人羣交往中你會有什麼表現？ ·你所描述的處境有沒有促成生活中的什麼特殊感受？ ·就你剛才所描述的行為，你認為應該存在着什麼態度？ ·是什麼阻撓你發展自己喜歡的人際關係？
人際關係歷史問句	幫助案主揭示一些固有或理所當然的做法和知識。	·你從哪裏學到這些對問題的反應方式？ ·過去有什麼助長你的自責呢？ ·焦慮一直是你最好的朋友嗎？ ·這些觀念在什麼時候開始出現的呢？
背景影響的問句	幫助案主找出背景如何成為問題故事的支持系統，並找出文化習俗及見聞如何影響問題故事。	·有沒有什麼場合，是你最容易妥協的？ ·你生命中有誰贊成你受無助感所支配？ ·這種做事的方式對誰有利？ ·在什麼情況下，你預期這些觀念最容易得到擁護？
影響或結果的問句	藉着顯現人生活和關係中問題所造成的衝擊，可以擴大問題故事的範圍。 把信念、做法、感受或態度的真實影響，放入不同的角度來看。	·感到孤獨對你的生活有什麼影響？ ·自暴自棄會使你在工作的人際關係中，做出什麼事情呢？ ·如果你用這種存在方式邁進的話，會怎麼影響你的前途呢？
相互關係的問句	幫助案主解構整個組成生活問題的信念、做法、感受和態度的網絡。	·還有哪些問題是和性上癮在同一組的？ ·有人告訴我，他們認為焦慮和孤單與暴食症是孖生兄弟，你認為呢？ ·「搏一搏」的觀念，會助長盲動和專注賭搏的情緒，還有沒有留下空間給你覺

類型	問句焦點	例句
		察其他感受？ · 這觀念使你做了什麼事情？
策略或計劃問句	既然我們把有問題的信念、做法、感受和態度，當成外化的實體，就能視它們為可以選擇的其中一種做人方式。揭開這些策略和計劃，能產生強大的解構效應。	· 厭煩是怎麼混進你們兩人之間的呢？ · 假如我是你生活中的厭煩，我會怎麼做，好讓人知道我的存在？ · 我會怎麼使事情每況愈下？我會選擇什麼時機？

❷ 開啟空間的問句 幫助案主建構獨特的結果

獨特結果的問句	引導案主尋找「問題故事」中的例外，解除「問題故事」的控制力。	· 過去有沒有什麼時候，你們的關係本來可能被晦氣所俘虜，結果卻不然呢？ · 你們兩人有沒有試過對抗某些文化規條，堅持以自己的方式去行事為人呢？
假設經驗的問句	幫助案主想像這些經驗，從而尋找另一個故事。	· 如果你們的雙親患病垂危，你們兩人會不會齊心協力面對危機？……你們對自己可能團結同心，有什麼看法？ · 如果你沒有承擔照顧孩子的全部責任，會發生什麼事？比如說，如果兒子半夜尿牀，你卻沒有起牀回應的話，會有什麼事情發生？
觀點的問句	幫助案主從另一人的觀點來看這故事的意義，從而為自己提供另一個故事情節的開端。	· 關於你怎麼適應這種困境，你的知己好友會說什麼？ · 你女兒看到幾乎家中所有事情都是由你先生來決定，你想她會學到什麼？你希望她學到嗎？你比較希望她看到什麼？她有沒有見過你現在描述的情形呢？ · 看見紛爭使家人彼此疏遠時，你對自己有沒有什麼新的體認？

類型	問句焦點	例句
不同背景的問句	幫助案主從不同的背景對「問題故事」所帶來的不同意義及發現故事如何障礙案主對自我的認識。	· 我了解你們回娘家的時候，彼此間的確存在猜疑，使你們會說出一些並不能真正代表自己最想說的話。可是我想知道，有沒有其他情形，你們能保持信任？ · 沒精打采影響你全部的生活，還是只影響學校生活？
不同的時間架構的問句	幫助案主從他自己一生不同的時光，來尋找「問題故事」的例外經驗，從而開啟另一故事情節的開端。	· 我聽你說覺得一生倒楣，可是，如果你比較生命中不同的時光，有沒有什麼時候你活得生龍活虎的呢？ · 在你一生中的什麼時候，覺得最有安全感？從那以後，你有沒有想到什麼特別的事情？可以告訴我這件事嗎？
發掘案主較情願的選擇問句	為案主創造不同的意義和方向，用以推動及調整案主的情緒反應。	· 你認為最好是讓憤怒管理你的生活，還是讓自己管理呢？為什麼？ · 對你而言，這是好事還是壞事？這是個有用的做法嗎？怎麼做？為什麼？ · 這個觀念適合你嗎？為什麼？

❸ 發展故事的問句　幫助案主從新撰寫故事，以全新的方式體驗自我和生活。

類型	問句焦點	例句
歷程問句	幫助案主創造有用的人生藍圖，以面對未來的挑戰。	· 你做這件事時採取哪些步驟？首先做什麼？然後呢？ · 回顧這個成就，你認為成功的轉捩點是什麼？ · 有沒有什麼特別的事情，是你告訴自己可以支持這決定的？你怎麼做的？
細節的問句	幫助案主想起事件中受到忽略或遺忘的觀點，為案主引發強烈的參與感來重新演繹故事。	· 你告訴他你考得車牌時，他有什麼表情？他說了些什麼？ · 如果你們兩人經歷這項成就時我在場，你們想我會注意到哪些特別的事？ · 當你實現那個目標時，房間裏其他人有什麼反應？

類型	問句焦點	例句
歷史的問句	獨特的結果常常有歷史的根源，只是被問題蒙蔽了。「歷史的問話」能幫助人把根源認出，並加以更新。	· 依你的了解，誰會預期你有這種轉變？他們根據什麼而有這種預期？他們會想起什麼特別的記憶或事件嗎？ · 你丈夫以前什麼時候顯示過這種勇氣？ · 這是全新的發展，還是你以前在困難處境下經歷過的？你記得是什麼處境？
提出未來導向的問句	幫助案主把不同的故事擴展到未來，改變人對未來事情的預測。	· 你認為下一步要怎麼做？ · 關於你祖母未來入住老人院的生涯，這新發展有沒有引發你做出什麼預測？ · 三個月後，你認為誰會最喜歡這個新結果？是什麼結果使他們這麼高興？
將過去和現在或未來做對比的問句	幫助案主或能注意到許多以前認為理所當然的改變和差異。	· 這和以前的做法有什麼不同？ · 好，這次你沒有讓抑鬱症得逞，而敢於加入社交場合。相比起被抑鬱症控制的生活，有什麼不同呢？
連接過去、現在和未來的問話	可以生動地描述出時間的過程以及敘事的方向性，並以不同的時間架構增加事件的意義。	· 你說初中時曾為自己堅持過好幾次，而最近你又恢復這個力量，並與好友分享你的想法。如果我們把這些事情想成你一生的趨勢，你預期接下來會發生什麼事呢？ · 以前有誰會預期到你生活會有這個新發展？假如在現在的發展中，他也在場，他會怎麼預期你的未來呢？
背景問句	關於背景的問話，可以使故事牢繫於特別的場所和處境，有時還能引導人把故事擴展到新的場所和處境。背景的問話也能引導人注意到人生若要選擇較喜歡的故事，文化所扮演的角色。	· 有沒有什麼特別的體制或背景能支持你的新決定？ · 環境有沒有成全你做這件事？怎麼成全？ · 你描述的過程是不是你所處文化的一部分？文化中有沒有什麼關於如何面對這種挑戰的知識呢？

類型	問句焦點	例句
人物問句	引導案主回想敘事的產生，是出於哪些角色的貢獻，也引導案主思考不同的故事對其他人的影響，包括家人、朋友等。	· 誰會最先注意你已克服憂慮？這個發現會怎麼影響他？ · 你和女朋友通信對這件事有影響嗎？她寫給你的信中，什麼事是重要的？ · 你面對問題時，如果一直把媽媽牢記在心的話，會有什麼不同呢？
假設事件的問句	幫助案主推測出過程、細節、背景和人物。對人現在的生活產生真實的影響。	· 如果你沒有出國留學，你認為成長過程會有什麼不同？ · 如果你接下這個計劃的話，首先會怎麼做？ · 如果你想像自己是大學教授，你會像什麼樣子？你會改變你的作風嗎？

❹ *意義性問句* 幫助案主了解事件的意義。

意義和含意的問句		· 你的伴侶做這件事，對你有什麼意義？ · 這個新觀點讓你對自己有什麼認識？ · 你和家人在這裏一起談論這項新發展時，對你身為一個家人有什麼意義？
特徵和特質的問句	幫助案主更新個人或關係的自我認同，以符合發展出的不同故事。	· 看見你們一起完成這件事，你的伴侶會怎麼描述這種關係？ · 既然你已聽到女兒採取什麼步驟，好在生活中不亂發脾氣，現在你在她身上看到什麼特質？
動機、期望和目標的問句	引導案主注意特殊的發展會如何反映出更大的生活規劃，建構這兩者的聯繫，可以增加發展的意義。	· 你認為他採取那一步行動，背後顯示了什麼動機？ · 你們兩人討厭被對方忽略，能不能反映出你們對夫妻關係的期望？ · 關於這個計劃，我們已列出好幾件你着手完成的事情，回顧這一點有沒有使你這部分的目標更清楚呢？你的目標是什麼呢？

類型	問句焦點	例句
價值觀和信念的問句	詢問案主獨特的結果會如何反映他們的價值觀和信念。	· 為什麼這種新的思考方式比舊的方式更適合你？ · 根據我所聽到的，你想我會對你關於友誼的價值觀說什麼？ · 我們已經回顧你女兒在暑期發生了什麼事，你想她必須相信什麼，以堅持她所採取的立場？
知識和學習的問句	揭示人們關於生活中獨特結果和較喜歡方向的特定知識，是很重要的，用以突顯可以對抗問題的學習和知識。	· 回想那件事時，對於你失業後的人際關係，了解到什麼？ · 關於這件事可能對生活的其他方面有所影響，你有沒有學到什麼？ · 當你看見自己有那麼多進展時，你對自己學到了什麼？ · 根據你對這件事的了解，關於「自憐的情緒」蒙蔽你所造成的結果，你知道了些什麼？

對於重視圓融思維和整全印象的中國治療師，開始運用各種各類不同層次、不同焦點的問話技巧，實在有一定的難度，而且初學者起初會感到問句僵硬、機械，毫不自然。初學者首先要領略和消化不同問句手法背後的關注和精神，除了鸚鵡學舌地一句一句倣效，還要把問句自然的口語化說出來。

初學者常常會犯技術主導的毛病，忽略了與案主親切自然的連繫。筆者願意列出一些基本心態去糾正初學者常犯的毛病：

1. 以當事人為本，以尊重、愛護、接納的態度和語氣發出問話，否則，案主會有一種被查案或被盤問的感覺。
2. 留意案主此時此刻的情緒，包括身體語言和面部表情，經常給予情感上的肯定和接觸，與問話穿插使用，才可以幫助案主投入重新揭示自己內在意識和情感的狀態。

3. 以當事人即時的需要和反應作指引，去調節問話快慢的步伐，否則機械性問話令個案歷程進展弄巧反拙。
4. 以謙遜、「未知」、誠懇的求問態度與案主接觸，可免案主有被解剖和被「客體化」的經驗。

8.3 深層治療

8.3.1 深層治療的意義

婚姻關係錯綜複雜，怨恨矛盾，恩怨情仇。年輕的未婚輔導員，要介入夫婦關係，有如面對兩伊戰爭，束手無策。依據杰連（Guerin, 1987, ch.6）等治療師的實務分類（參本章第一節），夫婦衝突分四個階段，通常處於第一個階段的夫婦，二人仍然有許多心意、信任和彈性，有充足面對困難的能力，所以絕少走入輔導室。處於第二個衝突階段的夫婦，能夠先知先覺的為了鞏固關係而尋求輔導的，也是少之又少，倘若遇見這些夫婦，能夠有系統地處理一些溝通難題和互動模式，問題已經解除了一大半。

自願或不自願步入輔導室的夫婦多半是屬於第三、第四衝突階段的人。他們的困擾背後有其問題的深層結構，治療師單單應付表面行為、結構、功能等表層特徵，往往不能奏效，問題會進兩步退三步，往復循環。這些夫婦都需要治療師深層治療的幫助。

8.3.2 運用家庭圖

家庭圖是採用人類學家的家庭樹，以及鮑恩介紹的家庭圖表而轉化出來的家庭治療實用工具。其後，鮑恩的門生杰連（Guerin and Pendagast, 1976）以及麥高域等人（McGoldrick and Gerson, 1985）再加以詳盡發展。

家庭圖是一樣十分簡單有效的實務工具。凡是關心跨代家族關係脈絡的治療師都熟練如何使用家庭圖。簡單來説，一頁紙的記錄便可將一個家族三、四代的關係脈絡呈現紙上，一目了然。

現將基本家庭圖的畫法，與有關的記錄符號羅列於下：

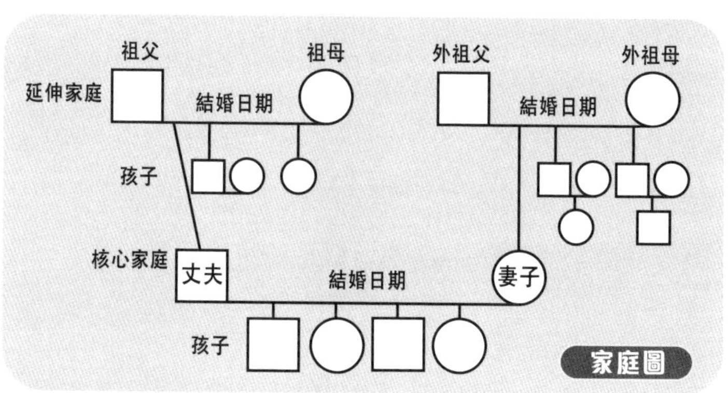

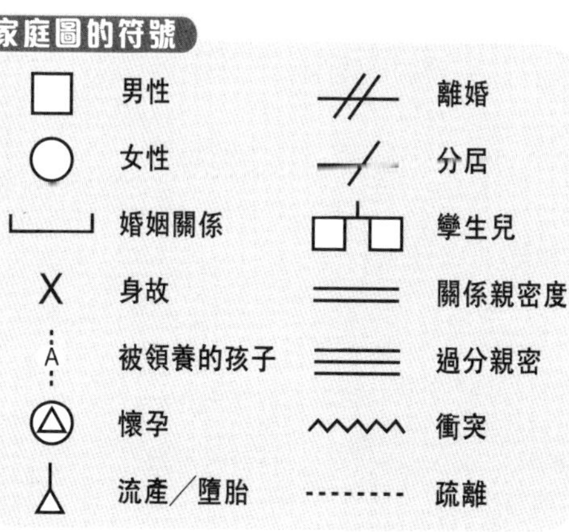

記錄在家庭圖上的有用資料：

1. 名字及家庭外號
2. 年齡、生日日期、死亡日期、患病、小產、難產、墮胎等
3. 結婚、分居、離婚、婚外情
4. 家庭排序
5. 居住地點、區域
6. 各家族成員的關係：親密、疏離，矛盾衝突、切割等
7. 三角抒張關係

此外，還可以記錄一些相關資料：

1. 家庭發展的重要大事，家庭變遷和過渡時期
2. 家族歷史的祕密、隱私和創傷往事
3. 家人情緒過敏的重要主題：金錢、失敗、學業成績、成就、不忠等
4. 家庭成員罹患精神病、賭博、醉酒、性上癮、吸毒等特殊習慣，或者一些過人的傑出表現

能夠善用家庭圖，家庭及婚姻治療師就可以在治療初期盡早搜集有用資料，及早作出全面評估，而且亦可以協助受助家庭促進自我了解。

8.3.3 化恨解怨、排毒治療

近年，人們很小心留意身體健康，發現人的一生吸收多種食物多種物質，在體內未能完全消化，會累積成為毒素，危害身體健康，於是，日本人流行「斷食」解毒，中國人推介排毒美顏藥品，去清除身體過分積存的毒素。

對於婚姻關係，何嘗不是一樣？二人日以繼夜，十年八年的親密相處，一定累積許多未能吸納或消化的事件，也累積負面情緒，成為難以消解的毒素，危害婚姻關係。

倘若一對夫婦來見婚姻治療師，累積一大籮筐的恨怨，甚至心灰意冷，絕望消沉，婚姻治療師該如何發揮排毒功能，化恨解怨？

毒素累積很深，卻肯尋求婚姻治療的夫婦，基本來說有兩種情況。第一種情況是，其中一名配偶內心矛盾，正在徘徊於離與合的掙扎。我們可稱之謂「一隻腳踏出婚姻關係以外，一隻腳留在婚姻關係當中」，這樣的人未能完全委身及肯定婚姻關係。第二種情況，是其中一方或雙方十分疲累、心灰意冷，但未到「心死」的地步。可能是由於孩子的教養問題、婚外情的觸發，或其中一方離家出走等等事件，牽引夫婦來到輔導室。這樣的夫妻即使如何受傷和背負負面情緒，由於個人信念、宗教信仰，或者其他因素，仍然肯定和委身關係，只是筋疲力盡，苦無出路。

第一種情況，要首先給予矛盾徘徊的一方提供離合決定輔導，才能在較清晰的委身意願下化恨解怨。第二種情況，治療師可以協助雙方化恨解怨。

有關化恨解怨的排毒治療法，杰連及其同僚（Guerin, et al., 1987）有很獨到的見解。他們提出七個實務工作步驟去化恨解怨。

化恨解怨的七個實務工作步驟如下：（Guerin et al., 1987, p.234-23）

1. 帶出及探討案主用以逃避現實的虛幻假想。例如：假想自己沒有結婚，假想自己得到絕症，忽然死了。
2. 尋找過去的負面經驗，比喻為怨毒銀行，用改換框架辦法，說出清理「壞賬」對銀行運作大有幫助。
3. 追溯有關怨恨事件，理解為一個人由失望到絕望的孤苦歷程。
4. 從跨代模式去深層理解怨恨情緒。
5. 轉變認為「對方是『大壞蛋』、害我受苦」的觀點。
6. 當怨毒消失後，協助案主處理隨之而來的空虛感。
7. 協助案主擴闊眼光，除了改善婚姻關係以外，仍可以全面發展自我，開拓人生目標。

筆者欣賞杰連等人化恨解怨的工作手法，因為他們敢於正視人性的渴望與失望，人類跌落孤立的個體狀況，對親密關係有深刻的同情和洞見。筆者卻嫌杰連等人的做法過於聚焦個人（筆者同意聚焦個人是非常必要的），忽略了在夫婦互動間重新解讀恨怨事件，拓展新的思維和力量。

（一） 排毒治療法

筆者結合杰連的思想，以及研究所得（霍，2000），發展了一套化恨解怨的排毒治療法。工作步驟結合如下：

1. 首先掌握二人關係能量所在。譬如說：一方想搬出去住，尋求空間，另一方十分反對，情緒激動。他們關係的能量所在，可能繫於反對一方恐懼失去對方，這個恐懼可能反映了這一方的長情和忠誠堅忍，也可能繫於動盪一方口硬心軟，遲疑不決的悲憫心腸。

2. 攫取二人能量以後，與夫婦共同建構一些基本相處模式，或互動行為，用以減低焦慮情緒，穩定系統，防止關係繼續滑落。
3. 評估動盪一方的情緒激烈程度。倘若苦毒甚深，長埋隱衷，就要給予這一方一節到三、四節的個人會面，給予機會傾訴及舒緩。讓這一方回復平靜穩定。才可加插採用杰連等治療師前述的第一、第二工作步驟。
4. 待苦毒的一方得到諒解和舒緩以後，雙方一起接受輔導，作出婚姻回顧。
5. 婚姻回顧可借助婚姻關係滿足感的關係線去加以反映和探討，如下圖（霍 2000, 頁 61-62）：

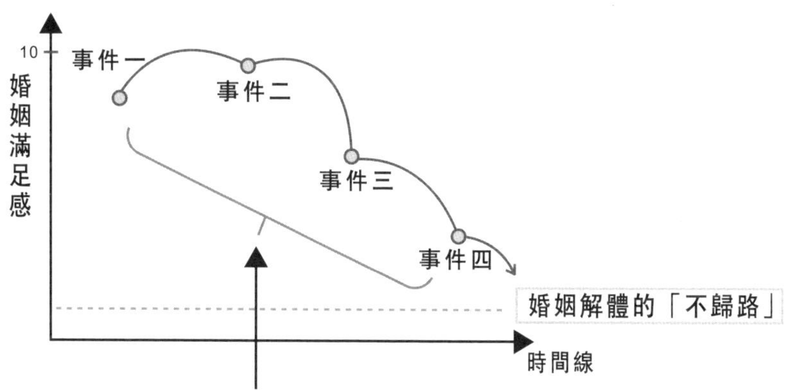

6. 新的觀點、深入的了解會帶動新的盼望和能量，也帶動新的互動模式。
7. 對二人關係作全面檢討，放棄無謂的期望，強化「正面」關係，修整「負面」互動模式。
8. 二人共同開拓婚姻關係以外的人生生涯發展的目標。

（二） 個案闡釋

美珍和志明一直相安無事，偶有衝突，很快便能化解。近兩年，志明常常沉默寡言，美珍因為工作繁忙，也沒有太多過問。最近，他們有一位要好朋友鬧離婚，志明忽然表達，不知道自己是否仍愛美珍，很想搬出去住，冷靜一下。

接案的時候，志明心灰意冷，情感麻木，完全沒有動力去改善關係，只想一個人悄悄地躲起來，遠離塵世。治療師千萬別急於勸告志明什麼，而是去發現彼此能量所在，就是彼此都不想傷害對方。美珍十分擔心，手足無措。治療師借用她的能量，就是她對關係的認真和着緊，指引她目前不停追問，以及講道理、分析問題等等行為，都會使關係惡化。治療師協助她安靜，並用輕微的非語言方式表達關心，接納丈夫的狀態。這樣細心介入試圖穩定二人系統。

二人系統穩定以後，治療師單獨與志明會面三次。在單獨會面之中，發現志明心存恨怨，既不容許自己承認，更不容許自己表達出來，只是終日設想，希望自己從來沒有結婚，也懷疑自己根本沒有能力去愛。

在這個階段，志明需要獲得完全的接納和理解，倘若治療師在這個時候協助他反省和察覺自己在婚姻問題中該如何負上責任，並不適當。採用杰連等人前述處理恨怨的第一、第二步驟會十分合適。

到了志明心情平穩，回復願望和動機去處理關係時，治療師可以邀請夫婦雙方作出婚姻回顧。筆者結合了敘事治療法的精髓去協助受助夫婦重新解讀有毒事件。

原來，志明六、七年來的婚姻並不愉快，他常常為了滿足美珍而犧牲自己的願望。最近一次事件是買樓事件。志明兩年前提出換樓，當時美珍並不贊成，認為沒有特別需要。但到近年，美珍因為工作調遷，升職加薪，又再提出買樓，志明氣在心裏，沒有明言。

將事件解讀以後，美珍上次不贊成買樓，是由於樓市不穩定，而且心裏想生孩子，為未來孩子作好儲備。而志明當時想買樓，是想嘗試為家庭作一次主，及後因為拗不過美珍，強忍噤聲，惟有作罷。近日，美珍又想買樓，掀起他的新仇舊恨，覺得美珍又專權，又自私，每件事都單為自己着想，只照顧自己的心意。

美珍把買樓事件解讀為同甘共苦，有商有量；志明把買樓事件解讀為專權及自私。互相交換了內心見解，志明聽見美珍説「同甘共苦，有商有量」的字眼，心裏的氣消了一半。治療師再引導美珍細細聆聽為何志明把事件解讀為專權、自私，才理解到志明聯想到早年拍拖的不愉快事件，也是未消解的有毒事件。昔日，美珍聽取母親教導，認為女子要「吊起來賣」，表示矜持，害得志明苦苦追求了兩年，美珍若即若離，沒有確實表明心意，令志明心裏挫敗，一直隱藏心裏，未曾溝通；今次的買樓事件，再加上一些瑣碎事件，心中苦水一湧而上，陳年往事，也湧上心頭。

志明也受社會信念束縛，認為男兒漢不與女兒爭長短，也不該執著小事，心中悶氣受這信念障礙，更不能紓解。於是志明就為自己提升事件的意義，看為美珍小姐脾氣，自戀愛開始，已經要叫人遷就她的心意。

美珍細心聆聽，在治療師的引導下，沒有反動情緒，反而連忙道歉；志明聽了美珍訴説詳情始末，心裏稍為有了着落。治療師再啟發美珍表達為何這麼着緊，害怕他搬出去，美珍一連數了十項八項志明的優點，和在她心目中重要的地位，流起淚來，因為美珍自小喪父，害怕也會失去志明，有如喪父之痛。

在這時，治療師開始協助雙方追蹤一些跨代成長未了事。原來美珍自幼喪父，承擔家庭責任，只懂得實事求是，不懂得溫言婉語，有時候説話耿直，而且多做事少説話，一出口就是決斷和指導的口吻。志明自幼看見父母不和，最怕衝突，又經歷人微言輕之苦，於是自信心不足，而且事事順應、討好，但求息事寧人，內心卻積存不滿和逃避現實。

因此，美珍與志明一開始相戀時，二人的相異是二人互補的地方，也正是雙方欠缺和衝突之處。經此解讀，志明和美珍彼此更了解對方，獲得更深的接納和共鳴。

美珍和志明在性生活上也是長年累月不滿足。美珍怕痛，怕陰道發炎，累得志明誠惶誠恐，在性生活上很多挫折，卻不敢表達，表現出上述相似的互動模式。治療師協助雙方發現及調整互動模式，志明的挫敗感減少，美珍的安全感增加了，也正視了自己個性的弱點，獲得拓展，二人關係跨進了一大步。

8.3.4 處理跨代未了事對二人系統的影響

有不少學員問我：倘若夫婦二人的問題往往追溯到二人的家庭背景，甚至跨代的家庭情緒氣氛影響，那麼，「代代有本難念的經」，長篇累牘，何時何刻才處理得完？

這是一個好問題。從二十多年實務經驗的摸索中，我開始有一個想法：婚姻問題有一個表層結構和一個深層結構；深層結構的「遠古」問題，影響着表層結構的問題呈現，因此治療工作應該由淺入深。每個人的領會不同，慧根不同，若處理表層結構，問題就已經解決，則無須對「遠古」事情多加費神；但若問題重重複複，我們就要追蹤問題的深層結構，有如治理腫瘤，要找出細胞所在，切除不良組織，徹底處理，重建新生。

有關處理夫婦二人的家庭背景和跨代未了事的問題，可參考前文圖表「夫婦關係個案評估的多重審視層次」（頁 200）。

（一） 處理夫婦問題，由淺入深

1. 找出關係互動模式，彼此權力分配，角色、功能、界限的安排，重新作出調適，學習新的互動技巧，若然問題已獲解決，就大功告成。

   否則——

2. 追蹤問題形式的脈絡，研究外在環境壓力，及家庭生活發展階段種種潛能和陷阱，疏導能量，開發資源，若然問題解決，大功告成。

   否則——

3. 追蹤各人個別的內在心理因素：安全感的建立，自尊感的強弱，人生觀及人生信念如何出現缺環或未用的潛能？作出適當調節、挑戰和醫治，若然問題解決，大功告成。

   否則——

4. 追蹤跨代家庭模式、情緒氣氛、行為規範、人生主題的承傳，如何影響今天問題的呈現，作出調節和醫治，再加強現實問題的解決能力，強化改變，大功告成。

以上是一個簡括的概念流程，事實上1、2、3、4各層次的問題會相互影響，治療歷程中也會出現來回互動，得小心疏解醫治。

（二） 基本假設

倘若一個個案牽連到原生家庭跨代承傳，我們如何去追蹤和處理呢？就筆者臨牀實務的觀察，跨代未了事影響夫婦相處有幾個基本假設：

1. 人生過往的未了事對人生目前的生活狀態帶有一種流傳的影響（carry over effect）。
   - 個人在原生家庭未獲滿足的情感需要，會促使個人在配偶身上去尋找滿足。例如：安全感，被重視、被愛的感覺，有貢獻的感覺。
   - 個人從最親的親人（父母、保母）去經驗及學習人與人親密的相依之道（attachment style），倘若相依經驗中有創傷或不完全，會直接影響我們與他人建立親密關係的能力。
2. 人的情感能量是推動人排除萬難邁向目標的主要能量，個人若果受制於過往未了事的陰影，會出現情感傷殘，沒有能力去應付目前的人生任務。
3. 無論個人如何立志改變，想要跨越上一代的影響，很多時意志力不能糾正不良經驗，只會重複翻印出上一代的模式。
   - 道理是：人未曾獲得的就沒有能力付出。
   - 許多時候，親密關係出現的問題是跨代未了事的倒影，即使道德上樂意付出愛心、委身、關懷，卻無能為力，心靈願意，肉體卻軟弱了。
4. 兒女天生對父母有深入骨髓的忠誠和愛，倘若父母不和，兒女會產生忠誠矛盾，下意識感到虧負父母受欺壓的一方，甚至以自己一生的幸福去承擔欺壓者的過錯，下意識把未了事重演在愛侶身上。

5. 兒女對家中失喪、死亡、離家、被排斥的家族成員會產生未了結的情意結，凍結在愛和連繫的失落情結中，無法與伴侶新鮮活潑地相愛。

傳統跨代家庭治療模式（Murray Bowen, Norman Paul, James Framo），在治療開始時就要求受助者寫上資料完整的家庭圖，記錄所有出生、死亡及重大事件，透過詳盡資料，研究跨代模式如何影響現今問題的呈現。可是，這個方法要花很多時間，資料十分繁複，理解需時，對於夫婦現時的困擾看來沒有即時幫助，容易使受助者氣餒。

近代的治療手法則加以變通，靈活遊走在「現在→過去→現在→未來」的時空之間，保持對受助者現今困擾問題的適切關注，連結過去和未來的線索，讓受助者安心、自然，共同探討，獲得共識。

（三） 實務流程

這樣的治療手法，說起來很瀟灑，做起來卻殊不容易。在筆者「實務靈感」的筆記本上記錄了以下的實務流程：

1. 從呈現的問題入手
   （1）首先警覺及處理危機
   （2）預防負面的情緒升級，穩定整個治療系統
2. 注重此時此刻
   （1）觀察及認知夫婦現時的互動模式
      - 衝突升級？

- 彼此疏離？
- 三角張力呈現？

（2）觀察二人衝突的舞步

- 你追我走？達致那個階段（Gurein, 1987, p.44-49）
- 長期不平衡關係：一個受寵、一個付出。忽然驚醒：

—— 被第三者驚醒？

—— 被工作文化驚醒？

—— 被家庭成員的死亡驚醒？

—— 被社會文化驚醒？

——被朋友例子驚醒？

—— 因升職、進修、自我成長而驚醒？

（3）觀察二人此時此刻溝通及相互諒解的能力

3. 問題為何在此時此刻呈現？

追蹤各個層次的脈絡

- 家庭生活階段脈絡
- 工作環境脈絡
- 社會文化脈絡
- 延伸家庭脈絡
- 生命主題的脈絡

4. 當治療師與案主會談時，出現以下的徵狀，意味着可能要追蹤問題的深層結構，回歸案主的原生家庭：

（1）重複出現的用語或主題

例：「我一世人都沒用」，「到頭來被人欺負」，「我生不如死」，「世上根本沒有公平」，諸如此類。

（2）很空泛或模糊的形容詞，卻不能描述實際的行為

例：「總之，我想他很愛我，十分十分重視我」，「其實一切都沒有所謂，最氣忿是他不尊重我」。

（3）不尋常的反應（反應大幅度超出一般人的行為反應）

例：「他一分鐘不回應我都不行」；丈夫爽約了一次，太太就感到人生沒有希望。

（4）總是來來回回糾纏在一個要點之上

例：我不明白為什麼他總是不求上進，無論他如何保證，我總是覺得人生沒有保障。

（5）夫婦間重複又重複出現某種互動模式，多番介入也不能打破惡性循環

例：太太像教小孩似的指教丈夫，丈夫則忍氣吞聲。

（6）夫婦間已經作出了許多行為上的改善，但其中一方總是感到不愉快、不滿足

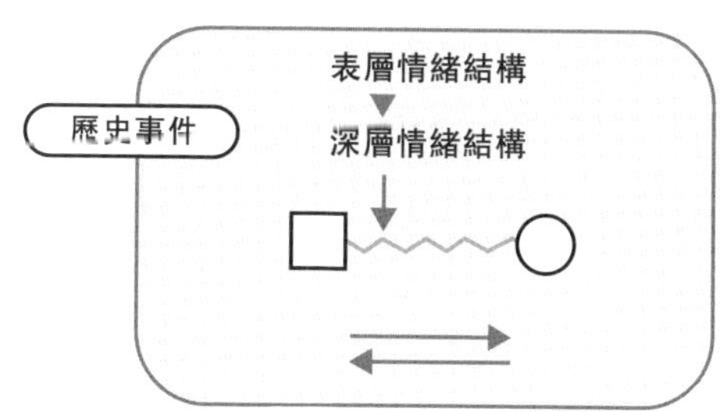

（四） 處理深層情緒結構的治療步驟

1. 發掘及確認夫婦二人情緒過敏反應
    - 負面情緒升級

    - 彼此疏離

    - 你追我逐

    - 情緒掛鉤

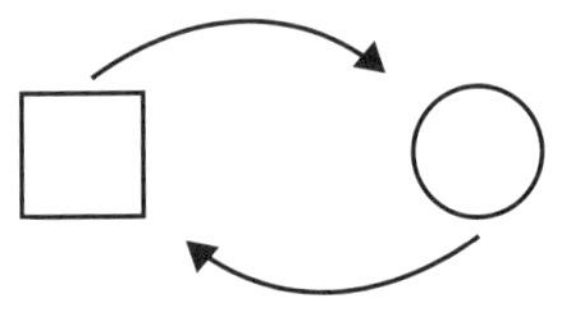

2. 讓夫婦二人的情緒反動模式呈現，使夫婦有能力覺察彼此的互動，使下意識的情緒反應安全地浮現在意識層。
3. 協助夫婦揭示引起情緒反動的觸發點，和深層情緒反應。
4. 降低情緒過敏反應，回歸原生家庭的未了事：
    - 經驗上獲得抒發、接納和肯定
    - 認知上獲得了解
    - 重構家庭的故事
5. 接觸、接納並與深層自我復和，達致獨立自主，以情相繫，情理兼容。這樣的話與親人、配偶的相處模式自然有所改變。

6. 確認改變和深入改變。
7. 促進獨立自主健康自在的相依情懷。

（五） 個案闡釋

個案一

李生、李太育有兩名兒女，一家四口本來生活得很快樂。近年李生經營大生意，轉了行業，生意有起有落，李生放了大量精神時間去處理業務。小女兒成績低落，李太十分憂心，兩夫婦常有爭吵。經過幾個月的輔導，雙方的互動模式漸有改善，家庭生活發展的轉變和壓力也獲得理解和共識，可是，每星期為了安排家庭活動，總是會在出門前數分鐘弄得不歡而散。

治療師浮現夫婦二人情緒掛鉤的互動模式，再追蹤雙方衝突時的深層情緒結構，李生重複又重複描述李太動作太慢，不夠時間。治療師覺察到「不夠時間」是重複的主題，引發內在憤怒、焦慮、惶恐的情緒過敏反應。治療師進一步協助案主追蹤「不夠時間」的經驗，發現案主母親早逝，身為老大，要協助父親打理家務，但案主又十分好動，喜歡逗留在學校進行乒乓球活動。所以，整個中學階段，案主天天在趕時間：中午回家洗米煮飯，又趕往佔乒乓球桌在放學後趕打兩局，又立即趕在父親放工前回家做好飯菜，以免捱罵，每逢遇到短促的時間，他便心跳加速，作賊心虛，像做錯事似的，十分焦慮和恐懼，這些都是不受控制的自動情緒反應。看見李太慢條斯理，或者出門後又要回家檢查窗戶有否關緊，感到大禍臨頭，覺得李太與自己作對，十分憤怒。李太覺得丈夫蠻不講理，故意消極抵抗，彼此情緒掛鉤，衝突升級。

治療師協助李生回到原生家庭的處境，協助他體會自己失去母親的難過，以及不能暢快玩耍的委屈，子兼母職，擔負重擔和無奈，李生少有地流下了眼淚。治療師再給李生作為忠誠兒子，處事靈活多變的種種肯定，又邀請李太對李生的經驗作出正面的肯定和同感心。李太目睹李生人生故事的來龍去脈，頓然興起溫暖的柔情。

自此以後，李生李太再沒有為外出活動趕時間而爭吵。治療師協助夫婦二人覺察各自的改變，誇獎他們改變的能力，並為他們預測未來要維持改變可能遇到的障礙，再加強二人處理差異和應變的能力。二人關係因此得以更進一大步。

個案二

張太自從生了孩子，變得情緒抑鬱；家裏有了孩子後，張生、張太常常不和。張生對孩子脾氣暴躁，常因小小事故便大發雷霆，但事後又十分自責；張生為人品性純和，常希望大事化小，小事化無。張太覺得張生並沒有盡力支持自己教養孩子，十分苦惱，動輒把張生大罵一頓，事後又自責和後悔，但又對張生更加反感，認為丈夫若能早一步預防問題，先知先覺，就不會惹她怒氣，害她罵人，做了自己不願意做的事。事情翻來覆去，沒有解決，張太惟有獨自流淚，情緒更抑鬱。張生覺得太太不可理喻，故意超時工作，晚晚夜歸，而張太抑鬱情緒更甚。

治療師在起步階段先接觸和安定張太的情緒，減輕她的自責傾向，使她的情緒逐步恢復穩定和安全。

然後治療師表達了張太追、張生走的互動模式，協助張生穩定地支持太太，並引導張太以更良好的方法去表達需要。調節了二人的互動模式以後，治療師發現張太常常對張生有許多含糊和空泛的投訴，例如「你不理會我」、「不支持我」，無論張生付上什麼行動，張太都會有這類感受。

此外，張太又常常感到小女兒「不理會」她，不聽她的話，覺得張生和女兒聯盟氣她。一說到這類經驗，她就泣不成聲。治療師協助張太追蹤原生家庭的經驗，這些抱怨正正是她母親幾十年來重複又重複的抱怨：「你爸爸不理我」、「不支持我」、「你們（兒女）不理我死活，不支持我」……母親常常埋怨自己被虧待，一生人得不到丈夫的關懷和注意。張太對母親的感受十分矛盾，一方面討厭她的抱怨和囉唆，另一方面又十分愧疚，常常對母親討好，想不到今天卻一句句重複母親的說話，和重複母親的行為。

張太有了這個原生家庭經驗的覺察，內心更自責不安。治療師協助她把現時的她與背負母親的她作出識別。

師：　你不停把媽媽的委屈背負在自己身上，說明了你是一個心地善良、忠誠的女兒。忠誠的女兒需要被苛責嗎？

張太：（搖頭）

師：　忠誠不需要被苛責，但表達忠誠的方法卻可以調整和修改，幫助你不用重複走你母親走過的路。

張太：（眼神閃着希望，不斷點頭）

治療師從過去回到現在，協助丈夫表達他內心是否願意「理會」妻子，「支持」妻子，他又用了什麼方法表達理會和支持。丈夫把認識妻子是這輩子的幸運，娓娓道來，治療歷程開始出現溫馨的感覺，有如午後的陽光不溫不熱的傾瀉下來。治療師邀請夫婦雙方手握着手，默不作聲，閉上眼睛，體味互相支持的感覺。

妻子在來回的導引中，接觸到自己內心的不安全和不信任，清除了深層的焦慮情緒，再接觸現場此時此刻的溫暖、接納，張太的眉頭舒展了，嘴角也泛起甜甜的笑容。丈夫首次體會到自己有能力支持妻子，也享受着一份「本事」和美好的感覺。

治療師及後再以幾節時間治療張太在原生家庭受創的幾樁未了事，張生、張太的夫婦關係比從前跨進了一大步。

8.3.5 處理原生家庭未了事的世界觀

談到處理成人原生家庭可能帶來未處理的包袱和創傷，筆者必須補上一筆，討論一下治療師背後的觀點和態度。的確，人生的苦痛有如簷前滴漏，一滴一滴的流傳三、四代。當治療師協助受助家庭去面對過往歷史時，很容易會犯上一個毛病，就是用因果譴責的精神去歸咎原因。例如：我今時今日不能與丈夫有滿足的親密關係，是因為自小父母沒有給我安全感（言下之意，是將自己的遭遇譴責父母），又或者我今天缺乏自信心，是由於我失去了快樂的童年，也是給人一種無可奈何的遺憾感覺，而且讓人常存抱怨。

若果處理家庭未了事卻達致上述效果，那麼，受助者接受治療後比沒有接受治療情況更壞了。筆者曾深入反省上述現象，逐漸領悟到整個治療背後的世界觀出了錯誤。若一個人對生命抱持這樣一種基本假設：我出生世上，應得這些那些美好的父母、教導、環境、遭遇，於是，當治療師指出當事人的人生與應得的理想的差距，結果只會令當事人更加抱恨懷怨，治療師只有愈做愈灰心冷漠，無能為力。若治療師純粹抱有人文主義的浪漫精神和烏托邦理想，實在無法消解人生現實與理想差距的張力，只會引致不斷的抵抗、反對、抱怨、憤怒、自欺欺人。

也許，筆者可以借助對人類歷史觀的反省去解釋自己的一套想法。自人類有歷史以來，我們都會自然發問：人類歷史是否不斷進步，朝着一個有意義的方向進發的呢？人的今天之所以有意義，是由於我們隱約地相信人類是往前邁進，而且邁向更好的未來，否則，再沒有人願意為建設社會而努力，更沒有人願意結婚生子，展望未來。那麼，人類歷史是直線向前邁進的嗎？

可是，人類歷史卻又常常出現盛衰的循環。經過一段太平盛世的日子，就會出現荒淫無度的昏君；然後民不聊生一段日子，就會有人起來反抗，剷除舊制，創立新朝。看古代歷史，都是這樣螺旋式地向上發展。

道佛的歷史觀和時間觀，就是螺旋式的輪迴，可是卻沒有明確地指向人類終極的得贖提升，只是個別達到空靈境界，脫離苦海。「無有」、「無常」、「無為而治」，正是來自這種螺旋式的輪迴歷史觀和世界觀。

基督教的歷史，是螺旋式向上前進，直達永恆新天新地的歷史觀。人類在歷史關頭作出任何一個決定，都可以扭轉先前的人生命運，向上更新或向下陷墮。所以，在相同的社會環境和家庭環境成長的人，可以作出完全相反的行為，及開闢截然不同的人生路徑。例如有些人來自破碎家庭，終日打打鬧鬧，加入黑社會、泥足深陷；有些人曾入黑社會，但忽然醒悟，不想再耽誤人生，又毅然決定離開。亦有人在紅蕃區長大，更理解人生的苦難，發憤用功，成為區議員、大律師、治療師，去實踐抱負。所以，每一個人的人生抉擇，都可以引向完全迥異的人生路程。這樣，人的自由意志才有意義，人生才有意義，一個人去協助另一個人、介入別人的生命，才有意義。故此，無論如何有問題的家庭都不能「決定性」地註定人的一生。有了這個信念，追尋往事的創傷治療，才不會帶來更大的無奈、更深的遺憾。

若治療師抱有宿命思想，認為人生是一場命運，幸福就像玻璃球一樣，隨着不可明白的機遇、緣分散播凡塵，結果，有人取得多一些，有人取得少一些，甚至什麼都沒有，都只能認命。這宿命思想會令受助者硬吞人生的無奈，更強化人生各種不公不義。

惟有治療師把有上帝創造和救贖的永恆世界觀，並且世界是在一種由美好（理想）墮落（現實），救贖而再邁向美好（理想）的進程中，一切張力，才能獲得化解，人生才有公義，愛才有根基。在此，筆者只是無可避免地、透明地、誠信地分享筆者的信念，對於不同宗教信仰或未有確定信仰的治療師，筆者持絕對尊重的態度，也期待真誠的心靈交流。

於是，在這樣一種世界觀下，沒有絕對的痛苦可以壓倒待贖的光明，一切遭遇都可以在理想和現實的交織下，找出更深層的意義和盼望。所有現象都可以從兩面去看，十分弔詭。家庭留給我們創傷，也留給我們遺產；父母無論有任何缺陷和限制，永遠是我們生命的根，人若否定了自己的根，一如否認自我存在的價值和身分。所以，一切的故事，都能閱讀出新的意義。讓我舉一些例子説明。有一位受助者一生都很寂寞，因為她有一個十分勞苦不幸的童年。她曾接受輔導，發現自己「失去了」活潑天真的童年，當她發現她失去了童年，心裏感到莫大的遺憾。後來，她來見我，我誠懇地與她分享：「你沒有失去童年，你只是擁有一個與別不同的童年而已！」這句簡單的説話令她豁然開朗，心境釋放。

又有另一個例子。一位中年男士，發現自己一輩子活在母親的陰影下。他的母親遭父親遺棄，終身抑鬱難過，這位朋友從小就當了她的傾訴對象，障礙了他許多發展。筆者協助這位男士思考母親這一輩子除了帶給他成長障礙，還帶給他什麼寶貴遺產，他發現自己比同齡男士更忍耐，也更成熟和善解人意。筆者又問他，倘若你母親沒有你作為她的傾訴對象，她一生的遭遇會有何不同？他馬上爽快回答：「我想她早已進入精神病院。」「那麼你對她的一生起了很大意義。」他最後發現自己有如母親的一個守護天使，免她墮入精神崩潰，他感到自己擁有一個十分榮譽和高貴的人生。這番頓悟使他對生命抱憾的感覺獲得很大的釋放。

生命本身十分脆弱，經不起我們烏托邦式的追擊和拷問，只容許我們以謙卑、誠摯的心去查探，領受生命早已預備好的豐富禮物。

8.4 關係保養

婚姻關係也有如一堵牆壁，或者年日久遠的傢具，會剝落、會褪色、會失去新鮮喜悅的感覺。所以，親密關係需要促進、鞏固、維修及保養。

在婚姻關係上，有三方面特別需要促進、鞏固及保養的。第一：溝通的學習及改善；第二：良好的衝突處理；第三：促進及維繫親密感。

8.4.1 溝通技巧的學習與改善

許多時候，初學婚姻輔導的新手每每把所有夫婦關係問題歸納成溝通的問題，然後教授溝通技巧，促進溝通。這是正確的，但也是錯誤的。關係問題自然離不開溝通的問題，可是，一對夫婦可能自戀愛開始也不懂得溝通，為何卻仍然可以相處、結婚、生孩子，直到婚姻出現危機才求助呢？人類也有如小動物，有內置的心靈觸鬚，可以捉摸到彼此的訊息和需要，加以回應。無論是良好或不良的溝通模式，也可以互相倚賴的生活下去。可是，一旦彼此關係底層的期望和渴望幻滅了，一旦情感收支不平衡，而且破壞了自尊心及生活意義，問題就爆發，變得不可收拾。

故此，婚姻治療師要明辨細察問題的輕重緩急。以筆者的實務經驗來說，大部分夫婦都要在心靈深處獲得治療，現實的互動模式有所糾正，彼此關係沒有什麼毒素，怨恨也不強，這時候教授溝通技巧，用心促進、改變及鞏固關係才較為有效。

（一） 不良溝通方法

美國一位婚姻關係研究學者約翰葛文（John Gottman），在他的婚姻實驗室觀察 179 對新婚夫婦，作四至六年長時間的追蹤研究，有驚人的發現。他發現夫婦間一些溝通模式，可以引致婚姻破裂。（Gottman et al., 1998）那四種致命的溝通方式是：

- 批評（criticism）
- 自衛（defense; veness）
- 輕蔑（contempt）
- 結冰（stonewalling）

葛文的發現引起婚姻治療界很大的迴響。筆者認同葛文的研究心得，並結合實務經驗，羅列出障礙溝通的不良溝通模式，供大家參考：

妨礙溝通的大忌

1. 發號司令	例：你下班前一定要打電話回家
2. 在別人不需要時提供建議	例：我想你可以多讚美孩子
3. 論述人生大道理／道德	例：入家門前當然要脫去鞋子 一個丈夫當然要關心妻子 基督徒應該原諒人
4. 否定感受	例：你毋須這樣擔心嘛…… 你這麼心煩都沒有幫助呀……
5. 不停追問	
6. 辯論／辯駁	例：不過……但是……
7. 對對方的問題有太多的分析和註解	例：問題的核心是因為你這個人太自卑
8. 顧左右而言他、逃避和不肯專注	
9. 囉囉嗦嗦、法官演說	只顧自己不停地講，不理會對方亦無心聆聽對方
10. 刀光劍影、刀來劍往	用埋怨去回應埋怨
11. 芝麻綠豆、怨天怨地	事無大小，不停指責、埋怨、追究、投訴
12. 未經澄清，確信自己估計到對方的思想	例：我知你想什麼，你不喜歡……
13. 你「經常都這樣」、「永遠都這樣」、「從來都不會」……	這些詞句常有誇大其詞的成分，容易惹起反感和爭執
14. 指責／批判的口吻	● 常常將夫婦間遇到的困難歸咎對方身上 例：這樣容易都不懂！／一日都係你唔好！ ● 指桑罵槐，挑剔，指責 例：你這麼「低能」，真係「死蠢」

（資料來源：「城市綠洲輔導室輔導輔助工具」）

（二） 關係促進及預防計劃

葛文的學生麥文（John Markman）及一些同儕依據葛文的研究所得，進一步研究反思改良，設計了一個「關係促進及預防計劃」（Prevention and Relationship Enhancement Program，以下簡稱 PREP）。這隊研究隊伍作出大量研究，發現 PREP 能有效地提高夫婦溝通及婚姻關係滿足感（Markman et al., 2000, p.256-264）。

讀者要親自參加 PREP 的訓練工作坊，才能掌握其應用精髓。現借一隅，簡單介紹其步驟及運用方法。

1. 第一步驟：專心聆聽

夫婦二人中選一名作發言人，可手持鉛子筆或其他小物件，顯示他有發言權。配偶必須集中專心聆聽，不作任何自衛、辯護、解釋、反駁，目標是原原本本掌握對方想表達的內容訊息為止。

講者和聆聽者有一定的守則要遵從。

講話及聆聽技巧

1. 輪流做講者，講者擁有發言權
2. 講者可以表達四次意見或感受
3. 聆聽者負責留心聆聽，用簡潔的話複述講者內容大意
4. 不要嘗試解決問題，着意表達和了解
5. 每次集中討論一件事情
6. 若有任何事情不清楚或混亂，可要求暫停

講者守則	聆聽者守則
1. 不要講不絕口	1. 聆聽一會後，專心簡潔複述講者意思
2. 説一會，停一會	2. 可以要求講者舉例
3. 只要説出自己的意見和感受，不要代對方説話	3. 未獲發言權以前，請勿辯解或表達意見
4. 若想明白對方的想法，可隨時轉讓發言權	4. 專心聆聽，專心明白講者的意思

2. 第二步驟：交換發言權

講者表達完畢，又聽到對方準確地複述他要表達的意思內容，就可以交換發言權。這時由先前作講者的配偶專心作聆聽者，不自衛，不辯護，不反駁，專心聆聽，直到原原本本地掌握到對方想表達的內容要旨。

如是者集中一件事情，來回聆聽和講述，直到事情清楚溝通，真相大白為止。

筆者在適當時候，屢次運用 PREP 去幫助夫婦溝通，這方法對於靜止其中一方的混亂情緒，讓雙方專心聆聽，以及促進詳盡表達內心意思等方面，都十分有效。可是，治療師要鑑貌辨色，恰當地減低焦慮，促進鼓勵。否則，夫婦很容易感到尷尬或不耐煩，繼而半途而廢。

（三） 同感心練習

學會專心聆聽以後，筆者常常會加入「同感心練習」。

同感心練習

在二人分享愁煩和內心世界的時候，同感心是一種促進了解、很舒暢的溝通。懂得運用同感心溝通的人，通常有三重溝通技巧。

	甲（例子）	乙（例子）
第一層溝通技巧：		
鸚鵡學舌 扼要重申對方表達訊息的內容重點。	我真不知道該怎樣開始說才是。	我聽見你要開始表達自己內心的話，覺得有點困難。
	每天起牀都做同樣的事情，令我感到十分厭煩。	優 每天起牀，重複做同樣的事情，使你感到厭倦。 良 你每天早上都不想起牀。 劣 你有沒有一間私人睡房？
第二層溝通技巧：		
捕捉弦外之音 準確捕捉說話中說不出來的感受。	我恨透自己，似乎每次我差點兒做對了，事情就會泡湯，一再失敗一再嘗試令我覺得好辛苦，好挫敗。 ● 表面情感：挫敗、沮喪、失敗、憤怒、「忟憎」 ● 內心感受：自憐、失去自信心、自我價值低	優 我聽見你嘗試努力工作，但屢次挫敗，內心感到十分沮喪，十分自責，就懷疑自己的能力。 良 我知道你已經努力工作，但常常失敗，很「忟憎」。 劣 每個人都會做錯事，你太容易灰心，再來一次啦。
第三層溝通技巧：		
回應同感心 準確捕捉說話中的感受，重申對方表達訊息的內容重點，同時運用專注的行為，將注意力集中在對方身上，以表達對對方所說的很感興趣，例如：眼神的接觸，用坐姿、非語言的表達方式。	我想起小時候，父母外出工作，哥哥姊姊們又各自有他們的朋友，只剩下我一人，我就會感到很不開心，沒有人理我！	優 （用專注的眼神注視對方，點頭回應對方的說話，並面向對方）我聽見你提及小時候的往事，當家裏剩下你一人時，你感到很孤單，有被忽視的感覺。 良 （眼神接觸對方，只聆聽，雙手撓在胸前，沒有其他非語言的表達方式）你小時候覺得一個人在家很悶，無人理會。 劣 （眼神偶然接觸對方，當對方表達時，也很想表達自己）為什麼你的兄姊們不理會你？

（資料來源：「城市綠洲輔導室輔導輔助工具」）

因為除了專心聆聽和準確複述要點外，若能加上「同感心練習」，不但能交流事理，而且促使情意相通。

上述葛文和麥文發展的溝通研究，彼此也有意見不合之處，經過互相挑戰和切磋，但至終兩隊研究隊都認為，在溝通訓練工作坊中以正面經驗和正面的情緒交流作結束，對夫婦溝通是極為重要的。（Lebow, 2001, p.61）

PREP 除了強調專心聆聽的溝通方式，還會着重邀請雙方設計一些輕鬆有趣的活動，增添夫婦情趣。

（四）「當日心境簡報」溝通法

筆者曾在第四章介紹這個技巧，這個溝通方法能協助夫婦在短時間內全面表白及了解雙方的心境，不妨再舉一例說明。

「當日心境簡報」溝通法內容如下：

夫婦倆輪流分享自己當日各方面的心境，包括：

- 讚賞 / 欣賞
- 新資訊
- 疑惑
- 抱怨及建議
- 願望

舉一個例子讓大家容易了解。例如先由太太發言，太太可省察當日有什麼事情、人物、行為是她衷心欣賞的，然後表達，如此類推。

1. 讚賞 / 欣賞

太太：我很欣賞你今天教孩子數學時沒有發脾氣，很有耐性。

丈夫：我很欣賞你今天梳洗快捷，能準時出門參加活動。

2. 新資訊

太太：你也許不知道，公司換了大老闆，我有可能減薪。

丈夫：我一直未曾告訴你，我弟弟頸部發現有一塊腫瘤，不知道是不是癌症，我有點擔心。

3. 疑惑

太太：最近你講電話，常常低聲說高聲笑，那人是誰呢？

丈夫：最近你總不喜歡與我親近，有什麼原因嗎？

4. 抱怨及建議

太太：最近你常常加班，我建議你告訴我什麼時候可以完成這些超時工作，什麼時候可以早些回家吃晚飯，多一些家庭相聚。

丈夫：你最近花了很多錢在美容用品之上，我建議大家訂一個現實限額，減少無謂消費。

5. 願望

太太：我知道有一間食店新開張，我想去試試。

丈夫：我希望五年內可以儲一筆退休金，買一幢樓，有個生活保障。

8.4.2 衝突處理

處理夫婦衝突是一門大學問。夫婦二人背景、性別、個性有所不同，產生衝突是無可避免的事，日常生活大大小小的決定，以及生活喜好、習慣等，全部都可以釀成衝突。衝突得不到梳理化解，就會形成關係的毒素。

有關衝突處理的書籍，坊間有許多可供參考。筆者從實務經驗中，發現許多西方處理衝突的模式，都過分着重理性分析和妥協互讓，這是正確的，卻欠缺了重要的一環，就是不通情意。中國人古語甚有智慧：「通情」而「達理」。筆者現在建議一個通情達理的衝突處理方法，給大家參考。

（一） 衝突處理雙響炮：「通情達理」解怨法

1. 通情：情緒層次

（1） 安靜下來

夫婦遇上衝突，很多時候都被情緒籠罩，內心又委屈、又憤怒、又怨恨、又孤單，前塵往事，舊怨新愁，都會雜亂湧現。這個時候，不是溝通的時機，也不是解決問題的時機，而是各自安靜下來，與自我相處的好機會。

（2） 留下記號

筆者建議夫婦在衝突時期，內心情緒混亂時，用一種記號向對方表達自己的心理狀況，例如在窗櫺掛一個紅色橡皮圈，代表「心情煩亂，謝絕溝通」，掛一個綠色橡皮圈，代表「從洞穴出來了，歡迎溝通」。其他各式各樣的記號也可以，只要是對雙方夫婦有意義，容易實踐就可以了。為何要採用記號，而不直接說話？因為在情緒高漲時，雙方都有「面子」問題，很難對話；而且任何語氣、聲線、眼神在情緒過敏的情況下，都會被誤解為刻意示威或攻擊，使脆弱的關係進一步受傷。所以協定記號是促進平等的君子做法。

為何要留下記號呢？是告訴對方，我願意為自己的情緒負上責任，我要處理自己的情緒，但不代表我拒絕你，用「黑口黑臉」去懲罰你，或者任何其他企圖。這善意的記號，可以截斷無謂的情緒掛鉤。

(3) 與自己獨處、舒緩情緒

留下記號之後，夫婦要各自與自己獨處。

情緒外顯而劇烈的人，可以首先用不傷害自己、不傷害他人的方法宣泄情緒，包括「打枕頭」、「撕舊報紙」、「在白紙上塗鴉」等等，或者用力把一張廢紙搓成一團，然後用掌心把所有皺紋仔細撫平，又用力搓皺，再撫平，來回數次，直至心境安寧為止。這是一個調整自己紊亂心境的好方法。

至於情緒比較收藏而淡薄的人，只需要靜靜的安全的坐着，深呼吸，悄悄流淚、禱告，就可以舒緩情緒的苦楚。

(4) 認識自己的需要

情緒舒緩以後，可以用一張白紙，在上面寫上自己的心境。

逐一回答下面的問題，對你認識自己，及管理自己的情緒很有幫助。

· 我有什麼感受？（例如憤怒、恐懼、擔心、沮喪、無助、失望）

· 逐一寫下感受和感受的內容。

例：我很憤怒，因為他辜負我長年的付出。

我很恐懼，怕他又再誤會我。

我很沮喪，無論做什麼他都沒有回應……

·這些感受說明了我需要什麼？

例：憤怒：說明了我需要被珍惜、被欣賞。

恐懼：說明了我需要被接納、被肯定。

沮喪：說明了我喜歡他依從我，我認為依從我會對他有益處。

·到現在還有什麼是耿耿於懷的？

·我希望有什麼事情發生才可滿足我的需要？

(5) 把自己的需要向上主陳明（適用於信徒）

若能耐心地完成上述步驟，自己的情緒已經比較澄澈通明，內心也有了新的覺悟和洞察，這是「通情」的第一步。

2. 達理：事理層次

當夫婦雙方能各自獨處、安頓和認識、接納自己的心境，達致玲瓏通透平和的心境，就可以進行事理的處理層次。

(1) 對事不對人

在事理層次，大家要運用人類平等的道理去處理各自觀點的分歧，對事不對人，去解決懸而未決的衝突。

解決衝突可以依循三個步驟，將這些步驟寫在一張大的白紙或白板上，以提高客觀性和理性，協助雙方參與討論。

步驟一：列出雙方分歧之處

	丈夫	妻子
立場	⊙不要聘用補習老師	⊙要為孩子聘用補習老師

步驟二：列出各自立場背後的需要、願望及隱憂

	丈夫	妻子
底層需要、願望、隱憂	⊙不想浪費金錢 ⊙不想孩子有倚賴性	⊙孩子能力不足，需要協助 ⊙夫婦工作太忙，無法抽時間幫助，心裏內疚 ⊙希望孩子成績好，才可以升學

步驟三：一起商議可以滿足雙方隱憂、需要、願望的方案

	丈夫	妻子
解決方案	⊙丈夫的底層需要、願望、隱憂 ＋	⊙妻子的底層需要、願望、隱憂

解決方案

→ 可行方案

方案一：雙方都希望孩子有前途，認同儲備金錢，所以若要補習，可能雙方要節省化妝費、衣服費、應酬費……

方案二：既然雙方工作時間太長，可否減少工作或半職工作？但計算了收入差額，發現比補習費更高，所以補習方案算是節省。

最終協議和共識：

雙方都不想孩子有倚賴性，所以補習只是短期實驗計劃，在過渡時期，雙方分配時間教導孩子溫習方法及促進他的自信心，實際做法如下……

這樣平心靜氣，按部就班，就不會愈談愈亂，令事件迴環打圈，毫無結論。雙方都受到尊重，會較易取得共識。

這就是達理的第二層次。

衝突是人生必經的道路，倘若能通情達理，夫婦之間的差異就成為個人自我成長的鍛煉場所。治療師能陪伴夫婦同喜樂、共憂愁，是一項滿載恩典的殊榮。

8.4.3 促進親密

夫婦間經常促進親密是經營親密關係最關鍵的事情。用故事的形式去描寫夫婦如何自冷漠轉為親密是最好的。筆者常常看見受助夫婦起初進入輔導室時，各自找最邊緣的死角坐着，惟恐對方有什麼魔咒會上身似的，但經過一輪輔導，「我們現時的關係竟然比拍拖時更親切、更美好，連我們也不敢相信。」夫婦臉上掛着笑容，手拖着手，這就是人間最美的一剎那。

可是，這本書是介紹治療手法的書籍，不是言情小説，筆者只能約束自己，平實的介紹一些輔助工具和工作手法，給大家參考，讓更多有心人去促進那美麗的親密故事。

（一） 親密經驗影響輪

筆者參考沙維雅的成長經驗影響輪，改良創造另一個輔助工具 —— 親密經驗影響輪。這個工具往往對夫婦雙方有很大的驚喜和發現。筆者曾在《情難捨》一書（2015 年版，頁 210-211）介紹，用以醫治愛侶分手的創傷，及後筆者再進一步演化，用於研究夫婦親密關係經驗如何相撞，有很大幫助。但這個工作手法關鍵在於當場的體驗、問話和詮釋以及主旨串連，可能以訓練工作坊的形式來示範解說，較為恰當。

（二） 親密的面向

談到二人親密，大家容易想到情意交流及性生活，其實親密是很豐富、很多面向的。筆者自創了一套親密面向量表，給夫婦及治療師快速掌握夫婦現時多層次的親密經驗、親密的期望以及其中的期望落空差距。

親密多面向量表

親密的面向	現時的經驗					理想狀態				
	完全不重要	不重要	普通	重要	非常重要	完全不重要	不重要	普通	重要	非常重要
思維親密	-2	-1	0	1	2	-2	-1	0	1	2
情感親密	-2	-1	0	1	2	-2	-1	0	1	2
情趣親密	-2	-1	0	1	2	-2	-1	0	1	2
志向親密	-2	-1	0	1	2	-2	-1	0	1	2
社交親密	-2	-1	0	1	2	-2	-1	0	1	2
生活實務親密	-2	-1	0	1	2	-2	-1	0	1	2
心靈親密	-2	-1	0	1	2	-2	-1	0	1	2
天倫親密	-2	-1	0	1	2	-2	-1	0	1	2
動態親密	-2	-1	0	1	2	-2	-1	0	1	2
靜態親密	-2	-1	0	1	2	-2	-1	0	1	2
性愛親密	-2	-1	0	1	2	-2	-1	0	1	2
美感藝術親密	-2	-1	0	1	2	-2	-1	0	1	2
文化親密	-2	-1	0	1	2	-2	-1	0	1	2
嗜好、興趣親密	-2	-1	0	1	2	-2	-1	0	1	2

（資料來源：「城市綠洲輔導室輔導輔助工具」）

夫婦各自填寫，填好以後找出理想與現實差距最大的項目，加以分享討論，然後一起設計一些活動去改善和促進該方面的親密程度。這樣就能賦予夫婦雙方很好的動力、具體的目標和改善方向。

性愛親密常常建基於其他各層次的良好親密經驗之上。性愛親密也是婚姻治療一大學問，若本書能再寫續篇，當作詳細探討。

（三） 促進情感表達

許多夫婦對自己情感狀況毫不敏銳，也缺乏情感表達的字彙。參加一些促進敏銳的成長工作坊（Sensitivity Training Workshop）對他們會有幫助。以下的練習也是可以作為參考的良好輔助工具。

促進情感認知表達能力的練習

練習一

1. 當被人 / 你忽略時，我感到 ______
2. 當別人 / 你哭泣時，我感到 ______
3. 當別人 / 你讚賞我時，我感到 ______
4. 當別人 / 你經常談論你自己的事情時，我感到 ______
5. 當別人 / 你向我發怒時，我感到 ______
6. 當別人 / 你向我炫耀時，我感到 ______
7. 當別人 / 你吸引我時，我感到 ______
8. 當別人 / 你破壞承諾時，我感到 ______

9. 當別人 / 你爽約時，我感到 ______________________

10. 當別人 / 你約會遲到時，我感到 ______________________

11. 當我身處一羣陌生人當中時，我感到 ______________________

12. 當別人 / 你深刻地明白我時，我感到 ______________________

練習二

請列舉一些你很容易表達的感受	請列舉一些你感到難於表達的感受 / 情況
1.	1.
2.	2.
3.	3.
4.	4.
5.	5.

（資料來源：「城市綠洲輔導室輔導輔助工具」）

寫情書

開始寫情書時，我們可以容許自己首先表達自己的憤怒、抱怨和不滿，然後將感情表達的層次慢慢移動至表達愛意的層次。

情書包括五部分：以下的引句可幫助你由一個層次移動至下一個層次。

1. 憤怒和抱怨

- 當……時，我感到不喜悅
- 我抱怨……
- 當……時，我感到憎厭
- 當……時，我感到沉悶
- 我……感到厭倦
- 我渴望……

2. 傷害和悲傷

- 當……，我感到悲傷
- 我感到受傷害，因為……
- 我感到很恐懼，因為……
- 我感到失望，因為……
- 我渴想……

3. 害怕和不安全

- 我感到害怕……
- 我懼怕會……
- 我感到驚慌，因為……
- 我渴想……

4. 罪咎和責任

- 我感到難過，因為……
- 為了……，我感到難過
- 請原諒我的……
- 我的意思並不是……
- 我希望……

5. 愛、饒恕、諒解和渴求

- 我愛你，因為……
- 當……，我愛你
- 多謝你……
- 我明白……
- 我原諒你，因為……
- 我想……

外在美·內在美

外在美

目的：這練習幫助你從一個嶄新及不同的角度重新注意大家的身體，從正面發現對方外表吸引之處。

步驟：

1. 找一個舒適的位置，面對面坐下。
2. 用片刻的時間互相凝望，專注於你喜歡看的地方，然後輪流清楚說出你喜歡對方外表的地方。
3. 每人輪流兩次，每次只說一樣你喜歡對方的外表特徵。

指引：

1. 嘗試誠懇地指出你真正喜歡對方的外表特徵。
2. 不說假話，不批評，不用諷刺的字眼。
3. 用心、用時間去發現對方吸引之處，不輕易放棄。

內在美

目的：這練習令你以正面發現對方的性格特徵，幫助你發掘配偶在情感及心理上優越之處，包括有關她 / 他的價值觀、信念、行為、意念等。

步驟：

1. 先做「外在美」之練習。
2. 找一個舒適的位置，面對面坐下。
3. 用片刻時間凝望對方，想想你欣賞或仰慕有關對方在性格、價值觀、信念、感受和意念上的特點，然後輪流清楚說出你喜歡對方的內在美。
4. 每人輪流三次，每次講出一樣對方的內在吸引之處。

指引：

1. 真誠地指出你真正欣賞對方的特點。
2. 不說假話，不用諷刺的字眼。
3. 用心、用時間及誠實地參與。

（資料來源：「城市綠洲輔導室輔導輔助工具」）

彼此確立：認識與交流

練習一

目的：這是一個在親密關係中建立信任的練習，學習以正面方式向配偶表達自己。

效果：信任是建立親密關係的基石，夫妻間失去了信任，大家便會停止分享，並會疏離，所以學習信任是試圖挽救一段關係的重要關口。

準備：列出以下兩項於紙上，每項寫五點：

1. 你喜悅自己的地方
2. 你不喜悅自己的地方

步驟：第一步：從配偶列出之「喜悅的地方」一欄內，選擇一項你完全同意的項目（即是說，你同意這是你配偶擁有的美好特質）。

第二步：選擇誰先分享，分享者向配偶解釋為什麼他 / 她選擇這項，並說出他 / 她喜歡這特質的原因。

第三步：輪流分享，然後重複這步驟。

所需時間：這是一個很短的練習，所需時間根據大家分享的項目數量而定。

建　　議：用真誠回應對方，不說奉承及虛假的說話。

注　　意：不諷刺，不批評，不說負面的話。

練習二

目的：學習在親密關係中建立信任，這是一個難度較高的練習，因為在分享的內容中會觸及對方脆弱之處。

效果：夫婦不單明白信任對建立親密關係的重要，這練習的難度在於考驗你們更強的信任程度。

準備：在紙上寫出以下項目：

1. 喜悦自己的地方
2. 不喜悦自己的地方

步驟：

第一步：從伴侶列出「不喜悦自己的地方」一欄中，選擇一項你完全不同意的項目（即是說，你不同意此項目是你伴侶有瑕疵的特質）。

第二步：選擇誰先分享。分享者向配偶解釋，為什麼不同意此項目是配偶的瑕疵。

第三步：輪流分享

所需時間：這是一個很短的練習，所需時間跟大家事前商議的分享項目數量而定。

建　　議：以真誠回應對方，敏感及善待對方脆弱之處。

注　　意：善用這練習來建立彼此信任，不宜將這練習內容用來批評和攻擊對方。

（資料來源：「城市綠洲輔導室輔導輔助工具」）

特別小禮物

目標：為免婚姻銀行枯竭，需要定期存款，積穀防饑。

方法：

1. 參考下列例子，寫下五項你希望對方送給你的特別禮物。

參考大禮

＊在黃昏下班回家後為我按摩

＊無緣無故買一束鮮花給我

＊特意約我去海灘漫步或去餐廳吃晚餐

＊買我喜歡的小吃給我

＊飯後為我切生果、剝橙皮

＊與我同浴

＊破例做一件不會做的事

例如：上山頂餐廳吃晚餐、送我一盒精緻的朱古力等

＊給我親切的信 / 卡

＊讓我安安樂樂睡半天

＊聆聽我發牢騷而不加評語

＊每日最少給我一個讚賞

＊擁抱我，吻我的臉頰

＊其他

2. 交換閱讀彼此的願望，選擇兩項自己樂意付出的，無須通知對方
3. 在 48 小時內奉上第一份禮物
4. 再於一星期內奉上第二份禮物

（資料來源：「城市綠洲輔導室輔導輔助工具」）

本章論述婚姻治療手法中的關係保養，包括改善夫婦溝通、處理衝突、促進雙方多面向的親密感，這些都是夫婦維繫感情、發展關係的重要元素。此外亦提供不少有用的練習和輔助工具給大家參考。希望大家一起努力，設計更多本土化的練習和創意工具，彼此分享，以期更有效地協助華人家庭。

Marital

第9章

婚姻與家庭治療的學習與訓練：本土化思考

Family Therapy

9.1 婚姻與家庭治療的文化脈絡

9.1.1 進口加工式心理學
9.1.2 美國的「死胡同」可以借鑑

9.2 中國文化再出發

9.2.1 中國文化的情與義
9.2.2 層疊的糾纏
9.2.3 中國人的寬心之道

9.3 中醫學說與西方系統理論的比較

9.3.1 整體觀念
9.3.2 「辨證施治」

9.4 一份心靈的職事

9.4.1 仁心仁術
9.4.2 心理治療如何與心靈分家
9.4.3 心理治療成為新興宗教
9.4.4 心靈職事的三重含義

9.5 婚姻治療師的專業素質

9.5.1 奠基於不斷自我省察的世界觀
9.5.2 婚姻治療師的專業素質
9.5.3 如何對輔導實務作出反省
9.5.4 小結

9.1 婚姻與家庭治療的文化脈絡

9.1.1 進口加工式心理學

所有知識的誕生都有其文化脈絡，故此，當我們處於亞洲華人本土，而學習歐美的婚姻及家庭治療，首先要覺察這些學問知識的文化脈絡。例如在美國，年輕人長大至十八歲就應該搬離父母自己生活，才被視為健康獨立的人；可是中國人的孩子過了三十歲依舊獨身的話，仍然與父母同住，彼此依傍，彼此照顧，並非什麼大不了的奇事怪事。這就是不同文化脈絡對何謂獨立成長的不同詮釋。

近十年間，一些旅美華人子弟在美國修畢家庭治療課程，或者跟隨某個門派的大師學習，回到本地後沾沾自喜，很容易便會把「西化心理學」硬套在中國人身上。例如從事結構派家族治療的訓練導師，往往把兩代關係張力完全歸因於兩代關係過於糾纏（enmeshment），甚至當眾批評與父母同住的成年子女，批評她若不擺脱父母，獨立居住，就等同吸毒一樣。

子女成長獨立，離開父母，是很自然的事。但必須體會不同家庭的特殊處境，並且理解父母和子女互相糾纏背後的心因，讓彼此間的不良纏結能自然鬆開，才是符合人倫情感的上策。把父母子女彼此牽掛牽連形容為「吸毒」未免是過分平面、單向、負面的斷語。把西方家庭關係的標準胡亂硬套在華人身上，其產生的結果，是傷害還是建立？值得三思。

也有一些有關寡母婆守大孩子的個案，運用結構派家庭治療法的導師常有生套硬用的情形。寡婦在孩子要離巢階段，十分孤單，產生與孩子及媳婦的三角糾纏，曾有治療師促使全部孩子羣起圍攻、勸説、諷喻老人家，必須「放手」，讓孩子離開。這叫做劃清次系統的界限，讓夫婦次系統不受干擾。母親過分干擾孩子及媳婦，固然需要調節，但搬離及劃清界線這種純理論、着重外在行為的做法，是否能夠協助這個家庭過渡？若老人家辛苦養大孩子，卻感到被人嫌棄、孤苦伶仃、心理抑鬱、沮喪，孩子即使搬離又如何感到心靈安樂？在系統理論的互動循環來說，這情況又是否仍然有形無形地影響夫婦次系統？最重要的是，這做法違反了中國文化「雛鳥反哺」的文化精粹，忽視國情。

筆者面對獨子供養寡母婆或單親母親的個案，也同樣依據系統理論作為介入手法，但盡量貼近立體的倫理、人性、感情。曾有一位醋意很大的媳婦，不滿意奶奶每天與丈夫通電話，噓寒問暖，又常來家中替他打掃，又為他丈夫買衣服鞋襪。筆者用一個咕㗎將一位婦女的家庭生命歷程演繹出來，請夫婦倆觀賞。咕㗎代表嬰兒自身體所出，然後不斷撫育擁抱長大，直至長大成人，心底依戀之情仍在。筆者用一隻手扶着成年孩子的胳膊，代表依戀之情；孩子與另一位女士結婚，這隻手仍然跟隨他們出出入入。媳婦感到十分共鳴，這正是她心裏感到不舒服的情景。

體會這情景以後，筆者請案主夫婦雙方思想如何解決這個難題，才能使三方面都能滿足？後來，他們意識到丈夫要給太太有一個優先的心理地位(primary confidant)，也需要盡孝。有幾個良好方案：第一、媳婦與奶奶建立友情，分享奶奶對丈夫依戀之情，並且增加奶奶向外的情感投放，如參加老人中心的活動等，填補她的情感落空。第二、丈夫先發制人，盡量選擇太太加班，或與朋友應酬的時間去主動接觸母親，與她飲茶、閒聊。孩子的主動更能安定老人家被嫌棄、被拒絕的焦慮。另一方面，丈夫體諒太太的需要，主動與太太交談、拍拖、打電話、噓寒問暖，增加太太受重視的安全感，這樣太太亦會變得輕鬆一點。

而最重要的是，當筆者用咕咭這個象徵，加上身體語言去演繹母子關係的生命歷程，太太和丈夫對整個處境有更客觀、全面和深刻的了解，促進了太太和丈夫的聯盟。太太比從前更能同情奶奶，丈夫比從前更明白自己的位置和太太的需要，彼此知所進退，減少厭煩、被動和無助的心情。

筆者想問西方過分強調個人自主、平等的核心家庭是否惟一的理想家庭結構？又是否應該不假思索全盤硬套於中國家庭之上？（T. Tamura and A.Lau, 1992: 337）把兒女對父母的忠誠牽掛形容為「吸毒」？這是全盤西化舶來品的可悲之處，亦正是楊國樞先生（1993，頁 44）嚴厲批評的一種「進口加工式心理學」。

9.1.2 美國的「死胡同」可以借鑑

心理學家、研究者及治療師近二十年來不斷移植和推介美國心理學，的確，有些人是誠意可嘉的。然而，有誠意去協助心靈困頓、家庭困擾的心理專業人員，必需慎思明辨，停下來了解一下我們所做的到底是幫助華人提升心理健康，還是尾隨美國心理文化，進入了死胡同，引致心理內傷？

1994 年，一位美國心理治療師 Mary Pipher 著作了 *Reviving Ophelia: Saving the Selves fo Adolescent Girls* 一書，轟動一時，成為城中熱賣暢銷書。兩年後，Mary Pipher 再出版著作 *The Shelter of Each Other: Rebuilding Our Families*，再度成為熱賣暢銷書。是什麼令她的書籍暢銷？因為 Mary Pipher 對美國社會、美國人民面對種種令人戰慄的家庭問題，有着誠摯的關懷，敢於面對美國社會文化崩壞的現象，對心理毛病背後的社會精神作出鞭韃，一針見血。

Mary Pipher 以美國心理治療師的身分，嚴厲批評美國心理治療界的毛病（Mary Pipher, 1996, ch.6）。美國心理治療界將所有問題歸咎於家庭，譴責父母，固然，可能某些父母是要怪責的，可是，譴責父母並不一定能正視問題，甚至有可能變成推卸責任。而且，傾向釐清兩代界限的結構治療派，往往鼓勵家庭成員離開家庭，以為這就是解決問題的良方，結果，家庭破裂疏離，而受助人比接受治療前更不快樂。

Mary Pipher 認為治療師通常都犯了一個毛病，就是將人生自然而然的考驗和苦楚，看成為需要客觀分析的東西。人類本來就必然要經歷生老病死、喜怒愁煩，強稱憂愁為抑鬱症，其實是在削弱人生體驗的深度，也減損了人生自省的寶貴契機。

她也感慨治療師在治療問題時產生其他問題。用她的字眼：為一棵樹失了整個森林。她舉出案例，一位女兒見了精神治療師後，決心「清洗家庭」（family cleansing），結果她脫離家庭，行為倒退，而且數年也不肯與家人溝通，形成了痛苦的家庭悲劇。

在香港也有不少這些受了所謂「家庭治療大師」擺佈，弄得家庭關係破裂、創傷的情況，結果，那個脫離家庭的個人也一樣精神恍惚，問題更大。

心理治療亦有意無意鼓勵了人們的自戀精神，把人類獲得快樂的道德源頭和良心譴責摒於門外。整個美國心理文化就是排斥任何對道德的關注和判斷。「應該」、「責任」、「委身」等詞彙成為專業治療師的禁忌，專業治療師絕對不能作出任何道德判斷，即使顯而易見的道德責任也視若無睹。治療師惟一重要的任務是發現案主有何感受、有何需要，並設法使他獲得滿足。結果，每個人都自我呻吟、自我膨脹，自我成為宇宙的中心點，培養出的不是自戀精神，又是什麼呢？

心理治療文化因太着重個人快樂，而忽略了羣體利益的視野，混淆了倫理道德與精神健康，誤會了同情與問責相抵觸。不少心理治療師濫用權力，而且整個社會彷彿默默地宣示着心理治療比真實生活來得更加重要。

我想 Mary Pipher 彈劾的整個現象，簡單來說，就是把心理治療本身捧成了一種指導人民生活作息的「宗教」。這種種現象進一步使家庭關係解體，使美國人民彼此賴以互惠互助的道德精神瓦解，令 Mary Pipher 心焦如焚。

另一位美國學者 Barbara Dafeo Whitehead（1997），則用社會文化及歷史發展的角度，審視美國近五十年來實驗的離婚文化，到底把美國帶往什麼境地。她詳細追蹤美國離婚法律制度的改變，以及離婚現象所形成的一種新的文化精神，所產生的根本改變。結果發現，整個社會獲得更少自由、更多強制，更少的平等、更多的不平等，更少利他主義、更多個人主義，整個社會變成一個沒有承諾的社會，造成新一代的身分危機，心靈飲泣，歸屬無從。

在整個心理革命、家庭解體的歷史過程中，心理治療師扮演了一個推動者的角色。到了 1970 年代，有關婚姻諮詢的著作，產生了一個巨大的轉變。「人們對過錯的考慮，並非不復存在，而是其接受審判的地點轉換了；這種過錯不是由法庭查出，而是在治療中被發現，獲取建設性的『情感』離婚成為婚姻治療的主要目標。」（Barbara Dafeo Whitehead, 1998, p.75）一位治療專家接受新聞採訪時解釋道，「我認為我的工作不是判斷一段婚姻是好是壞，所以，我不能決定這對夫婦是否應該繼續一起生活，我的職責是幫助他們發現有什麼限制，阻止他們滿足自己的要求，並且實現自己的願望。」儘管治療專家認為自己持中立態度，但是事實上，治療效果卻並不中立，而是鼓吹了以離婚來滿足自我。(B. D. Whitehead, 1997, p.75-76) 弔詭的是，安全而滿足的親密關係其實是自我最深的渴求，結果，以為滿足了自我，卻是失落了自我。

由此可見美國心理治療雖然自命中立，卻在不知不覺中帶領人走向自戀主義，卸卻羣體利益，促進了婚姻瓦解。在香港，近年也聽過不少這類令人髮指的悖謬故事。例如，一位學校社工正在輔導一個家庭，夫妻其中一方有了婚外情，一方面對婚外情感到難捨難棄，另一方面又不忍心拆散自己的家庭，看見孩子經歷離婚之苦。兩難之際，便去找一位心理專家求助。那位心理專家只説了一句話，就扭轉了這個孩子的人生歷史，他說：「選擇你想要的。」有了這個肯定和批准，那位父親不再掙扎，立即離婚。試問，倘若太太和孩子都去見心理專家，他是否也說同一句話：「選擇你想要的。」那麼，孩子選擇爸爸，太太選擇丈夫，丈夫選擇婚外情人，誰的選擇最重要？爸爸是否要被扯開三份才夠分配？

「選擇你想要的」——是多麼疏忽而荒謬失責的信念。

另一個案例同樣可笑。今次去見社工的是沒有婚外情的太太，神情落寞，心情萎頓，不能夠清楚表達自己，社工教訓她：「為何你至今仍執迷不悔？你丈夫需要的是私人空間，你懂不懂？你還要限制他的自由，怪不得他要跟你離婚？」

這是怎麼樣的悖論 ?!

近年心理治療在香港蓬勃起來，要是我們盲目地跟着潮流走，會否走進了在美國已證實失敗痛苦的死胡同，推垮了家庭、忽視了下一代的哭訴和心靈的黑夜，走進不歸路？

9.2 中國文化再出發

作為一位婚姻及家庭治療師，我們不盲從外國進口的治療理論和治療方法，並非等同民族自大主義或排外主義。相反，全球人類唇齒相依，物極必反，盛極而衰，美國心理學中有不少精湛實用，可供我們消化、吸收、參考的地方，然而，如上述美國人的自我檢視和自我批判，美國的心理學和心理治療發展，正出現一些枯竭現象。正如曾經雄霸全球的可口可樂和麥當奴薯條，現正引致「發展中國家」的人民出現痴肥現象（Newsweek, Aug., 2003, p.38-43）。香港近年出現一些強調健康養生的本土健康飲料，柚子蜜、黑豆漿、鮮花茶，不正是可以糾正不良「垃圾食物」（junk food）破壞身體健康的現象？

正如楊國樞先生所強調，中國人建構本土心理學，要慎防外國殖民心態，不是為了駕馭、征服或戰勝其他文化，最終是通過世界各地本土心理學達到成熟之時，共同建立人類心理學為最終目標。（楊國樞，1993，頁 51）

9.2.1 中國文化的情與義

吳森先生在一本中國文化論文集《望道便驚天地寬》裏，寫了一篇〈情與中國文化〉，吳森先生從古代儒家思想到現代留學生的行為，引出中國人有關「情」的觀念。首先，「情」字從字形字義去解，「心之美者是為情」，説明中國人對「情」非常珍惜，非常重視。中國古代儒學提倡「仁」、「義」，其目的是提倡情感教育，透過情感教育來維持一般人的道德水準。不幸，孔孟這套人情至上的思想，在秦漢以後失傳，惟有唐代詩人杜甫能透過詩詞表達悲憫情懷的深度。

中國人所重視的情與西方人所重視的愛又有何分別呢？吳森先生認為「情」包涵了人與人、今人與古人、人與自然實物的感通，亦與清朝戴震情理統一說相近，戴震主張「理管生養，情管感通」、「感通之道，在乎情者也」(原善上）（燕國材，1996，頁 572）。說明了這個「圓融無礙的統一體」就是中國人所說的情。吳森先生最後大膽下了一個結論：「中國文化的情，是世界人類精神病的良藥。」（頁 95）

在中國文化來說，有情自然有義，當然，有時候情義兩難全，這就面對抉擇的張力。對婚姻及家庭治療師來說，我認為必須深入研究及了解中國人的情義觀，才可以把親密關係的張力掌握得好、理解得好。中國男人為了義，可以「薄情」，甚至表現「無情」，心底所執著的卻是對更大的體系奉獻的「至情」。《林國民與妻訣別書》就是最好的例子。作為婚姻治療師，在處理夫妻與延伸家庭關係，以及婚外情關係，當事人都面對情義兩難全的掙扎。這些細膩的心理矛盾，並非主張邏輯理性、個人自由的西方心理學所能涵蓋。

近年，李安拍攝了一部《臥虎藏龍》，內中情義兩難全的悲劇張力，把中國人含蓄深邃、細膩慷慨的情義拍得入木三分。反觀張藝謀的《英雄》就像是一齣西化了的中國古裝片，內中的嫉恨情仇、熾烈冒險、討價還價，完全是西方的情感系統，好像是穿了中國衣衫的外國心腸。

由此引申，西方婚姻治療某些溝通技巧，很大程度建基於西方文化的情感體系。西方文化把情感等同為情緒，亦欠缺了對人情義理的探討，而滿足人情義理也是人類心理渴求和心靈的需要。中國婚姻治療師在運用這些西方技巧時，要加以辨識和內省，才能貫串中國夫婦的情感質素。

9.2.2 層疊的糾纏

中國人與日本人的建築都講求空間感，庭園花圃、水池迴廊、拱門、低欄、通花扶手，層層疊疊，景中有景，意中有意，與美國建築的筆直外露大相逕庭，由此可以看見，中國人的環境、空間感、層疊迴環，人情親裏有疏、疏裏有親的糾纏局面，若不深刻明白箇中意趣，實無法理解中國家庭親密關係是如何交互糾纏、連結不休。

9.2.3 中國人的寬心之道

美國文化着重冒險、爭取、戰勝、水落石出、熱情、主動、積極、外揚，與中國文化的體會、含蓄、委婉、犧牲、矜持、審慎、退讓、不可言宣的寬心境界，很不相同。美國性格測驗中有一套 TJTA（Taylor Johnson Temperament Assessment），正正說明文化差異所造成的應用困難。在筆者輔導的個案中，案主（包括傳道人、牧師）裏面十之八九都曾經做過 TJTA 測驗，而且得分都甚低，大大傷害了他們的自我觀感。大部分人得到的描述都是退縮、緊張、悲觀、怯懦、關閉、好靜等等，看來都是負面的評價。可是，若我們能夠以開放胸懷，從另一個跨文化的角度去思考，TJTA 明顯是高舉美國文化的代表產物，其中正向形容詞有樂觀、自信、好動、同情等等，都是美國熱切冒進好動的精神，而負向形容詞如關閉、冷漠、怯懦、悲觀、緊張等，可以換另一個說法，是審慎、悲憫、認真、退讓、隨和、遷就、與世無爭，在在說明了同樣的特徵、面貌，但由於文化加上的「標籤效應」，將相同的表現加以負面或正面的評價而已。

當我們要借用西方的人格測量表，有必要先作本土驗證，看看是否符合本土大部分的文化氣質，而且對其中的語言標籤要加以客觀審訂，才選取應用。

9.3 中醫學說與西方系統理論的比較

筆者初學西方的系統理論時，立時有一份親切易明的感覺，追究底蘊，原來早在數百年前中醫學說的概念已具備西方系統理論的規模。一些學者如李懷敏博士（1997）曾經嘗試用中醫的醫療法則比較鮑恩的家庭系統理論。其中中醫學說的「整體觀念」和「辨證施治」兩個觀念，與西方家庭系統理論尤其相似。

9.3.1 整體觀念

中醫強調全人身心的統一性，所謂「牽一髮而動全身」，人與外界環境，人與內在器官，全部互為一體，互相影響。正如西方家庭系統理論中強調家庭的整體性，任何一個家庭成員出現行為、情緒問題，即表徵着家庭整體的互動和連結出現了困擾。

9.3.2 「辨證施治」

中醫學說中有所謂「辨證施治」的治療法則，與堪尼（Israel W. Charny,

1992）的存在 / 辨證婚姻治療法（Existential / Dialectical Marital Therapy）有雷同之處。

中醫學説的「證」，運用在婚姻治療上，「證」可視為「人際關係發展過程的某一階段的概括狀態，它包括了性質、原因和邪正關係。」（李，1997，頁 2）由此看來，與筆者進行婚姻治療時經常明察問題的性質、原因，此消彼長的關係非常脗合，辨清問題的本質、成因，正向負向的拉扯關係，就能構成治療的初步設想，這些做法在第四章、第五章、第六章有詳細闡釋。

李博士（1997）還提出了陰陽學說中「互根互用」、「對立統一」、「制約消長」、「相互轉化」、「動態平衡」、「陰陽互涵」等六個觀念，可以應用在婚姻治療上。這些本土的反思和嘗試，很值得鼓勵和進一步發展。

9.4 一份心靈的職事

9.4.1 仁心仁術

世間基本上只有兩大類工作。一類是處理文件、事務的工作，例如文員、會計師、行政官員等。另一類是直接扶助人、改變人和醫治人的工作，例如醫生、老師、社工、治療師。

讓我告訴你一個故事。一位醫術高明、經驗豐富的癌病手術科醫生，為一位癌症病人做手術，他手起刀落，剖開、切割、縫合，整個過程又快又準，乾淨俐落，他為自己經年累月的技術洋洋得意。離開病房的時候，他完全忘記了體恤病者也有家人，對他們的焦慮追問習以為常。當家人苦苦追問，他只拋下兩句説話：「沒希望了——癌細胞已經擴散。」便快步趕往處理下一個重症。

這算不算一個好醫生？我只能説他是一名精準的切割技術員。中國古語中包含有許多智慧。一位好醫生會被讚揚為「仁心仁術」，即是説，一個好醫生要有「心」也有「術」（技術），而且心要仁愛，技術也要仁愛，才算配得愛戴的好醫生。醫生如是，老師如是，社工、輔導員、治療師統統如是，凡醫治生命、建立生命的工作並非一項技術和任務，而是關顧心靈的職事。

筆者曾經幫助一位受助者，他來見我之前，曾見過四、五名著名的精神科醫生、臨牀心理學家，但他的問題不但沒有改善，只有惡化，而且愈來愈孤立自己。筆者會見他數次之後，他將一些從未剖白的祕密告訴了我，人也逐漸飛揚活潑起來。個案結束的時候，我與他一起做評估，為何他從前見過那麼多治療人員都未能獲得幫助？他簡單的説：「他們用『耳朵』聆聽我，你卻是用『心』來聆聽我，用『心』還是用『耳』去聽，我是能分辨出來的。」

噢，原來就是這麼簡單，也是這麼基本。

助人的職事是一份心靈的職事。面對着一個有生命有靈氣的人，交流着生命中的喜怒哀樂病苦愁，對別人的心靈沒有真切的着急與關懷，不管你受了多少高級訓練，背負多少名銜，恕我直言，這個人也不配參與助人的職事。

9.4.2 心理治療如何與心靈分家

筆者一貫視助人的職事為神聖的職事。人人平等，我們有何德何能，可以獲得另一個尊貴的人[(1)]的信任和分享？只要靜靜地默想這個事實，便五內悸動，無法言語。

我曾閱讀一位心理治療師本納（David G. Benner）的著作《心靈關顧》（*Care of Souls*），感到很大的共鳴。本納在書中追溯心理治療職業的源起。

十八世紀以前，人類遭遇的一切困苦，都視作心靈的困苦，什麼心理治療師、精神科醫生、輔導員都未曾誕生，人類心靈的關懷和照顧，除了鄰舍互助之外，主要是神甫和牧者的牧養工作。然而，在歷史發展中，牧養的重點出現了偏差，神甫偏重了告解贖罪的禮儀，牧師偏重了福音救世、廣傳福音的運動，對人類心理、精神的痛苦焦慮，並沒有作出更深入的了解。

1890 年，佛洛依德開始鑽研及發展有關心理分析的理論。1940 年初，羅哲斯（Carl Rogers）開始嘗試一種以當事人為中心的心理治療法，在人類心理世界，進行更深入的觀察和了解。

可以說，十八世紀啟蒙運動的興起，形成了各種心理學說勃興的大搖籃。十八世紀的啟蒙運動，把人類歷史前現代和現代劃出一條分水嶺。其中最重要的是理性主義的抬頭。理性主義抬舉科學，貶抑直覺、靈感和神祕經驗，一切事物要能在實驗室裏獲得實證、邏輯推理，才能算為合乎理性、合乎科學。其他的不能經實證的則視為未可知的事物。早期大部分的科學家都有一份探求世界真象和人生真理的宗教熱忱，科學成果只是對一個龐大神祕迷人的宇宙一種竭力的探究和發現。科學與宗教並行不悖，愈多科學發現，愈令人對宇宙浩瀚及偉大的真相產生尊敬。及後，科學家不斷鑽研探究，自訂範疇，凡是肉眼感官所不能探測的東西，例如公義、愛、和平、怨恨和神靈，皆列為非科學範疇，視為「未可實證」的事物；非科學探究範疇的東西，人們並不「談及」，卻亦不會判決、也無權判決這些東西存在與否。直到理性主義、懷疑精神和科學實證形成了一枝獨秀的無上霸權之後，忽然在知識論上起了一個大躍步，凡科學實驗室中不能實證的東西，就變成「迷信」、「非理性」、「不存在」的東西。弔詭的事情出現了，對宇宙浩瀚的尊敬和對真理探求的熱情推動了科學的誕生，科學這個小嬰兒長大成為巨人以後，一腳踐踏了「尊敬」和「真理」，傲視一切，成了知識論的中心王子，把信仰和宗教扔到一角，視為一小撮人的特殊嗜好，與生命和生活分割開來，也與各種學問知識分裂出來，形成了現代主義至今的一道裂縫，也因此才有後現代思潮再叛逆萌生。

筆者喜歡肯恩．威爾伯（Ken Wilber, 2000）對人類歷史前現代、現代和後現代發展的深入探討。現代主義抬舉理性，把統合的人生和學問分割，於是道德學問主管「善」的範疇，科學學問主管「真」的範疇，藝術主管「美」的範疇，硬生生的將人生的真、善、美切割開來，造成了無可彌補的人類大扭曲。試問：不真的虛幻又怎能稱為美？不善的事物又怎能稱為真？不美不真的信念又怎能稱為善？處理和探索人生的學問，諸如涉及人類心靈本質的心理學，就是最大的犧牲品。

肯恩．威爾伯的評論是尖銳而中肯的。「到了十八世紀末和十九世紀初，這種精細分化已轉變成令人苦惱的病態分裂，藝術、科學和道德開始分道揚鑣，在這些領域之間的對談變得愈來愈少，甚至完全沒有對話，……」(肯恩．威爾伯，2000，頁 105-106)

「道德、藝術表達、內省、靈性、冥想覺識、意義、價值、意向，所有這些內在向度，獨白科學都不屑一顧，只因為它們都無法在肉眼或實證儀器下留下記錄。科學這頭蠻牛闖進了意識的瓷器店，把藝術、道德、冥想和靈性打翻了一地。這正是現代性的危機。」(肯恩．威爾伯，2000，頁 106)

結果，心理學和心理治療也是這頭蠻牛闖禍後誕生的無父無母的怪嬰。心理學（psychology）摒棄了心靈（psyche），把猴子和老鼠在實驗室中反複呈現的行為狀態來類比、觀察人類的行為。科學家無法實驗老鼠的道德和猴子的品行，也無法推論猴子、老鼠的愛情觀和人生盼望、信仰經驗，於是這些統統列為「不處理」的東西，心理和心靈道德分了家，結果，失戀就等如一連串的心理反應，無須涉及辜負、摒棄、不守承諾這些心靈道德的東西。婚外情和內疚就等如心理滿足失去平衡，至於人格的整合和虧損、自私、人性的幽暗、人生的意義、心靈的煎熬、磨損和呼喊，都只是情感宣泄，宣泄後就會找到平衡。其他一切就屬於「非科學」、「非心理」範疇，無須探究。

這個心理和心靈的裂縫使人哭笑不得。試問，任何人類心靈的掙扎和苦楚，又怎可以脫離人性的矛盾和心靈深處的渴望呢？做十件愉快的事、不斷找出自己的優點，也不能彌補人生一個重大的悔恨。悔恨、過錯、掩飾、自欺、自負等等都是心靈課題，也是心理的重大課題，不是單純發揮潛能、滿足需要就可以接觸人類心靈的真相。

9.4.3 心理治療成為新興宗教

整套心理治療理論，一方面強調價值自由，揚棄任何道德準則，卻在有意無意中設定了一套新的道德規範，例如：人活着就是要滿足自己的需要。人順應自己的情感，表達和宣泄喜怒哀樂，比考慮他人的困難、羣體福祉來得更重要。無論在什麼處境，都要對自己讚賞和肯定；自己有權選擇自己所喜歡的，做人最重要的就是實現自己……如此這般，把一些「良好」的觀念，變成「絕對良好」的觀念。結果，在否定或輕視傳統道德規範之餘，卻無知自大地產生了新的規範，成為人類行為的新指標。

如是者，現代心理治療的意識形態本身就成了另一種新興宗教。Browning有這樣的見解，「但凡治療心理學嘗試為人類的不安全感提供答案，給人類描述整個世界的整體印象，塑造促進人生活的應有態度，並涉及生死的本質和道德的基礎，就會變成一種宗教。」（Browning, 2004, p.120）因此，現代心理治療學不知不覺間成了另一種令人着迷的宗教。

最弔詭的是，這種新興宗教——治療心理學，卻同時幼稚地否定一切「絕對」、道德和宗教，一方面在擺佈別人的心靈，另一方面卻鄙視「心靈」的語言和現象，這是治療心理學自相矛盾、自欺欺人的地方。

任何人的問題，必有其心靈向度，尤其牽涉人生的抉擇和生命的痛苦。承認人類心靈的世界才能接近真相，否認只有帶來顛倒和自欺。

心理學自從與人類哲學和信仰分家之後，這種自欺的鴻溝，一直未能疏解。從婚姻及家庭治療的角度看，愈能承認及接觸人類心靈情感的治療理論和治療手法，愈是接近人生真諦；愈是把人類和關係抽離、切割、分析，彷佛是可以事不關己的客觀分析，就愈是一種意識形態的霸道與獨裁。在第二、三章剖析到不同學派背後的信念精神，正是這個意思。

9.4.4 心靈職事的三重含義

助人的職事是一份心靈的職事，有三重含義，包括在知識論方面、技術運用方面，以及治療師本身的素質與受助者的關係建立方面。目前，心理治療的知識論因歷史的破洞留下了一個大破口，心理學內容裏蘊含的人生觀、人觀、世界觀、信仰觀需要重新對話和整合，去除虛假的分裂和自圓其說的裝飾。而在技術運用方面，則要回歸中國圓融的文化，達致「仁心仁術」，回歸人類受造的尊嚴和創造的本意。至於第三方面，治療師本人也有心靈創傷、成長、光輝和黑暗，是動機複雜的一個有靈的人，於是治療師的自我省察、人格修養、自我虛懷，與多重密集訓練的技術操作同等重要，甚至更加重要。這樣，一個真摯、穩定而有意義感的治療師，與受助者的關係才得以建立起來。這三方面的功夫仍有許多開拓空間，有待有心人繼續耕耘。

9.5 婚姻治療師的專業素質

9.5.1 奠基於不斷自我省察的世界觀

筆者深深認同一句諺語：「生命是一場要活出來的奧祕，而不是一項一項要解決的難題。」(Life is a mystery to be lived, not a problem to be solved.) 所以，當筆者在大學授課時，常常強調：「我們要首先看見，每一位踏進輔導室的人是可貴的『人』，而不是看見一堆堆的問題。」這些想法受筆者背後基督教的信仰和世界觀所影響。

助人的行業無可避免是生命影響生命，每一個助人者的背後覺察或不覺察的信念、價值觀、人觀、人生觀都是在自然流露，互為影響。故此，一個負責任的治療師或輔導員，並非毫無信念（沒有信念本身已是一個信念）。而是要誠實省察自己的信念，不斷謙恭反省，並且對受助者摯誠的分享透露，這稱為摯誠透露（transparency）。一位治療師愈坦誠、透視程度愈高，受助者就愈感受到安全，也愈有意識上的接收篩選權。比起高舉自己是無價值取向的（value-free）治療師，卻在治療過程下意識地滲透自己的人生觀和價值觀，受助者更易受擺佈和感染，這樣更危險、更沒有保障。正如在早年沙維雅接受訪問時屢屢強調：「所有良好的治療都具有相同的元素。」（all good therapy has the same ingredients）亦即是對人的尊重、開放、體諒和誠懇。

既然如此，誠懇負責的治療師必須勤懇落實地反省自己的世界觀、人觀、婚姻觀、愛情觀、倫理觀及家庭觀，在中西文化交匯衝擊底下，一個中國治療師必須省察自己體內中國血脈裏根深蒂固的文化觀念，以及後天西化的影響，再建構一套統整、符合自己信念的觀點。筆者在《怎可以一生一世》、《饒恕果真如此輕易》以及《情難捨》中，都作婚戀觀、人觀的省察和整合嘗試。在筆者的經驗中，一些能打動受助者的精警說話往往來自深刻通透的反省，好些受助人回應說：「你的說話很『到』。」就是這個意思。

一位能帶出果效的治療師，不單要受嚴格的持續性專業訓練，而且最重要是有反省、有生命。處理婚姻問題顯然不單單是溝通問題，也不單單是互動問題。面對二人關係的張力，或面臨破裂的關口，許多受助者會忽然覺醒，對人生深層的問題提出發問：「什麼才是愛？」「我有沒有能力愛人？」「我對配偶完全沒有了『感覺』，只有『關心』，算不算是愛？沒有愛，又不能勉強自己，怎麼辦？」「我在起初結婚時有沒有選錯對象？」「倘若當初選錯了，我可不可以翻身，重新再來？」「離開，我很罪疚，令配偶和子女痛苦；但待下去，我又心力交瘁，無情無味。一場遺憾，如何是好？」

這些如不是生命哲學的核心問題，又是什麼問題呢？一個人自出生以至進入墳墓，不外乎追求人格的整全發展。人格整全發展的重要一環，就是人與人之間的親密感，這一環的完成或破損，深刻地影響人生的歷史和自我觀念。在這裏沒有足夠篇幅詳細論述，筆者只希望點題地讓有心於婚姻治療專業的人士立志奠基於不斷省察自己的世界觀、人生觀、婚戀觀，才不辜負受助者對治療師的信任，以及助人專業本身神聖的任命。

9.5.2 婚姻治療師的專業素質

優秀的輔導員或治療師，需要有系統的訓練，良好的知識、技巧，更重要是優良的生命素質。助人的專業就是生命的專業，每一位願意接受輔導或治療的人都有難能可貴的生命。不管一個治療師能否為對方解除困擾，治療師首先要樂意接觸生命，對生命產生關懷和敬意。治療師首要認知受助對象是有血有肉、可敬可愛，一個活生生的人，而不是一堆有待處理的問題。

筆者在大學授課，教導學生做婚姻治療的時候，屢屢強調三個 C 字：Congruent（裏外一致）、Compassion（古道熱腸、誠敬悲憫）、Competent（稱職能幹）。我認為這三個 C 是一位優秀治療師必須具備的基本素質，缺一不可。

（一） 裏外一致（Congruent）

治療師要培養高度的自我覺察能力，不輕易被現場情緒流動拉扯，作出自動過敏反應（reactivity）。治療師也要經常省察自己，與自己相處，才能夠舒服地做到心無旁騖，活在此刻的從容境地。

治療師要明瞭自己的治療風格、強項與弱項，而且對自己有充分的愛護和接納。愛護自己就會力求上進、虛心求學；接納自己就不會強求，不卑不亢，隨遇而安。

治療師要省察自己的盲點和輔導立場。例如：我是否對粗暴的人感到畏懼呢？我是否對長氣囉唆的人產生反感呢？我會否對怯懦退縮的人過分排斥或過分同情？我是否對於權威特別遷就或者特別抗拒？我對於家庭暴力有何立場？我對於婚外情的夫婦有什麼信念？我對於性暴力或性侵犯有什麼即時反應？凡此種種，治療師必須誠實明白自己、認識自己的信念和立場，或個人未了事，才有能力倒空自己，體貼對方，連結對方。

要做到上述各方面，治療師得不斷省察、不斷修為，才能夠做到活在此刻、坦誠無偽、裏外一致。要知道受助者並不是靠生硬的理論和技巧得到醫治和提升，否則，一台電腦已經足以執行任務。醫治、改變和提升，必須透過生命去演繹理論、知識、技巧，透過生命溫暖真誠的傳送，才起作用，否則，盡是枉然。

（二） 古道熱腸，誠敬悲憫（Compassion）

古語有云：「有情人，終成眷屬。」眷屬來自有「情」人。無情者、寡情者，不宜做婚姻治療師。夫婦關係，剪不斷、理還亂；一場情海波濤。夫婦間的情仇愛恨、恩恩怨怨，是最劇烈、最磨心、最煎熬的。能自律、自省、有高情緒智能的治療師可以持守自己，不被捲入二人張力的漩渦。可是，治療師另一大毛病，卻是過分自衛性抽離、袖手旁觀、隔岸觀火。沒有真實的悲憫情懷，如何能燃點感情、燃點希望，如何能協助夫婦成眷屬？

夫婦關係中最大的陷阱，就是未曾通過考驗，單純為了避過人生的真相、自己的真相、對方的真相，而找後門撤退。許多治療師對親密關係沒有信心，當進入婚姻治療的時候，很快墮入同一個陷阱：找後門、撤退，呈現夫婦的關係困難，保持抽離；任由夫婦離婚，是最容易、最簡單的方案。反而，一方面保持冷靜睿智，同時敢於投入承擔，才是對治療師最大的挑戰。

筆者常常在輔導室與悲哭的人同悲哭，與喜樂的人同喜樂。這不是受到情緒困擾，而是一種「真誠臨在」。曾經有一位受助者寫信給我，驚歎筆者有二十多年的輔導經驗，仍然為他夫婦倆流淚，十分感動，於是他們更加落力重建關係。

人類共同分享的不過是一份來自上天永恆不變同有之情，「有情人，終成眷屬」。治療有時候好比一場摔交，一個充滿信念和熱望的治療師，才有機會可與受助夫婦一起掙扎、共同渡過磨合的艱難。治療師需要培養自己的耐力、彈性、融和力及親和力，以免潛在的失望、急躁、野心、煩亂對本來已經紊亂的受助系統產生不必要的負面干擾。例如早期的家庭治療師都極具權威，抱着「我診斷，你要聽」的姿態；當這種姿態遭受案主的自衛抵抗時，治療師就會進一步診斷對方是難纏的案主（resistant clients / difficult clients）。受助案主永遠在權威的判斷下，走不出診斷的五指山，永不超生。

（三） 稱職能幹（Competence）

筆者曾經參與不少專業治療工作坊，近年，見過一些中外的訓練導師，美其名為劃定什麼治療師與受助者的界限，但對受助者的困境嘲笑諷刺，毫不體恤。也有一些治療師把夫婦問題呈現出來之後，卻保持被動，任由受助者離婚收場。有一位外國治療師甚至在工作守則上白紙黑字明言："Therapy should be dirty"—desenitized。這些字句背後蘊藏何種意識形態？另一位治療師作公開個案示範，激動了受助者的淒酸眼淚，看見受助者蜷曲流淚，就忽然停止治療，自顧自解說理論。這種「不上身」的逃亡哲學，不但說明了治療師的功力不足、生命承載力不夠，更是與傳統古道熱腸、擁抱生命的哲學完全走相反方向。

一位優秀的治療師，必然是一位稱職能幹的治療師。治療師必須熟悉自己的治療理論、目標、選取和介入手法。一位良好的治療師的起點，可能憑藉一點天分，但單憑天分對治療效果沒有長久和扎實的好處。一位負責能幹的治療師通常對自己有所要求，廣於閱讀，反複思量，深入了解，在實務中尋求良師督導。閱讀、觀察、思考、實踐、對照、研究、整合，再閱讀、觀察、思考、實踐、對照、研究、再整合，反複切磋，從一個理論開始，了解、實踐、深化，到另一個理論，一理通百理明，久而久之，便可以整合出符合自己風格的治療模式。

一個負責實幹的治療師，可以將生活和治療實務反省融會貫通。筆者在大學授課時，十分鼓勵和強調學生要對治療實務作出反省。以下的要點，是筆者提供給學生的指引，不妨借此一隅，與大家分享。

9.5.3 如何對輔導實務作出反省

1. 認識自己的學習取向：理智型、感知型、洞察型、實驗型、直覺感知型。
2. 建立良好藏書及閱讀習慣。
3. 經常與智者及學者、有心人交流。
4. 「聽」取及虛心求問。
   - 辯論式與求問式學習比較，前者先聲奪人，後者卻沉穩剛健。

5. 培養追求真理的精神。
   - 現代社會與古代社會精神的比較

「出位」、浮誇	相對	實而不華
急功近利	相對	真材實學
好高騖遠	相對	博大精深

   - 危機：太快捧出「明星」來，結果眼高手低，自以為是。
   - 態度：不到黃河心不息，不輕易以為我已經知道了。
   - 這個時代最大的難題，不是缺乏人才，而是沒有深度。
6. 向天地萬物、一花一草、城市景觀、茶樓鬧市求學。
7. 做實務觀察、反省和筆記。
8. 接受輔導，參加成長工作坊。
9. 認識自己的關懷，每個階段只集中一個反省焦點，做生活札記。
10. 什麼是求學？
   求問 → 知識 → 深思 → 消化 → 實踐 → 處理內在張力 → 領悟 → 內化 → 真知識

9.5.4 小結

學海無涯，在什麼階段適宜學習什麼理論模式？如何選擇訓練導師？都是自我栽培的重要課題。選擇訓練導師可能比選擇訓練課程來得更為重要。一位良好的訓練導師可以叫我們一生受用無窮。有如武林中，管它是武當、少林、華山或峨嵋，其中必定有正有邪，只能用誠敬直覺，細心辨識。選擇一位訓練導師，他的背景頭銜，可能並非最重要的，有些背景、頭銜，只消有足夠的時間和金錢就可以獲得，反而，可以了解一下訓練導師的背景和經歷，他是否有胸襟去體會人間疾苦？抑或憑小聰明被捧上「神枱」？其次，也可以了解導師有沒有充分扎實的實務經驗，有沒有完整做好一整個個案？案主的口碑如何？在一個複雜個案中只參與一節、兩節的諮詢，耍一些眼花繚亂的花招，憑一些小聰明，也不難做到；可是要陪同案主家庭掙扎全程，不單協助案主產生改變，而且改變可以持久，才是扎實的實務能力。最後，最重要的是訓練導師的世界觀和人生態度，不妨提一些兩難的實務難題和治療實務中經常出現的掙扎議題，作出閒談觀察，深入了解，才去選擇值得你佩服的訓練導師。因為訓練導師對學員的視野開拓、知識啟迪和生命栽培，都有相當重要的影響。

華人社會中也有許多有天分、有承擔的人才。在筆者教學和訓練的歷程中，常常被一些古道熱腸又充滿潛質的學生所感動。「路漫漫其修遠兮，吾將上下而求索。」但願華人社會能以誠敬虛懷、審慎樂觀的態度，建立我們心理治療的理論和實務能力，貢獻微小的力量，協助創建跨文化、跨學科、深入心靈真諦的治療知識，提升全人的身心靈健康、婚姻與家庭的完善溫暖，不負專業治療的使命。

注釋：

(1)「人算什麼，你竟顧念他，世人算什麼，你竟眷顧他，你叫他比天使微小一點，卻賜他榮耀尊貴為冠冕。」(《聖經》〈詩篇〉第八章 4-5 節)

參考資料

中文書籍：

Irene Goldenberg, Herbert Goldenberg 著，翁樹澍、王大維譯（1999），《家族治療——理論與技術》（第四章，113 頁）。台北：揚智文化事業股份有限公司。

史考特．派克著，游琬娟譯（1993）。《邪惡心理學——真實面對謊言的本質》。台灣：張老師文化。

吉兒．佛瑞德門、金恩．康姆斯著，易之新譯（2000）。《敘事治療——解構並重寫生命的故事》。台北：張老師文化。

吳就君（1999）。《婚姻與家庭》。台北：華勝文化股份有限公司。

李耀全（2002）。《心靈輔導——心理輔導與屬靈導引的整合》（108 頁）。香港：建道神學院。

林孟平（1986）。《輔導與心理治療》。香港：商務印書館有限公司。

法蘭克．薩洛威著，張定綺譯（1998）。《天生反骨》。台北：平安文化。

肯恩．威爾伯著、龔卓軍譯（2000）。《靈性復興——科學與宗教的整合道路》。台北：張老師文化。

約翰．布雷蕭著，鄭玉英、趙家玉譯（1993）。《家庭會傷人——自我重生的契機》。台北：張老師文化。

高劉寶慈、朱亮基編（1997）。《個人工作與家庭治療：理論及及案例》。香港：中文大學出版社。

楊國樞主編（1994），《本土心理學的開展》，《本土心理研究》第一期。台北：台灣大學心理學系及本土心理學研究室、桂冠圖書公司。

燕國材（1996）。《中國心理學史》。台灣：東華書局。

霍玉蓮（2001）。《怎可以一生一世》（2004 年第八版）。香港：突破出版社。

霍玉蓮（2001）。《情難捨——從相依之道到相分之痛》（2004 年第八版）。香港：突破出版社。

霍玉蓮等著（1994）。《饒恕果真如此輕易》。香港：突破出版社。

中文文章：

〈美學界興起哲學輔導〉，《明報》「國際焦點」E12 版，2000 年 3 月 6 日。

吳森（1975）。〈情與中國文化〉，見《望道便驚天地寬》（頁 87-95）。香港：新亞研究所。

呂紹綱（1996）。〈《周易》的哲學精神〉，見《哲學雜誌》季刊第 16 期（1996 年 4 月號）。台灣，頁 16。

楊鑫輝（1998）。〈中國傳統心理治療探討〉，見《本土心理學研究》第 10 期（頁 305-310）。台北：台灣大學心理學系本土心理學研究室。

李懷敏博士（1997）。〈陰差陽錯：比較中西系統治療法的異同及應用〉（刊於《橋》，1997 年 1 月 23 日。香港公教婚姻輔導會「中華社會的婚外情」研討會發表文章）。香港：公教婚姻輔導會。

區澤光（1997）。〈沙維雅家庭治療法〉，見高劉寶慈、朱亮基編，《個人工作與家庭治療：理論及案例》（第六章）。香港：中文大學出版社。

張五常（2003）。〈我學英文的方法〉《壹週刊》，第 673 期。香港 2003 年 1 月 30 日，頁 114-115。

梁呂少欣（1997）。〈結構式家庭治療法〉，見高劉寶慈、朱亮基編，《個人工作與家庭治療：理論及案例》（第五章）。香港：中文大學出版社。

霍玉蓮（1999）。《從離婚女士的自述解開離婚決定之謎》。香港：香港大學社會工作學系出版社。

英文書籍：

Andreas, Steve and Virginia Satir(1991). *The Pattern of Her Magics*. Palo Alto, California: Science and Behavior Books Science and Behavior Books.

Bateson, G.(1972). *Steps to an Ecology of Mind*. New York: Ballantine Books.

Beck, A (1988). *Love is Never Enough*. New York: Harpar and Row, U.S.

Browning, D.S. and Cooper, T.D.(2004). *Religious Thought and the Modern Psychologies*(2nd Ed.). Minneapolis: Fortress Press.

Carter, B. and McGoldrick, M.(Eds.) (1989). *The Changing Family Life Cycle: A Framework for Family Therapy*(2nd Ed.). Boston: Allyn and Bacon.

Carter, Elizabeth A.(1980). *The Family Life Cycle: A Framework for Family Therapy*. New York: Gardner Press.

Charny, I.W.(1992). *Existential / Dialectical Marital Therapy: Breaking the Secret Code of Marriage*. New York: Brunner / Mazel.

Dattilio, F.M. and Bevilacqua, L.J.(Eds.) (2000). *Comparative Treatments for Relationship Dysfunction*. New York: Springer.

Egan, G.(1975). *The Skilled Helper: A Model for Systematic Helping and Interpersonal Relating*. California: Brooks/Cole.

Freeman, D.S.(1992). *Family Therapy with Couples: The Family-of-Origin Approach*. New Jersey: Aronson.

Freeman, D.S.(1992). *Multigenerational Family Therapy*. New York: The Haworth Press.

Freeman, Jill, M.S.W.(1996). *Narrative Therapy: The Social Construction of Preferred Realities*. New York: Norton.

Goldenberg, I. and Goldenberg, H.(1996). *Family Therapy: An Overview* (4th Ed.).Pacific Grove: Brooks/Cole Pub.

Gottman, J.M.(1999). *The Marriage Clinic: A Scientifically-Based Marital Therapy*. New York: W.W. Norton.

Greenberg, L.S. and Johnson, S.M.(1988). *Emotionally Focused Therapy for Couples*. New York: Guilford Press.

Guerin, P.J.Jr. et al.(1996). *Working with Relationship Triangles: The One-two-three of Psychotherapy*. New York: Guilford Press.

Guerin, P.J.Jr., et al.(1987). *The Evaluation and Treatment of Marital Conflict: A Four-Stage Approach*. New York: Basic Books.

Gurman, A.S. and Kniskern, D.P.(Eds.) (1991). *Handbook of Family Therapy Vol. II*. New York: Brunner / Mazel.

Haley, J.(1987). *Problem-solving Therapy* (2nd Ed.). San Francisco: Jossey-Bass.

Johnson, S.M.(2002). *Emotionally Focused Couple Therapy with Trauma Survivors: Strengthening Attachment Bonds*. New York: Guilford Press.

Karpel, M.A.(1994). *Evaluating Couples: A Handbook for Practitioners*. New York: W.W. Norton.

Kerr, M.E. and Bowen, M.(1988). *Family Evaluation: An Approach Based on Bowen Theory*. New York: Norton.

Kuhn, T.(1962). *The Structure of Scientific Revolutions*. Chicago: University of Chicago Press.

Lederer, W. and Jackson, D.D.(1968). *Mirages of Marriage*. New York: W.W. Norton.

Lerner, G.(1986). *The Creation of Patriarchy*. New York: Oxford University Press.

Lerner, H.(1989). *The Dance of Intimacy : A Woman's Guide to Courageous Acts of Change in Key Relationships*. USA: Harper and Row Publishers.

Luepnitz, D.A.(1988). *The Family Interpreted: Feminist Theory in Clinical Practice*. New York: Basic Books.

Madigan, Stephen, and Ian Law Praxis(Eds.) (1998). *Situation Discourse, Feminism and Politics in Narrative Therapies*. Vancouver, Canada: Yaletown Family Therapy.

Minuchin S.(1993). *Family Healing: Strategies for Hope and Understanding*. New York: Simon and Schuster.

Minuchin, S.(1974). *Families and Family Therapy*. Cambridge: Harvard University Press.

Minuchin, S., et al.(1967). *Families of the Slums : An Exploration of Their Structure and Treatment*. New York: Basic Books.

Nichols, M.P. and Schwartz R.C.(1991). *Family Therapy: Concepts and Methods* (2nd Ed.). Boston: Allyn and Bacon.

Nichols, M.P.(1987). *The Self in the System: Expanding the Limits of Family Therapy*. New York: Brunner / Mazel.

Papp, P.(1983). *The Process of Change*. New York: Guilford Press.

Parsons, T. and Bales, R.F.(1955). *Family, Socialization and Interaction Process*. Glencoe, ILL: Free Press.

Pipher, M.(1997). *The Shelter of Each Other: Rebuilding Our Families*. NewYork: Ballantine Books.

Satir V. and Baldwin, M.(1983). *Satir Step by Step: A Guide to Creating Changes in Families*. Palo Alto, Calif: Science and Behavior Books.

Satir V., Banmen, J. Gerber, J. and Gomori, M.(1991). *The Satir Model: Family Therapy and Beyond*. Palo Alto, Calif: Science and Behavior Books.

Satir, V.M.(1967). *Conjoint Family Therapy: A Guide to Theory and Technique*, Palo Alto, Calif: Science and Behavior Books.

Slipp, S.(1988). *The Techniques and Practice of Object Relations Family Therapy*. New Jersey: Jason Aronson.

Toman, W.(1961). *Family Constellation: Theory and Practice of a Psychological Game*. New York: Springer.

Toman, W.(1993). *Family Constellation: Its Effects on Personality and Social Behavior* (4th Ed.). New York: Springer.

Weeks, G. and L'Abate L.(1982). *Paradoxical Psychotherapy: Theory and Practice with Individuals, Couples, and Families*. New York: Brunner / Mazel.

Weeks, G.R. and Treat, S.(1992). *Couples in Treatment: Techniques and Approaches for Effective Practice*. New York: Brunner / Mazel.

Whitehead, B.D.(1997). *The Divorce Culture*. New York: Alfred A. Knopf.

Whitehead, B.D.(1996). *Divorce Culture: Rethinking Our Commitments to Marriage and Family*. New York: Vintage Books.

Williamson, D.S.(1991). *The Intimacy Paradox: Personal Authority in the Family System*. New York: Guilford Press.

Worden, M. and Worden, B.D.(1998). *The Gender Dance in Couples Therapy*. Pacific Grove(Calif.): Brooks / Cole.

英文文章：

"Family Therapy's Neglected Prophet" Mary Sykes Wylie, in *Family Therapy Networker*, 1991, March/April, p. 25-77, U.S.

"Remembering Virginia" Michele Baldwin in *Family Therapy Networker*, 1989, Jan/Feb, p.35, U.S.

Aponte, H.J. and DiCesare, E.J.(2000). "Structural Theory". In Dattilio, F.M. and Bevilacqua, L.J.(Eds.), *Comparative Treatments for Relationship Dysfunction*. New York: Springer.

Aylmer, R.C.(1986). "Bowen Family Systems Marital Therapy". In N.S. Jacobson and A.S. Gurman(Eds.), *Clinical Handbook of Marital Therapy*. New York: Guilford Press.

Bateson, G., Jackson, D.D., Haley J. and Weakland, J. et al.(1956). "Towards a Theory of Schizophrenia". *Behavioral Science I*, 251-264.

Broderick C.B. and Schrader S.S.(1991). "The History of Professional Marriage and Family Counseling". In A.S. Gurman and D.P. Kniskern(Eds.) *Handbook of Family Therapy Vol. II*. New York: Brunner/Mazel.

Colapinto, J.(1991). "Structural Family Therapy". In Gurman A.S. and Kniskern D.P.(Eds.), *Handbook of Family Therapy Vol. II*. New York: Brunner / Mazel.

DeMartin J.R. and Whitehead L.B.(1987). "Source of Knowledge for Practice". *Journal of Applied Behavioral Science*, 23, 219-231.

Demos, G.D. and Zuwaylif(1966). "Characteristics of Effective Counselors". *Counselor Education and Supervision, 6*, 163-165. U.S.

Fok, Y.L.A.(1997). "The Dance of Pursuer and Distancer". In Fok, Y.L.(Ed.), *Conflict and Harmony: Casebook on Family Mediation and Couple Counseling*. Hong Kong: Hong Kong Catholic Marriage Advisory Council.

Fok, Y.L.A.(1999)"Essence Behind the Professional Training" in *Family Therapy Forum*, 21-22. HK: Hong Kong Family Therapy Association.

Fok, Y.L.A.(2000). "Unraveling the Riddle of Decision to Divorce through the Narrative Accounts of Divorced Women". Hong Kong: Department of Social Work and Social Administration, the University of Hong Kong.

Freedman, J. and Combs, G.(2000). "Narrative Therapy with Couple". In F.M. Dattilio and Bevilacqua, L.J.(Eds.), *Comparative Treatments for Relationship Dysfunction* (pp. 342-361). New York: Springer.

Friedman, E.(1991). "Bowen Theory and Therapy". In A.S. Gurman and D.P. Kniskern(Eds.), *Handbook of Family Therapy Vol. II*. New York: Brunner / Mazel.

Gerson, R., Hoffman, S., Sauls, M. and Ulrici, D.(1993). "Family-of-origin Frames in Couples Therapy", *Journal of Marital and Family Therapy*, 19, 341-354.

Goldenberg, I and Goldenberg, H.(1983). "Historical Roots of Contemporary Family Therapy". In B. Wolman and G. Sticker(Eds.). *Handbook of Family and Marital Therapy* (pp. 77-89). New York: Plenum Press.

Gottman, J.M., Carrere, S., Swanson, C. and Coan, J.(2000)Reply to "From Basic Research on Intervention". *Journal of Marriage and Family*, 62, No.1, Feb/2000, 265-273.

Gottman, J.M., Coan, J., Carrere, S. and Swanson, C.(1998). "Predicting Marital Happiness and Stability from Newlywed Interactions". *Journal of Marriage and the Family*, 60, No.1, Feb/1998, 5-22.

Guerin, P.J., Jr(1976). "Family Therapy: The First Twenty-five Years". In P.J. Guerin Jr.(Ed.), *Family Therapy: Theory and Practice*. New York: Gardner Press.

Gurman, A.S. and Frankel, P.(2002). "The History of Couple Therapy: A Millennial Review". In *Family Process*, Vol.41/ No.2, Summer, 2002, 199-262.

Hare-Mustin R.T.(1978). "A Feminist Approach to Family Therapy". *Family Process*, 17, 181-194.

Jackson D.D.(1965a). "Family Rules: The Marital Quid Pro Quo". In *Archives of General Psychiatry*, 12, 589-594.

Jackson D.D.(1965b). "The Study of the Family". In *Family Process* Vol. 4 / No.1, 1-20.

Jackson, D.D.(1961). "Interactional Psychotherapy". In Stein, M.T.(Eds.), *Contemporary Psychotherapies*. New York: Free Press of Glencoe.

Jackson, D.D.(1957). "The Question of Family Homeostatic". In *Psychiatric Quarterly Supplement*, 31, 79-90.

Keiley, M.K.(2002). "Attachment and Affect Regulation: A Framework for Family Treatment of Conduct Disorder". In *Family Process*, Vol.41, No.3, 477-493.

Kerr M.(1995). "Anchoring families, building communities, at Baltimor's Maryland 'Bowen Theory'. In *American Association for Marriage and Family Therapy*, Nov., 2-5, 1995(53rd Annual Conference). USA

Lebow, J.(2001). "What 'Really' Makes Couples Happy?". In *Family Therapy Networker*, Janury/February, 59-62.

Nelson, T.S.(1986). "The Evaluation of Circular Questions: Training Family Therapists". *Journal of Marital and Family Therapy*, Vol.12 No.2, 113-117.

O'Hanlon, B.(1994). "The Promise of Narrative. The Third Wave". In *Family Therapy Networker*, Nov/ Dec., 19-29.

Orlinsky, D., Grawe, K., and Parks, B.(1994). "Process and Outcome in Psychotherapy". In A. E. Bergin and S. L. Garfield (Eds). *Handbook of Psychotherapy and Behavior Change* (4th Ed.) (pp. 270-378). New York: Wiley.

Papero, D.(1995). "Bowen Family Systems and Marriage". In N.S. Jacobson, A.S. Gurman(Eds.), *Clinical Handbook of Couple Therapy* (2nd Ed). New York: Guildford Press, 11-30.

Papero, D.V.(2000)"Bowen's System Theory". In F.M. Dattilio and L.J. Bevillacqua(Eds.), *Comparative Treatments for Relationship Dysfunction* (pp.25-44). New York: Springer Publishing Co.

Penn, P.(1982). "Circular Questioning". In *Family Process*, 21, 267-280.

Pittman, F.(1989). "Remembering Virginia". In *The Family Therapy Networker*, 13(1), 34-35.

Power, C.(2003). "Lifestyle Change is Spacing an Epidemic of Global Obesity". In Newsweek. Aug. 2003, 38-45.

Roberto-Forman, L.(2002). "Transgenerational Marriage Therapy". In A.S. Gurman and N.S. Jacobson(Eds.), *Clinical Handbook of Couple Therapy* (pp. 118-147). New York: Guildford Press.

Satir, V.M.(1965). "Conjoint Marital Therapy". In B.L. Greene(Ed.), *The Psychotherapies of Marital Disharmony* (pp. 121-133). New York: The Free Press.

Scott, S., Bradbury, T. and Markman , H.J.(2000). "Structural Flaws in the Bridge from Basic Research on Marriage to Intervention for Couples". In *Journal of Marriage and Family*, 62, No.1, Feb/2000, 256-264.

Selvini, P.M., Boscolo, L. and Prata, G.(1980). "Hypothesizing-Creativity-Neutrality: Three Guidelines for the Conductor of the Session". In *Family Process*, Vol. 19, 3-12.

Simon, R.(1984). "Stranger in a strange land: An Interview with Salvador Minuchin". In *Family Therapy Networker*, 6(6), 22-68. U.S.

Starr, S.(1993). "All Good Therapy has the Same Ingredients: An Interview with Virginia Satir". In Brothers, B.J.(Ed.),

Couple Therapy, Multiple Perspectives (pp. 7-14). New York: Haworth Press.

Tamura, T. and Lau, A.(Dec. 1992). "Correctness Versus Separateness: Applicability of Family Therapy to Japanese Families". In *Family Process*, Vol. 31, 337.

Thaxton, L and L'Abate, L.(1982). "The Second Wave and the Second Generations: Characteristics of New Leaders in Family Therapy". In *Family Process*, 21, 359-362.

Tomm, K.(1987). "Interventive Interviewing: Part II Reflexive Questioning as a Means to Enable Self-healing". In *Family Process*, 26, 167-183.

Tomm, K.(1988). "Interventive Interviewing: Part III, Intending to Ask Linear, Circular, Strategic or Reflexive Questions". In *Family Process*, 27, 1-15.

Iramo, J.L.(1996). "A Personal Retrospectives of the Family Therapy Field: Then and Now". In *Journal of Marital and Family Therapy*, 22, 289.

Walker, M.A.(1996). "The Incongruity of Congruence". In Brothers, B.(Ed.), *Couple and Tao of Congruence* (pp. 149-152). New York: Haworth Press.

Wylie M.S.(1991). "Family Therapy's Neglected Prophet". In *Family Therapy Networker*, 15(2), 24-38.

《情難捨——為誰而愛，為何相分？》（2015 年第二版）

作者：霍玉蓮

愛，使人又愛又怕。我們渴望愛情的相親，但又懼怕愛的束縛與相分。誰曾教我們何謂相愛？誰可相依？有沒有個性不合？要進入更親密的關係嗎？情感失落如墜萬丈深淵，無法翻身？失戀了，還敢再愛嗎？感情受創，只好萎靡一生？愛戀真有天意？一道一道愛的難題，由資深婚姻及家庭治療師霍玉蓮，以細膩觀察、熱誠筆觸，結合心理現象與輔導體驗，回答愛的難題。

《怎可以一生一世》(2019 年第二版)

作者：霍玉蓮

急劇轉變的社會，繁瑣紛陳的生活大小事，不斷轉動的人情人性，怎可以一生一世，信守愛的承諾？

情路遙遙，誰不想一路上風調雨順，天色常藍，同偕到老；然而從歷史社會文化，到家庭人際工作，每一環節都衝擊我們對自己對愛的認知和體會，也侵蝕我們的真情真性。

霍玉蓮以婚姻家庭輔導根基，游走心理學、東西方哲學、神學各種理論，檢視流行文化、家庭成長對生命的模塑，與你探索這條蜿蜒曲折的一生一世之路。

《愛在點滴親和間——九型人格親密關係新啟示》

作者：霍玉蓮

究竟有沒有天生一對？

我們都在尋找理想對象的旅程上跌跌碰碰，希望覓得美滿的親密關係。本書不是要指引你尋找那個 "Mr / Ms Right"，是要令你自己成為一個理想對象！

如何成為理想對象？

在這紛亂疏離的時代，人不能與自己親密又怎能與人親密？惟有在人格健全和心靈滿足後，才能將生命力注入關係，成為理想對象，造就美滿的親密關係。

本書希望幫助助人者和自助者，在親密關係的艱苦碰撞之中，永不言悔，永不放棄。經歷自我更新，叫健康的人與健康的人相愛，由真愛的源頭彼此牽引，讓愛無阻隔。